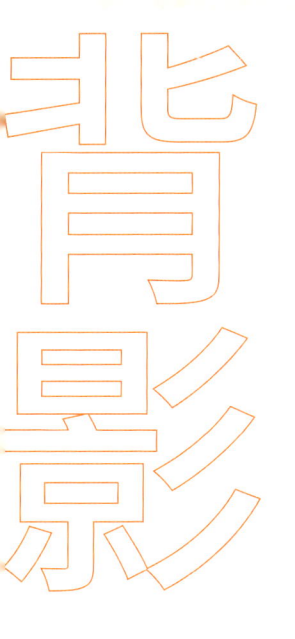

远去的背影

名家艺术小传

林阳 著

人民文学出版社

图书在版编目(CIP)数据

远去的背影：名家艺术小传 / 林阳著. -- 北京：人民文学出版社，2024. -- ISBN 978-7-02-018881-9

Ⅰ．K825.72

中国国家版本馆 CIP 数据核字第 2024E21397 号

责任编辑　曾雪梅　刘　静
装帧设计　刘　静
责任印制　张　娜

出版发行　人民文学出版社
社　　址　北京市朝内大街 166 号
邮政编码　100705

印　　刷　北京顶佳世纪印刷有限公司
经　　销　全国新华书店等

字　　数　315 千字
开　　本　890 毫米×1290 毫米　1/32
印　　张　16.625
印　　数　1—5000
版　　次　2024 年 8 月北京第 1 版
印　　次　2024 年 8 月第 1 次印刷

书　　号　978-7-02-018881-9
定　　价　99.00 元

如有印装质量问题，请与本社图书销售中心调换。电话：010-65233595

序

背影虽渐远 风采更迷人

潘凯雄

  林阳兄又有新作面世,可喜可贺,但更令我深感钦佩的倒还真不全是他在离开一线工作岗位后的笔耕不辍,而是其人的整个精神状态更加潇洒、更加自如。说实话,我不太喜欢社会上习惯将人们退休后的时光称为"夕阳",即便是"夕阳红"。看上去,这尽管只是以太阳之升降的自然规律来形容人们生理年龄的客观变化,但终究还是一条下行曲线的轨迹。而就每一位活生生的个体而言,六十岁也好,退休也罢,虽然生理年龄不可逆,但心理年龄、精神状态则绝对不是只有一条往下的单行道。

  也正是基于这样的立场,当林阳兄近年来每有新作赠我时,虽然由于各自专业的不同,未必能完全理解其新作的妙谛,但我为之高兴与钦佩的基本心情与立场都始终如一。而此次面对林阳兄这本即将付梓的新作《远去的背影:名家艺术小传》时,在上述情形之外,又多了一分忐忑与不安,其全部缘由盖在于林阳兄嘱我在他的这部新作前写一则近乎"序"一类的文字。

听起来,这似乎有点矫情。和林阳兄差不多,本人同样也有着四十年在新闻出版行业的从业经历,与他广义上还是长达二十年的同事,单凭这两条,为林阳兄新作写上个两三千字的小序又有什么可忐忑和不安的呢?然而,林阳兄这部新作的主体内容恰如他书名中的三个关键词:远去、名家、艺术。"远去"意味着过去时,"名家"代表着成就迥然,"艺术"划定了专业范围。用一句直白的话将这三个关键词串起来,也就是说林阳兄在为三十五位已经故去的著名艺术家之艺术历程及成就立传。面对这样的主体内容,我的确就是一个彻头彻尾、从里到外的大外行,倘将林阳兄这里的"艺术"换成"文学"二字我绝对不会有这样的忐忑与不安,所谓术业有专攻讲的正是这种状况。

无奈林阳兄盛情又却之不去,那也就只好硬着头皮上阵了。讲不出啥专业道道,说点自己肤浅的阅读心得或者是读毕林阳兄新作后引发的点滴感慨和联想总还是可以的。

这本《远去的背影:名家艺术小传》由三十五则已先后逝去的三十五位艺术家——具体来说他们统统都是美术家——的艺术小传组成,每则的基本体例都是由万言以内的文字配之以若干幅传主的代表作。而文字部分无论分成几点,大抵都由对传主人生整体历程的概要描述、对其艺术历程中若干有代表性的阶段或事件的重点描述以及代表性评价这三部分构成。全书文字以平实准确取胜,不追求华丽与铺陈。正是在这样一种清晰的结构与质朴的叙述中,一些共同的特征不知不觉地凸显出来。或许是因这些共性太凸显,想绕都绕不过去,也就不得不由它们引发起自己的若干联想与感慨。无论我个人的这些联想与感慨对错与否,或许也无所谓对错,一部作品能触发读者（笔者自然也是读者）产生这样的阅读反应本身或许就是作品存在的价值之一。

其一，林阳兄笔下的三十五位传主无论经历如何有异，专长如何不同，但都是中国现当代美术界如雷贯耳的名师大家，其中不少还是他所在领域的扛鼎者。再细看下来，这三十五位传主的人生历程中还有一个共同点——或多或少、或长或短、或直接或间接地都与人民美术出版社有关联，无论具体职务如何，人民美术出版社员工这一身份是共同的，而且发生这种关联的大部分时间大都是在"十年浩劫"前。如此众多的名流大师云集于同一出版社旗下：有的是放弃自己的专业画家身份而转行编辑工作，更多地承担着出版社选题的确立、组织稿件、编辑书稿；有的既是画家又是编辑，有的是人民美术出版社的专业画家……这样一种高端专业人才云集的出版社在自己所属之专业领域想不优秀都很难，而这样的景观在那个年代也绝非独此一家。比如我曾经供职过十年的人民文学出版社，在那个相同的时段也曾经云集了数十位专家级的名编辑，学问纵贯古今、横跨中外，他们本身就是所在领域的名学者、名作者、名译者或名专家，只是自我选择或是被组织安排为编辑。有了这样专业高端人才的云集，人民美术出版社和人民文学出版社在那个年代成为各自专业领域的绝对佼佼者也就不足为奇了。读着林阳兄的这部新作，我不禁暗自设问：当下出版业还有如此这般人才济济的辉煌景观吗？真没有了！究竟是什么原因使得昔日出版业那高端专业人才云集的壮丽景观被中断了呢？这个"天问"我当然无力回答，但有一点可以肯定，出版绝对是个专业活儿，不同类型的出版、出版的不同岗位都需要相应专业的人来操持，不尊重专业性、无视专业性地乱点鸳鸯谱，暴露出的只能是自己的无知与无能。

其二，林阳兄笔下的这三十五位传主，大部分经历了从民国到新中国这两个截然不同的社会历史阶段，有的还在清代的尾巴上驻足过。他们各自出身不同，受教育方式各异，但其共同点也十分突出。比如，虽接受知识与技能的方式各不相同，但依靠自己的勤勉或天赋最终都成了所在专业领域的佼佼者；比如，他们在政治倾向上大都向往民主和自由，反对专制独裁与暴政，因而在20世纪40年代末事关人生道路的选择上毫不动摇地留在了大陆，积极参与共产党领导的新中国建设。正是因为有着这样基本的政治立场，也才会有共同出现在由共产党领导的人民美术出版社屋檐下的壮丽景观，特别是在五六十年代，他们中的大多数在各自的专业领域——诸如中国画、连环画、年画、水粉画、版画、书法等都达到了自己艺术创作生涯的高峰期，无论质量还是数量，现在看来有的可能还是顶峰。然而，令人遗憾的是，这种"百花齐放"的景观自20世纪50年代末起就开始出现凋零，有的人甚至由此结束了自己的艺术生命；而到了60年代后半叶那"史无前例"的年代，这些艺术家的艺术生命统统戛然而止，即使是那些早在30年代就参加了革命事业者也没能幸免。这样一场悲剧虽在十年后得以终结，但人生又有几个十年？这样的悲剧绝对当永远铭记，绝不允许重演。

其三，如前所述，这三十五位传主的艺术所长主要集中在中国画、连环画、年画、水粉画、版画、书法等美术的细分领域，加之新中国成立伊始各种新生活、新人物、新气象的迭出，因而在人民美术出版社起步伊始，以上述种种艺术形式表现各种新生活题材的优秀出版物便扎堆出现，像连环画等所取得的综合成就迄今无从超越。人美社由此稳坐全国美术出版第一社的交椅，"美术出版国家队"之声誉也随之而来。然而另一个现象也是客观事实，与上述卓越的成就相比，像起源于欧洲的油画等画种的出版则相对逊色不少。我之所以要呈现这一事实无非只是想说明一点：出版社的特色是由它所拥有的专业人才所决定。此前我当然也知道人民美术出版社在美术出版领域的所长所短，但此次拜读了林阳兄的新作才明白了根本缘由之所在，这也就是我所认为的林阳兄这部新作最重要的价值——凸显人的重要以及人才是如何造就而成。

在文体上，林阳兄将自己这部新作定位为"小传"，卒读下来，"传"确是扎实的，不长的篇幅内该引用的引用、该引证的引证，一点也不含糊；同时，因其父亲也是人美社的老专家型员工，这就使得他不乏亲历亲闻的第一手素材，二者的无缝衔接使得这部"小传"的内容丰满而可信。至于"小"在我看来主要体现在文字的具体使用上，点到辄止，说清即可，不铺陈不渲染更不矫情。所谓"小传"，体量虽浓缩，但信息足够丰饶；文字虽质朴，时代风云之翻滚皆隐于其中。能形成如此效果，见出的是林阳兄的功夫。

既然林阳兄令我这个于美术而言彻头彻尾的外行为之新作写"序"，我也还真就没什么负担，反正是外行，露怯亦无妨。但既然允诺了林阳兄，至少有一点是真诚而由衷，那就是：祝贺林阳兄新作面世，祝福他继续开心生活，率性而为。

目录

绘事谁称一代工
——记徐燕孙
1

中国现代漫画的"鼻祖"
——记鲁少飞
13

鲁艺美术系的创始人
——记沃渣
27

新中国美术出版事业的开拓者
——记萨空了
41

新中国连环画的先锋
——记卜孝怀
55

人民的艺术家
——记任率英　　　　　　　　　　　71

中国抽象画的女性先行者
——记李青萍　　　　　　　　　　　89

当代工笔仕女画第一人
—— 记王叔晖　　　　　　　　　　　101

新兴木刻运动的代表
——记力群　　　　　　　　　　　　117

安晚，晚安
——记黄苗子　　　　　　　　　　　131

秦岭之云
——记秦岭云　　　　　　　　　　　149

光照思齐堂
——记卢光照　　　　　　　　　　　163

跨时代的连环画家
——记赵宏本　　　　　　　　　　　179

从鲁艺走来的艺术家
——记邹雅　　　　　　　　　　　　193

鉴定修摹高手，泼墨黄山新风
——记徐子鹤　　　　　　　　　　　207

五彩缤纷的世界
——记曹辛之 　　　　　　　　　　　　　　　223

经典连环画，世纪第一人
——记刘继卣 　　　　　　　　　　　　　　235

卓越的版画艺术家
——记古元 　　　　　　　　　　　　　　　247

人民美术出版社的开创者
——记邵宇 　　　　　　　　　　　　　　　263

北大荒版画的开拓者
——记张路 　　　　　　　　　　　　　　　281

随心所欲可逾矩
——记易图境 　　　　　　　　　　　　　　297

连环画泰斗
——记贺友直 　　　　　　　　　　　　　　311

新连环画的开拓先锋
——记顾炳鑫 　　　　　　　　　　　　　　327

诗书画印全能
——记林锴 　　　　　　　　　　　　　　　343

与连环画同呼吸、共命运
——记姜维朴 　　　　　　　　　　　　　　355

东北连环画的旗帜
——记王弘力　　　　　　　　　　　　369

连环画是他的终生事业
——记费声福　　　　　　　　　　　　381

童心未泯的艺术家
——记杨永青　　　　　　　　　　　　393

传统山水画的坚守者
——记刘松岩　　　　　　　　　　　　407

编创双楫　诗书论道
——记沈鹏　　　　　　　　　　　　　421

生命、力量、简约、平和、诗情和意境
——记姚奎　　　　　　　　　　　　　439

名山峡江入画来
——记吴传麟　　　　　　　　　　　　453

勇于创新的先行者
——记徐希　　　　　　　　　　　　　465

画中有诗，诗中有画
——记童乃寿　　　　　　　　　　　　481

耕耘有迹，落笔无痕
——记王铁全　　　　　　　　　　　　497

绘事谁称一代工
——记徐燕孙

徐燕孙（1899—1961）

原名徐存昭，别名徐操，号霜红楼主，又号霜红龛主、中秋生。祖籍河北深县（今深州市）徐家湾，生于北京。工笔人物画家，擅长中国画，中国美术家协会会员。曾于朝阳大学研修法律，先从师于人物画家管念慈，后得工笔人物画家俞涤凡指点，绘艺大进并以此为业，终生以历史人物故事为题材进行绘画创作。早年任教于中国画学研究会、京华美术学院、北平艺术专科学校。20世纪50年代起在人民美术出版社从事连环画创作。曾任北京中国画院（今北京画院）副院长。国画代表作有《兵车行》《屈原》等，连环画代表作有《三打祝家庄》《火烧赤壁》《萧恩打鱼》等。

徐燕孙在天津渤海大楼下，1941年

一

1899年，农历八月十五，徐燕孙生于北京的一个书香门第。徐燕孙的祖父是徐宴臣，在京经商。他主要经营贡绸贡缎，获利颇丰。曾因赈灾有功，被封为花翎侯，在祖籍修石牌坊一座，上书由李鸿章题写的"乐善好施"。

徐燕孙两岁丧母，由祖母庆氏（满族）抚养，七岁开始在家馆中跟从塾师学习诗词歌赋，打下了深厚的古文根基。十五岁时，徐燕孙考入了求实中学。一次他看京剧《战宛城》，深深被曹操的雄才大略所感染，不禁生出钦佩之意，于是改名徐操。徐燕孙喜爱画画，拜清末首席宫廷画家管念慈为师。管念慈曾任光绪年间皇室画院如意馆馆长，人物、山水、花鸟皆工。徐燕孙弟子王凤年回忆说："徐师经常出入内府，得以窥视内府所珍藏历代书画精品，使徐师大开眼界。后来徐师又师从著名人物画家俞涤凡先生学习，俞氏最初见徐师的作品，大为惊奇，似有'自愧不如'之慨。"徐世昌时代徐燕孙曾任总统府科员。第二年，入中央政法专门学校攻读法律。校长是曾任北洋政府司法总长的江庸，亦是参与调解1936年

"徐（燕孙）张（大千）之争"的主要人物。徐世昌下野，徐燕孙也辞去总统府职务，继续在政法专门学校学习。

1920年，中国画学研究会在京成立，周肇祥任会长，金北楼任副会长，研究会以"精研古法，博采新知"为宗旨。此时画得不错的徐燕孙作为首批会员入会，后转湖社。

徐燕孙专攻工笔人物画，兼作小写意人物画，多次在北平、上海等地举办个人画展。他的人物画影响越来越大，曾被誉为"北徐南张"，"北徐"就是徐燕孙，"南张"则是张大千。

张大千初来北京时，名声还不是很大，于非闇出主意，让他找徐燕孙挑战。

1936年冬，中国画学研究会在北平稷园举办书画展，其中有张大千、于非闇二人合作的一幅《仕女扑蝶图》，题记是这样写的："非闇画蝴蝶，不减马香江。大千补仕女，自比郭清狂。若令徐娘见，吹牛两大王。"诗中所言的马荃，字江香，清代女画家；郭诩，号清狂道人，明代宫廷画家，擅画人物；徐娘，原为梁元帝后妃，放荡荒唐。

当时，徐燕孙并未留意。在展厅中，周肇祥对徐燕孙说："这徐娘说的就是你徐燕孙。"徐燕孙听了很生气，用照相机摄下此图，并找来在北平名气很大的蔡礼、梁柱两位律师商议如何打官司，张大千认为正中下怀，找来了名气更大的律师江庸。后来因为于右任、江庸和其他人的调解，张大千、于非闇、徐燕孙等在中南海芳华楼的植秀轩前合影并共进午餐，这场官司危机才算化解。但这一场未开战的官司提高了两人的知名度，不久，他们二人同时在中山公园办展，摆了擂台，结果是参观的人很多，画也卖得好。

徐燕孙（后排左一）与张大千、于非闇、寿石工、周元亮等画家于中南海植秀轩，1936年

徐燕孙（左三）与夫人、弟子卜孝怀（右一）等留影，20世纪30年代

他们二人和好后,重新画了一幅《扑蝶图》,张大千还在题跋中说:"即席挥毫,飒飒有声,风度不减六如。"六如是唐寅的别号,意在夸徐燕孙画的仕女堪比唐寅。

石谷风在《古风堂艺谈》中记载了这件事,正当官司打得火热时,他曾看到两人亲密无间地说笑。"我心想前不久他们闹得不可开交,今天又如此亲热,这是怎么回事。我问我的同学、张大千女婿萧建初,他操着四川话对我说:'张先生这个人是跟谁都不吵架的,他同徐燕孙相"勾结",唱的这出戏叫作"连环计"。'"从前人的文字中可以看出,开始时,徐燕孙和张大千确有真官司,后来,二人和好,有效地利用了这个矛盾。

从徐燕孙要与张大千打官司看,他有较强的法律意识。他曾就天津有人做他的假画在报纸等媒体而发表启事。比如在1940年7月16日《庸报》刊登启事:"鄙人本年以来以画件积压过多,于津门纸肆所应各件堆积盈筐,讫未交件。入夏以来仅交梦花室清泉款一画,此外并无片纸来津。一切画展,除吴迪生君外,向未参予。近闻某画家来津展览,携有鄙人画件甚多,鄙人既未参加,其来路不知。现经调查属实者,有十二花神合作伪制,并闻有专门作伪之人前来津地。兹特郑重声明,以免影射,其有误购伪作

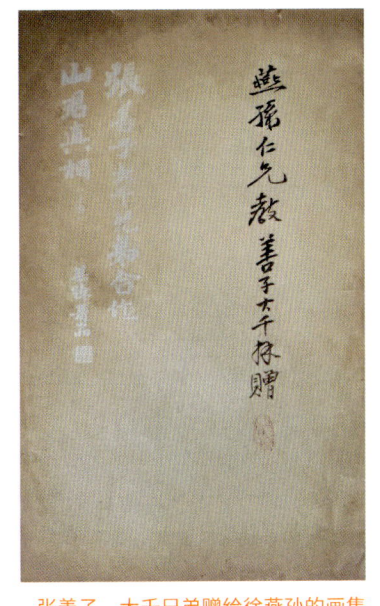

张善子、大千兄弟赠给徐燕孙的画集

诸君,速回经手前途追寻究竟,庶免受其蒙蔽为幸。"这种做法在当时画家中是不多见的。

抗日战争期间,徐燕孙应《北京晨报》主编厉南溪之约,创作了三十余幅白描画稿,由厉配诗,如《梁红玉擂鼓》《花木兰还家》《秦良玉勤王》《荀灌娘突围》等,借古喻今,寄托爱国情怀。其后由弟子任率英、李大成筹资出版《霜红楼画賸》。

20世纪30年代,徐燕孙曾执教于京华美术学校和北平艺术专科学校,他培养了一批著名的画家,如解放后大放异彩的吴光宇、王叔晖、任率英、卜孝怀、刘凌沧、潘絜兹、黄均等。王凤年回忆说:"徐师上课不仅善于言传,而且亲手示范,作画给学生看。一幅人物写意,短短几分钟就告完成,一画就是二十幅。作画速度之快、水平之高,令学生们叹为观止……"

二

新中国成立初期,在城市中,宣传迷信等不健康内容的连环画大行其道。中央人民政府认为在北方要尽快建立一支连环画创作队伍,出版一批健康有益的连环画作品。徐燕孙是人物画的北方代表,他成为新连环画的带头人。他的连环画作品《三打祝家庄》上、下两册于1949年至1951年,由蔡若虹领导的大众图画出版社出版。1951年,徐燕孙进入刚成立不久的人民美术出版社任创作员,率其弟子王叔晖、任率英、卜孝怀等一起搞连环画创作。当时连环画创作的大本营在上海,那里有钱笑呆、赵宏本等著名连环画家。北京的连环画创作并不像上海那样发达,在北方画人物画得最好的徐燕孙也很少涉猎。此时,《连环画报》创刊,徐燕孙作

徐燕孙

· 天乐图

工笔重彩
1936 年

为绘画的骨干，画出了不少好作品。据不完全统计，在1951年至1954年间，他在《连环画报》上共发表了九篇短篇连环画。《连环画报》1951年第二期上刊载了徐燕孙创作的彩色连环画《热爱祖国的弦高》，当时彩色版很少，刊登徐燕孙的作品，是对他的人物画水平的肯定。1951年的《连环画报》还刊登了徐燕孙绘制的两篇现实题材的稿子《程双玉翻身记》《二斗秋秋》，这两个短篇充分表现了徐燕孙驾驭连环画的能力：人物众多，栩栩如生，画面强调动感，背景道具翔实，为未来的连环画提供了典范。彩色短篇《农民和狼》则将狼的动态表现得生动自然。彩色长篇连环画《屈原》线条流畅，充分展示了徐燕孙工笔人物画的优势。他画出了许多脍炙人口的连环画，如《三打祝家庄》《鲁达拳打镇关西》《火烧赤壁》《萧恩打鱼》《王佐断臂》《古城会》等多部连环画单行本。这些作品大多在连环画界具有重大影响，给后来的艺术家们提供了典范，成为不朽的作品。

徐燕孙善于表现人物特征，以推动情节。比如在连环画《火烧赤壁》中有一幅画面，表现曹操灭了荆州刘表之后，想趁机征服孙权、刘备。曹操将大军驻扎在荆州襄阳一带，派人到东吴下战书，威胁孙权投降。徐燕孙在画幅右侧画孙权，左边是曹操派来下战书的小兵。小兵的神态是一种不屑，左手拿着战书，右手指着战书，一脸的傲气。徐燕孙通过对小兵的刻画，表现他的主人是如何盛气凌人和狂妄。

《三打祝家庄》是徐燕孙连环画的顶峰之作。1958年，这套连环画重绘出版，收进人民美术出版社的长篇连环画库《水浒》中，成为人民美术出版社的经典之作。《三打祝家庄》充分展示了徐燕孙精熟的线描技法和驾驭连环画创作的能力，是从近代人物绣像向现代连环画发展的一部杰作。

作品中，黑白处理、互为衬托的方法，比比皆是。环境不同，描绘人物的方法也不同，这本连环画中刀马战争的场面虽多，但也有抒情的表达方式，例如第九十二幅中，老者与石秀的交谈就充满了诗意。第一百一十一幅，祝小三的醉态描绘得十分到位，而石秀在偷祝小三的白翎时又是那样小心大胆。扈三娘的妩媚潇洒与周围如狼似虎的军士形成强烈对比。而且在表现战争场面时仍然注意周围环境细节的真实与表达。

新中国连环画奠基人之一姜维朴评价说："纵观徐燕孙的连环画，可以明显地感受到他以丰厚渊博的艺术功力和娴熟精湛的工笔艺术技巧，形成了自己的艺术特色，从而推动了刚刚起步的新连环画艺术，使之跨上一个新的高度。"解放后，徐燕孙还参与筹建北京中国画研究会，任副会长，兼中国美术家协会国画组组长。1957年，徐燕孙调任中国北京画院副院长。同年，徐燕孙被错划为"右派"，并被开除公职。自此，他在家里偶尔为出版社画些连环画，生活日益艰难，多数亲友与其断绝往来，仅有少数学生如任率英、李大成等，还会悄悄去看望。1961年，徐燕孙先生因患脑出血抱憾逝于北京，生前未来得及平反。

三

启功曾在《无双谱》中题有："绘事谁称一代工？十年城北识徐公。胸藏丘壑江南少，眼底骊黄海内空。老去诗篇添绮语，平生豪气托雕虫。披图喜见章侯法，取校任颐总不同。"这幅被启功夸赞的《无双谱》，就是徐燕孙的作品。在这幅具有写意风格的白描长卷作品中，徐燕孙充分展示了他对线条的认识和把握能力，以简约的笔触突出人物动态。这幅作品在

远去的背影 | 名家艺术小传

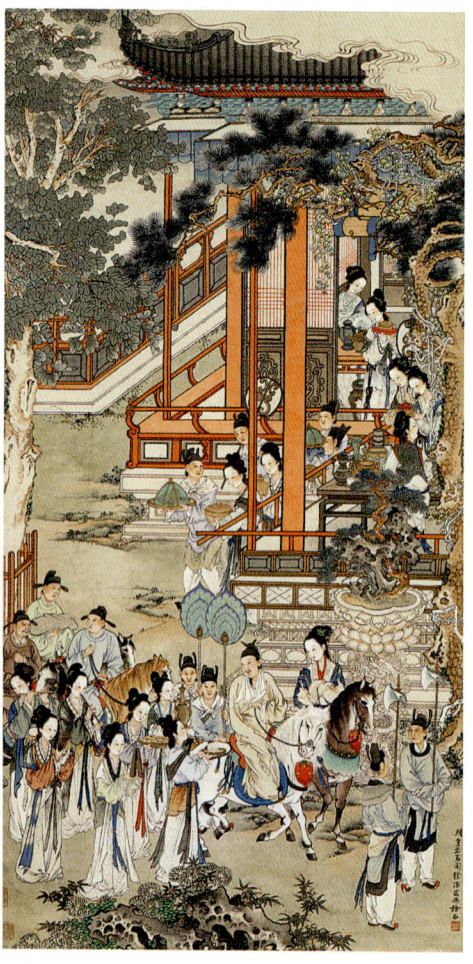

- 雪天访赵图

  工笔重彩
  20世纪30年代后期

- 明皇并马图

  工笔重彩
  20世纪40年代

· 济南伏生图

工笔重彩
20 世纪 40 年代初期

创作之时就受到周肇祥、吴镜汀、启功等人的高度评价。1937 年，徐燕孙创作了《循环图卷》，意为劝诫青年修德成仁。胡佩衡在跋语中说："燕孙兄工画人物，取法宋人，近三百年来无斯笔墨。此图长三丈余，布置谨严，设色奇古，自成童以迄落魄，由改悔以致成名，绘声绘色，并皆佳妙，仇尤辈不能专美于前也。"

徐燕孙是 20 世纪中国人物画发展史上里程碑式的人物。他与一般工笔画家不同，不仅能画线条细如蚕丝的工笔画，又能画线条生动的写意画。徐燕孙注重传统，他遍临唐代的阎立本，宋代的苏汉臣、马远、夏圭，明代的仇英、唐寅等历代名家作品，吸收了传统笔墨技法。徐燕孙善于表现人物的不同动态和神情，这在他的作品中多有体现，在他的连环画作品中也可以明显看到。他用色淡雅，仕女婀娜多姿，英雄则充满阳刚之气。他善于在众多人物之间穿插绿水青山、祥云瑞石、宝树珍花，以中国的传统诗意表达方式营造中国百姓喜爱的仙境。徐燕孙塑造的人物大多取材于民间神话传说、历史题材、宗教佛道人物,也善绘仕女人物。他的作品从内容到形式都受到人民群众的喜爱。

徐燕孙作为传统人物画的领军人物,不仅懂得承继传统的重要,也注重守法出新。他画传统工笔人物,同时也喜爱西画,藏有全套《列宾画集》。他的画作中,经常可以看到创新的印记。如古代仕女画,一般是笑不露齿,而他则曾专门画过一幅"露齿照镜"的仕女画。他曾题画说:"以古法写新意,时士每加非笑,而醉心外族文明者,更昧本横议,妄肆谰言,侈谈创作,有志之士,得毋痛心耶!"这是他内心世界的真实写照。徐燕孙常用印很多,有六十余个,其中经常用的闲章有"城北徐公""吞吐大荒""前不见古人,后不见来者""天下英雄惟使君"。这四方闲章体现了徐燕孙的性格,也是他对自己艺术个性充满自信的表达。徐燕孙善于表现宏大场面和复杂的情节。他对于描绘对象的神态、历史上的衣冠车马样式有深入的学习和了解。新中国成立后,他在历史题材的开拓方面有自己独到的思考,代表作有《屈原》《兵车行》《按乐图》《隆中三顾图》等,这些作品人物形象精到洒脱,背景丰富而不与主题冲突。

他的好友厉南溪在《霜红楼画賸》序中评价徐燕孙说:"霜红之画,余所深爱,亦所深知其人物之妙,妙在取材精而传神足,考证博而蕴藏深;至于笔墨之隽雅,气局之大方,一洗清代柔靡旧染,力振颓风。"他还说,徐燕孙作画"随兴点染,挥洒自如,拈题布局,若探囊取物,亦从不起稿……余当论所作,工者如春蚕吐丝,写意如风卷层浪,盖亦出自目观耳。"徐燕孙通过自己的艺术实践和教学,极大地推动了20世纪中国人物画的发展。

中国现代漫画的"鼻祖"
——记鲁少飞

鲁少飞（1903—1995）

生于上海，自幼随父习画。1918年考入上海美术专科学校。1920年担任上海艺术研究院素描教师。1924年赴任奉天美术专科学校西画教员。1927年与丁悚等组织成立了中国第一个漫画团体——漫画会。被后人誉为中国现代漫画的"鼻祖"、中国漫坛的"伯乐"。1934年，担任《时代漫画》主编。主办《救亡漫画》，主编《国家总动员画报》。1951年，调入人民美术出版社任画册编辑组组长。作品有《改造博士》《鱼我所欲也》《晏子乎？》《渔鹰》等。1993年，中国美术家协会漫画艺委会授予鲁少飞"中国漫画金猴奖"荣誉奖。中国民主促进会会员。

鲁少飞和夫人在家中，20世纪末

一

鲁少飞，1903年出生于上海，父亲鲁承荣是一位民间画工。鲁少飞自幼受家庭熏陶，随父习画。他曾因为临摹广告上一只锃亮的皮鞋而受到大家的表扬，增强了画画的兴趣和信心。

1916年，年仅十三岁的鲁少飞因家庭贫寒辍学，到上海永安公司当练习生。1917年春，他考入上海商务印书馆印刷所当绘图生，一年后考入上海美术专科学校西画系。1920年，他在上海晨光美术会学画，同时担任上海艺术研究院素描教师。其间，发表《战神崇拜狂》《弄虚作假的艺术家》等令人瞩目的作品。后到上海大中华影片公司当美术员。1924年，赴当时的奉天美术专科学校任西画教员。北伐期间，他到南京参加革命军，在总司令部政治部从事漫画宣传工作，画过《打倒列强》《打倒土豪》《解放妇女》等大幅漫画。1926年至1927年，他任上海民新影片公司美术主任。1927年，他和丁悚、张光宇、叶浅予等漫画家组织了中国第一个漫画团体——漫画会，此会为他出版了一本《北游漫画》。

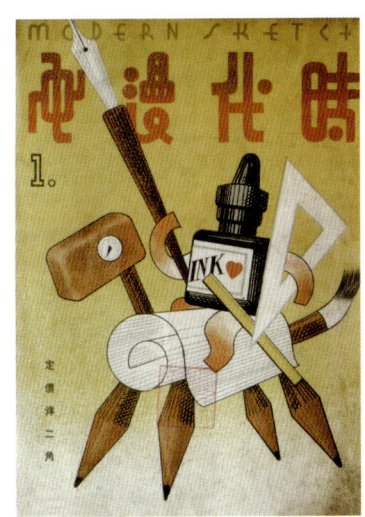

《时代漫画》主编鲁少飞及创刊号封面，20 世纪 30 年代

　　1928 年，鲁少飞与徐卓呆、季小波等人合作长篇滑稽漫画《改造博士》《毛郎艳史》《陶果儿》发表在上海《申报》，这些是我国最早的长篇漫画。

　　1929 年，张光宇、张正宇和鲁少飞等人创办了中国美术刊行社，创办周刊《上海漫画》，鲁少飞参加《上海漫画》的编辑工作并开办漫画函授班。蕾文于 1945 年发表在《商务日报》的文章中说道："《上海漫画》是较沈泊尘氏主编的《上海泼克》更完善的刊物……"

　　1932 年，张光宇、邵洵美、曹涵美、张正宇和叶浅予联手在上海创办时代图书公司。1934 年至 1937 年创办了《时代漫画》，出版人张光宇委托鲁少飞全权主持刊物的工作。

　　1934 年至 1937 年，鲁少飞担任《时代漫画》（共计三十九期）主编。在编刊过程中，他培养造就了一批具有鲜明个性的、日后享誉中国的漫画家，从此，鲁少飞被誉为中国漫坛的"伯乐"、中国现代漫画的"鼻祖"。

　　《时代漫画》自 1936 年 2 月（第二十六期）后停刊，因为鲁少飞在第

· 这是我的避暑捷径
漫画
1934 年

二十六期《时代漫画》封面画了一幅《晏子乎？》，讽刺国民政府对日本的屈辱外交，引起日本驻华使节的抗议。鲁少飞被国民党上海市社会局扣上"危害民国"罪而多次被传讯，险遭关押，后被罚款，刊物也被勒令停刊。虽然如此，该刊物暂时改名为《漫画界》，继续出版，不久又恢复原名。

1936 年夏天，鲁少飞与叶浅予、张光宇、张正宇等发起组织全国漫画家协会，并筹备举办了中国漫画史上第一次全国漫画展览。鲁少飞从此成为中国漫画界的旗帜人物。

1937 年，"八·一三"抗战爆发后，鲁少飞与张光宇、王敦庆主编

鲁少飞

· 毛泽民同志遇难四十周年祭

七言律诗
《新疆日报》1983年9月28日第四版

《救亡漫画》三日刊，第二期刊登了自己创作的《日寇将活人当靶子》，无情地揭露了日本侵略军的暴行。《救亡漫画》出版了十期，直到上海沦陷才停刊。

1938年，鲁少飞到广州，主编《国家总动员画报》，向民兵宣传坚持抗战。此时，鲁少飞是中华全国漫画作家协会战时工作委员会委员。不久，他又去了香港，在那里遇见了曾在上海《立报》共事的萨空了。

1938年，鲁少飞在萨空了的介绍下去新疆。他们全家跋涉了八个月才抵达迪化（现在的乌鲁木齐）。鲁少飞在新疆担任《新疆日报》漫画编辑，每天给《新疆日报》画报头漫画。

后来新疆风云突变，盛世才屠杀、驱离中共党员和进步人士，毛泽民、陈潭秋、杜重远等共产党员被杀害。后来为纪念烈士牺牲四十周年，鲁少飞在《新疆日报》上发表纪念诗作："壮士革命历长征，且是浩气贯乾坤。乃为抗日固后方，手创经济利众生。四百万民齐拥戴，新疆大地正义伸。哀哉精英遭毒手，天山到处怀

17

啼痕。"萨空了在重庆得知赵丹等进步文化人士被拘禁的消息后,给鲁少飞发急电,让他和一些文化人尽快回上海。据鲁少飞的长女鲁海成回忆,在鲁少飞兼职任教的女子中学举办的欢送会上,一个女学生拥着她抱头痛哭。她那时年龄不大,不明白,说:"我要回老家了,你们哭什么呀?"结果那个女孩哭得更厉害了。原来,多数被遣送出境的不是半途被打死,就是被关起来。鲁少飞一家人和一些文化人家属走出新疆地界才舒了一口气,很惊异能活着出新疆。

1943年初,鲁少飞本打算携妻带子回上海,可此时上海被日本人占据,于是他们停留在兰州,一住就是五年。这期间,张治中派人创办了《和平日报》,报社委托鲁少飞创作连载漫画,这是漫画《马二哥》的创作起源。《马二哥》每期四格,隔日刊载,主要表现兰州普通民众的生活,讽刺了"纳税""抓壮丁"等怪现象。后来因为制版材料缺乏,《和平日报》停办。《马二哥》先后连载了四十多期。

1946年1月3日,他与常书鸿、赵望云、潘絜兹等人在省立图书馆艺术生活旬刊社主办了第一届美术展览会。一时观众如云,身处西北内陆的广大兰州市民大开眼界,欣赏到了漫画、油画、素描等诸多画作。

这期间,鲁少飞还在兰州和重庆举办了"鲁少飞新疆画展"。

鲁少飞在《记在兰州的漫画二三事》中说:"我总觉得当时在兰州,对漫画一门竟没有人来认识它的功用,所以亦没有支持者,遂亦没有发表的园地,意思是完全缺乏立足之地。时代变了,今非昔比,是可以如鱼得水,力求发展。"

1989年10月,甘肃漫画研究会副会长苏朗在《甘肃晨报》上发表文章,他说:"追溯历史,甘肃的漫画早期发端可以从抗战时期说起……鲁少飞创作了连载漫画《马二哥》等作品,还举办过漫画作品展。这是甘肃漫画的发掘时期……鲁少飞在兰州的漫画创作,无疑是为甘肃漫画事业拓荒,让民众认识了漫画,逐渐了解漫画的作用。"

在鲁少飞的创作和带动下,甘肃漫画创作逐渐发展起来。

二

萨空了是人民美术出版社第一任社长,主掌新中国美术出版事业的大旗。在他带领下,人民美术出版社的出版事业欣欣向荣,蓬勃发展,尤其是新中国成立初期,出版了大量年画、连环画、宣传画,为普及美术做出重要贡献。

早年,鲁少飞就与萨空了相识,他们一同去的新疆,同样的经历使他们有着不一般的友谊。新中国成立后,鲁少飞到人民美术出版社工作,想来应是萨空了的推荐。

1951年,鲁少飞到人民美术出版社,任画册编辑组组长。

《印度尼西亚共和国总统苏加诺工学士、博士藏画集》(此后简称《苏加诺藏画集》)是人民美术出版社出版的重点图书,也是国务院安排的重点图书。苏加诺是印度尼西亚共和国的首任总统。1955年12月,他邀请中国驻印尼大使馆文化参赞司马文森夫妇观赏他的藏画。总统府画家杜拉表达了出版苏加诺藏画集的意愿。司马文森随即起草报告向国内请示,很快得到肯定的答复。

《苏加诺藏画集》由安靖、鲁少飞任责任编辑,曹辛之任美术设计。第一、二集于1956年9月苏加诺访华前由人民美术出版社出版。该书在

1959年莱比锡国际图书艺术博览会上获得了金奖,这是新中国在世界上得到的第一个图书金奖。

苏加诺总统亲自写序,他说:"这并非是因为我的藏画水平很高,而只是说明了我对艺术的爱好,同时也为了使中国人民和印度尼西亚人民之间的兄弟般的友谊更加密切。"

《印度尼西亚华侨美工团作品选集》由鲁少飞、张贻来编辑,1958年出版,八开精装,由曹洁设计,延续了《苏加诺藏画集》的风格。

1958年,由鲁少飞编辑、李文昭设计的《西行漫画》出版,这其中有个传奇故事。

1958年,一位读者偶然在北京图书馆发现了一部出版于1938年的《西行漫画》,是用炭笔素描的"夜行军中的老英雄""过湘江""遵义大捷"等二十五幅反映长征的绘画作品。1938年,时任红军第一军团政治部组织部部长、第二师政委的肖华将这些画的照片交给当年在上海主持风雨书屋的作家钱杏邨(阿英)编辑出版,当时印制了两千册,大部分发行在国统区,不久便被当局查处没收了。人民美术出版社得知此书信息后决定出版,由时任美术编辑组组长的鲁少飞任责任编辑,李文昭负责美术设计。

肖华为《西行漫画》作序,他在序中说:"这本《西行漫画》是二十年前在上海出版的,漫画作者已经查不清是什么人,我想,很可能是红军第五军团中做宣传工作的同志们。……当翻阅这本小小的画集的时候,我难以抑制内心的激动,短短的二十五幅漫画,一下子就会把我拉回到二十多年前的回忆中去。一些永生难忘的情景展现在我的面前:终年积雪的夹金山,茫茫无垠的大草地,波涛滚滚的大渡河,深山老林中的篝火,西北高原上的风沙……"

1958年版《西行漫画》没有署名，发行三千册，后来方得知，绘画作者是黄镇（时任外交部副部长）。

这本书，人民美术出版社从1962年至1986年，再版了四次，黄镇同志定名为《长征画集》，并亲笔题写了书名，作者署名黄镇。

阿英写道："这二十多幅画，是伟大长征的片断记录，是真实的革命史料，也是珍贵的艺术品。作者同千千万万的战士一道，万里跋涉，在战斗的行列中，用画笔写下了这些历史的动人的场面。这些画是感人至深的。作者特别突出地反映了红军战士们的革命乐观主义精神，也记录下了红军路过的少数民族地区的风光和'干人儿'（穷人）的苦难的生活。这样的作品至今还不多见。"

盒装画册《全国青年美术工作者作品展览会选集》是鲁少飞编辑设计的图书，在当时是精装书，1959年由人民美术出版社出版，书籍设计简约朴素、明快大方。

《常书鸿》画集于1959年出版，十五开，活页共十三张。鲁少飞为此书作序。在序中，鲁少飞以专业的眼光评价常书鸿的绘画，他说："画家所画的静物油画，以周密、细致、精确、完整的各项处理见长，能给予人一种色彩复杂丰富和整体协调而耐人寻味的感受。'鸡'主调是银灰色，气氛柔和，明暗变化很匀称，笔触也很痛快豪放，是画家得意的作品。'平地一声雷'红的暖色调和绿的冷色调相互映照和呼应，各种物体色调画得很是细腻精确……"鲁少飞在此书"序"中，切中肯綮，分析了常书鸿绘画的特点，十分到位。

1955年，为普及美术，鲁少飞编辑了一本叶浅予著的《怎样画速写》。

1958年，他策划了"初级技法丛书"十六种。这些普及版小册子为新中国的美术普及工作做出了很大的贡献。

1958年，鲁少飞编辑了一本《门采尔素描选集》，精装本。这本书装帧气派，不知在"文革"中，是否因为"洋"而被批判。2006年，这本书被年轻编辑从图书馆找出来，重新出版，至今已经再版五次。

1964年人民美术出版社出版的《现代人物画选》也是鲁少飞编选的，这本书有黄胄、刘继卣、蒋兆和、关山月、刘文西等几十位画家的作品。

人民美术出版社老社长田郁文曾说："我有机会看过档案，少飞同志经手的稿子件件认真仔细，无懈可击，实该青年编辑好好向他学习。"

我在人民美术出版社图书馆寻找鲁少飞的印迹，找到了他编辑的二十一本图书，因为单位搬家，许多图书未能找到，比如他编辑的"初级技法丛书"十六种，我只看到了三种，这说明鲁少飞在人民美术出版社短短的十几年中，编辑过大量图书。

三

鲁少飞是中国漫画史上元老级的漫画家，又是编辑大家。

正如影像在中国的发展与世界同步一样，民国漫画也跟随世界的脚步。它们都是代表一个时代的艺术种类。在漫画最活跃、最繁荣的二三十年代，中国有二十多本漫画期刊先后问世。

《时代漫画》在当时许多漫画报刊中，成为一本标志性的刊物，这是因为《时代漫画》独特的选稿规则和独到的培养作者方法，并通过它的影响，在上海逐渐形成中国漫画大本营，开创了一个新的时代。而《时代漫

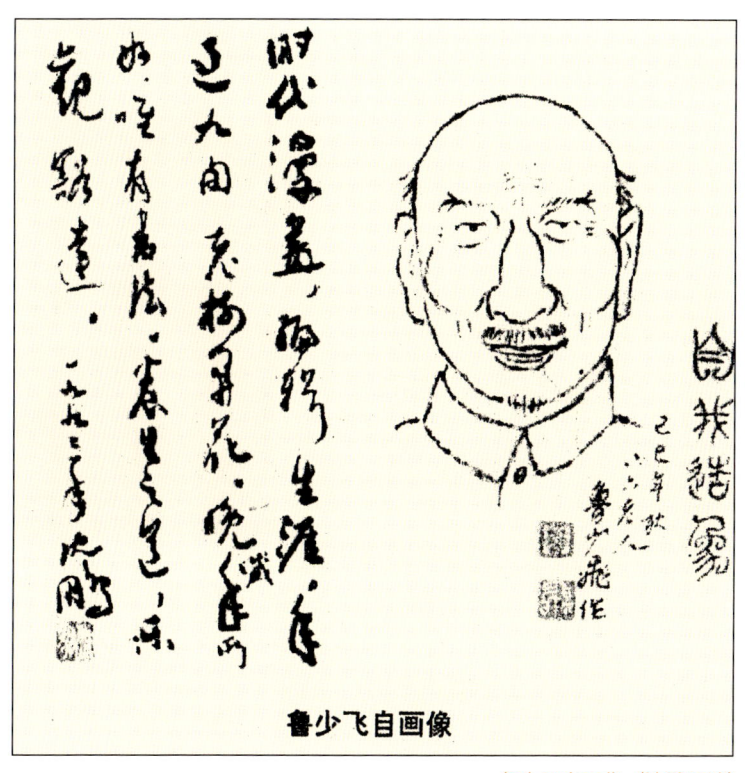

· 鲁少飞自画像（沈鹏题诗）

漫画
1989 年

画》主编鲁少飞，则起到中流砥柱的作用。

　　1934 年 1 月，《时代漫画》创刊号上没有发刊词，仅有一段"编者补白"，这应当是鲁少飞的风格："编这书经过，自然很多话想说，但不占地位，因就省去。只希望读者不原谅，作者努力追究，编者极不厌烦，发行者尽力推销。目下四围环境紧张时代，个人如此，国家世界亦如此。永

远如此吗？我就不知道。但感觉不停，因此什么都想解决，越不能解决越会想应有解决。所以，需要努力！就是我们的态度。责任也只有如此。这一期封面的图案，以后用作我们的标识，表明'威武不屈'的意思。'事事要不浪费'，是一句很时髦的话。我吃的是流行饭，当然榨出一点流行的脑汁，就此搁笔。"

鲁少飞有着现代编辑意识，他不以名家为唯一取稿对象，而是以稿为上、稿子面前一律平等这样的选稿标准，给年轻作者提供了更多的发表漫画的空间。最大限度地培养新的年轻作者，是他坚定不移的编辑态度。这样的编辑方针也使漫画名家们加倍努力，力争稿件被选用，而年轻作者因此有了更多的竞争机会。他不仅为年轻作者提供许多版面，甚至把他们的

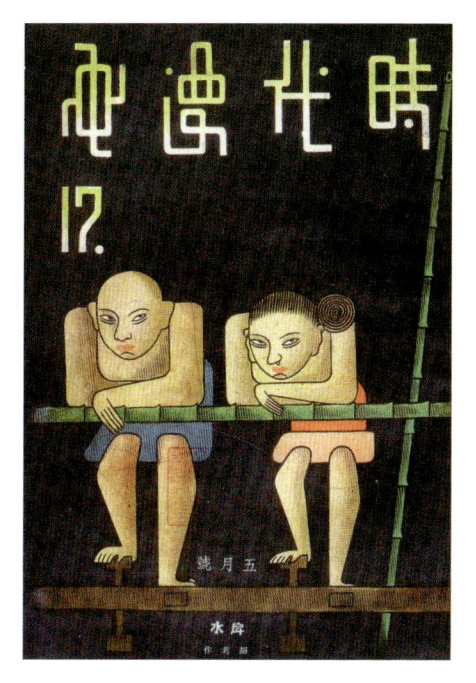

·《时代漫画》部分封面

鲁少飞主编
1934—1937 年

画放在封面。华君武、丁聪、黄苗子等都是通过投稿被发现、挖掘，而成为著名漫画家的。

在1990年举办的华君武漫画创作六十周年回顾展上，华老接受记者采访时说："30年代我还是一个毛头小艺徒呢，而丰子恺、叶浅予、张光宇、鲁少飞等人，已经是享有盛名的漫画家了。我通过投稿逐渐认识了他们。"

鲁少飞是漫画家，但他甘心为人作嫁。他将主持漫画刊物视为对社会的最大奉献。他主持的漫画刊物，介绍了不少国外优秀的漫画作品和精短的漫画理论文章，为创作者提供更广阔的视野。他呼吁漫画家们重视读者的需求，发挥自己自由的想象力，讽刺现实社会的不良现象，创作出更多更好的作品。

在人民美术出版社做编辑期间，鲁少飞对漫画仍然情有独钟。他编辑过大量的漫画类图书，如《漫画常识》《东风漫画》《第一届全国漫画展会作品选集》等。像1958年出版的精美的《西游漫记》（张光宇作），即使今天看来，其编辑质量、印装质量仍然上乘，令人叹为观止。1993年，中国美术家协会漫画艺委会授予鲁少飞"中国漫画金猴奖"荣誉奖，他当之无愧。

鲁少飞是20世纪中国漫画的开山之人，他倾尽全力，以专业的眼光编辑漫画刊物，培养年轻的漫画作者，他对中国漫画事业发展的贡献无人能替代。

鲁艺美术系的创始人
——记沃渣

沃渣（1905—1974）

原名程庆福，别名程振兴，笔名沃渣，沐旦，浙江衢县人。著名版画家、教育家、编辑家。中学毕业后，考入南京中央大学艺术系，一年后考入上海新华艺术专科学校西画系，在校参加研究木刻艺术的野风会，并发起铁马版画会。1937年10月奔赴延安，先后任鲁迅艺术学院美术系第一届、第二届系主任，晋察冀联合大学美术系主任。在延安创作大型木刻《向七大献礼》（现藏于中国国家博物馆）。抗战胜利后，调任东北大学鲁迅艺术学院美术系主任。1948年，任东北画报社创作组组长。1949年后，任人民美术出版社创作室主任、图片画册编辑室主任等职。1962年，任北京荣宝斋经理。曾任中国美术家协会理事。

沃渣在天安门前留影，20 世纪 60 年代中叶

一

　　沃渣，原名程庆福，别名程振兴，1905 年生于浙江衢县乌溪江溪口村（今属衢州市）。他小时候在私塾读书，但不愿读四书五经，一心想跟小姑母学画画。上中学时，他在同学家第一次看到中国画，于是立志学画画。1924 年，他偷偷从爷爷的提篮里拿了钱，考入南京中央大学艺术系学习国画，一年后又考入上海新华美术专科学校西画系。

　　1928 年，他由中学同学介绍参加了中国共产主义青年团。那时，他经常在马路上和巷子里散发传单和写标语，把传单叠成小方块，放在裤袋里，有机会就塞到人家的门缝里或窗台上。他也曾被法国巡捕搜查过，但没有被查出来，于是将这些当作笑话讲给同学听。然而不久，大革命失败，以蒋介石、汪精卫为代表的国民政府提出"宁可错杀一千，不可放过一个"的口号。他在暑假回乡路过杭州时，因同乡出卖而被捕，在狱中经受了坐老虎凳、上电刑等酷刑。家里知道后，为了救他出来，卖了田产。而直到 1932 年，他才因证据不足被保释出狱。

沃渣

·水灾

黑白木刻
1935年

　　这之后，沃渣在乡下小学教书，但时间不长就回到上海新华美术专科学校复学，其间结识了许多进步青年，还有同好——木刻青年，如陈烟桥、郑也夫、林扬波（马达）等。在鲁迅倡导的新兴木刻运动影响下，他开始学习木刻创作，并积极参加木刻社团。后来，他和林扬波等还加入了野风会。

　　沃渣对木刻有天然的领悟，他的第一幅木刻作品是反映四川、河南灾区人民生活的《旱年》，发表在《中国农村》。这幅作品的发表给了沃渣很大鼓励，之后他又接连刻制了几幅版画。但沃渣在创作中也遇到一些困惑，他想向鲁迅求教，又有些犹豫，当他在一个展会上看见鲁迅时，还是没有勇气上前求教，甚至不好意思请同学介绍。

　　1933年春，沃渣和陈烟桥等发起组织野穗木刻会和涛空画会，编辑出版《木版画》。1935年春，沃渣开始给鲁迅写信，他将《旱年》《水灾》

· 耕田

黑白木刻
1936 年

《暴动前夕》等版画寄给鲁迅先生。没想到的是，一个星期后，接到了鲁迅热情洋溢的回信。这件事在《鲁迅日记》中也记载了。鲁迅在 1935 年 2 月 6 日的日记中云："得程沃渣信并木刻四幅。"同月 14 日记云："复沃渣信。"沃渣生前回忆，鲁迅对他的鼓励多于批评，让他要进一步刻画人物，不要像有些木刻，张开嘴巴举起拳头而缺乏内在的感情，那样过于简单化了。

从此，沃渣开始与鲁迅先生交往，并得到教导。鲁迅先生赠送给沃渣两本画册，一本是《珂勒惠支版画选集》，另一本是《死魂灵百图》。沃渣从画册中汲取大量精华，融入到创作中。他将这两本画册视为珍宝，因战乱去西安前寄放在一个学校里。1949 年后，沃渣还寻找过，学校已经不在了，书自然也没有了下落。多少年后，提起这件事，他仍然耿耿于怀。

1935 年 1 月，平津木刻研究会发起的"全国木刻联合展览会"在北平太庙开幕，展出沃渣、陈烟桥、李桦等人作品四百余幅。当日，参观者达五千人，盛况空前。1935 年底，他与江丰、马达、野夫、温涛等发起成立铁马版画会，出版了五集《铁马版画》，他们一面自己筹钱，一面自己刻制、印刷、装订，一面自己发行。1936 年，鲁迅去世，沃渣前去守灵抬棺。他创作了一张《鲁迅遗容》，发表在《中国呼声》上，以表达自己沉痛的哀思。

在上海期间，沃渣已经是小有名气的版画家了，但他一直保持着农村青年的质朴，愿意一直创作下去。但他对名声并不看中，因此对自己的作品也没有认真留存。

从上海新华美术专科学校毕业后，沃渣在上海纯德小学任美术、劳作教员。业余时间搞木刻创作，作品大多发表在《中国农村》。美国进步作家史沫特莱当时正在主编英文刊物《中国呼声》，她发现了沃渣的作品，

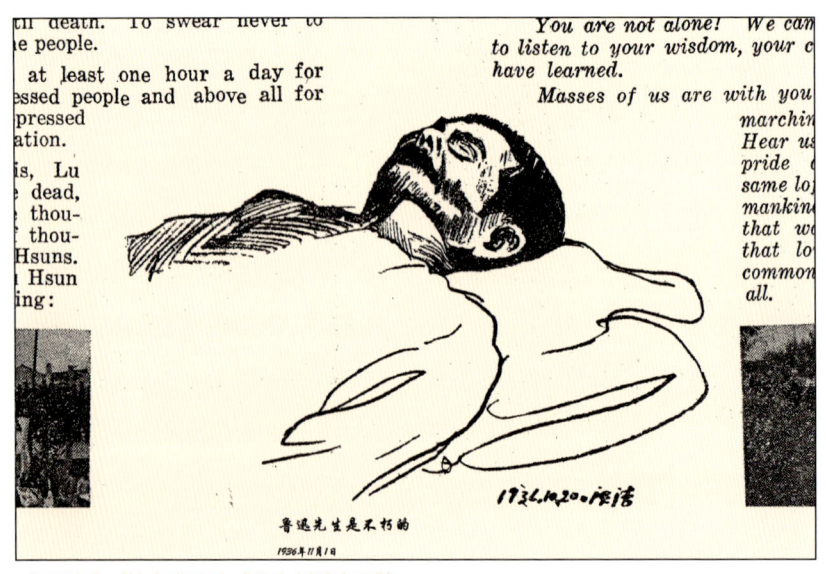

· 鲁迅遗容（摘自赛珍珠《从木刻看中国》）

黑白木刻
1936 年

非常喜欢。于是，她让翻译朱伯深找到沃渣，请他为《中国呼声》做美术设计及插图。在一年多的时间里，沃渣为《中国呼声》倾尽了心血，他几乎包揽了封面设计、版式设计和插图。这里所说的插图，不是线描，也不是一般绘画，而是木刻作品，其难度可想而知。

时至 1937 年，日寇占领了上海，查封了《中国呼声》。在《中国呼声》停刊前，史沫特莱已经前往延安。刊物由编辑处理停刊事务，他们问沃渣想不想去延安。沃渣毫不犹豫地说去。编辑为沃渣出具了去西安八路军办事处的介绍信。沃渣把所有值钱的东西都卖了，凑的钱也只够买到郑州的火车票，但他义无反顾地登上了西去的列车。

二

沃渣终于到了八路军办事处，受到林伯渠的热情接待。几天后，他搭上一辆去延安送棉军装的卡车，想不到，中途一个县城的城门过低，他的肋骨被挤断三根，人一下子就昏过去了。人们以为他死了，把他抬到路边用席子盖上。第二天，兵站的同志查看，发现他还活着，就送来一碗面条。这样，沃渣来到延安，在八路军总政治部当了文化干事。

鲁迅弟子中的一批木刻青年，在他去世后奔赴延安，其中有江丰、沃渣、胡一川、张望、马达、力群、刘岘、陈铁耕、黄山定、叶洛等。1938年，毛泽东、周恩来、林伯渠等联名发起倡议，于是建立延安鲁迅艺术学院。毛泽东为鲁迅艺术学院题词"革命的浪漫主义，抗日的现实主义"。其时，沃渣被任命为美术系主任。教学模式主要以三个月短训为主。古元、彦涵、罗工柳、夏风等人都是鲁艺的学生，后来成为中国著名的艺术家。此外，解放日报社、边区文化协会美术工作委员会等单位的美术工作者也到这里轮训。

1939年9月，沃渣被调往敌后晋察冀边区开展艺术教育工作，同行的有沙可夫、吴劳、辛莽等人。一路上穿过无数封锁线，终于到达目的地。在那里，华北联合大学（也被称为晋察冀联合大学）成立了，沃渣任美术系主任。

1943年，沃渣重返延安，任创作组组长。这个时期，他的创作风格有所改变，他想创作广大群众喜闻乐见的木刻作品。他的作品《丰收》就是用中国传统木版年画形式刻制的。他还创作了大量优秀的有影响的木刻作品，如《夺回我们的牛羊》《通过敌人的封锁线》《反扫荡》《黑土子的故事》等。在延安时期，沃渣创作木刻《向七大献礼》，这幅作品被收藏

· 夺回我们的牛羊
黑白木刻
1945 年

在中国革命历史博物馆（现中国国家博物馆）。作品表现以毛泽东为首的党中央在一面红旗下向胜利进军的场面，不是印在纸上，而是印在白缎子上。下面用红线绣着"向七大献礼"几个大字。

1945 年，日本投降。延安干部调往东北，第一站是张家口，经过内蒙古到达东北，沃渣在牡丹江一带当土改工作队长。不久，东北大学成立，沃渣任鲁迅艺术学院美术系主任。东北画报社出版了沃渣的长篇木刻连环画《黑土子的故事》。1948 年，沃渣调任东北画报社搞创作。作品有《冲锋》《知识分子下乡》《土地改革》《鞍钢高炉修复了》。

三

1950 年，沃渣调到北京，在北京新闻摄影局美术创作室工作。1951 年 5 月，人民美术出版社筹建，沃渣调到人民美术出版社。1951 年 9 月人民美术出版社成立，沃渣先在美术研究室做研究员，后任美术创作室副

沃渣

沃渣（左二）参加晋察冀边区第一届参议会议，1943年

沃渣与夫人毕成（左一）、女儿眉眉（右二）、儿子一丁（右一）和小丁（左二）在一起，20世纪60年代

主任、美术部主任、图片画册编辑室主任。

当时人民美术出版社有两个创作室，一个在鼓楼辛寺胡同，辛寺胡同的创作室以延安鲁艺来的木刻家为主，他们多数住在那个大院子里，也是马克西莫夫训练班的第二个培训班，由古元任主任，这个创作室没有明确的创作任务，沃渣也在其中。另一个是在东四四条的一个大院子里，以《连环画报》创作组为主体，后扩建为创作室，以连环画、年画、宣传画创作为主，原由阿老任主任。1955年前后至1957年，此创作室改为人民美术出版社美术部，由沃渣任主任。

沃渣每天上班，负责安排创作室的工作。那时他负责的创作室任务相当艰巨，工作时间紧又要求质量高。美术部人才济济，有徐燕孙、刘继卣、王叔晖、墨浪、阿老、林锴、沙更世、费声福、张汝济等人。他们在四合院的中间搭个棚子，大家在里面进行创作，其乐融融。

这一时期是人民美术出版社创作室最富有激情的时期，连环画有徐燕孙的《三打祝家庄》、王叔晖的《西厢记》《生死牌》、刘继卣的《闹天宫》《东郭先生》、任率英的《白蛇传》《秋江》、林锴的《三岔口》等。这些作品给广大读者留下美好的记忆。

曾经在创作室工作的杨先让回忆说："在这里我看到王叔晖创作《西厢记》和《晴雯补裘》工笔画，刘继卣创作《鸡毛信》和《大闹天宫》的过程。1957年，徐燕孙忙着组织北京老国画家为军事博物馆创作长征长卷，约我去为他们起草稿《过雪山》《苗寨饮酒盟誓》场景。"

除了连环画，创作室还创作了大量年画、宣传画。年画中，有四条屏，也有两条屏。四条屏是四张对开竖条，四幅画为一屏。王叔晖的《西厢记》是四条屏，刘继卣的《闹天宫》是两条屏。幅数一般为十六幅或八幅。这

沃渣

· 毛泽东率领党中央转战陕北
黑白木刻
1962 年

些年画、宣传画的发行数量惊人，如任率英创作的九张年画，在 70 年代后期，一次开机就印刷了一千七百万张。

1958 年"大跃进"期间，沃渣带队参加人民大会堂的建设工作，由于身体本身不好加上劳累，他突然吐血，只好回家休息。这之后，社里机构变动，他先后在图片画册编辑室、连环画册编辑室工作，后因治病，一直处于半休息状态。直到 1962 年，出版社安排他到荣宝斋任经理。

1969 年，沃渣作为人民美术出版社的一员，下放到湖北咸宁文化部五七干校劳动。1971 年初，少年的我随父亲也来到文化部五七干校，因为沃渣的名字与众不同，就多注意他一些。记忆中的他话不多，和大家一起在向阳湖里插秧种田，与其他五七战士一样，没有什么不同。今天一查才发现，他那时已经是六十六岁的老人了。

37

四

沃渣的重要作品还有1937年刻的《抗战总动员》，从标题就可以看出，这是"七七"事变后日本全面入侵中国，中国人民全面抗战的时刻。画面中，有手持步枪的战士，有拿着手枪的军官，也有戴着草帽拿着梭镖的农民弟兄。大家朝着一个方向奔去，那里硝烟滚滚，那里是战斗的主战场。作者清晰地刻画了全民抗战的内容和主题。

《防空》作于1939年，几架敌机在天空飞过，仿佛能听到隆隆的轰鸣声，战士静静地伏在角落的草丛中，右边是一棵大树，一头背负粮食等物的驴一动不动地藏在树下。画面简洁生动，很好地表现了主题。

《查路条》同样创作于1939年，一边是牵着驴的农民，作者将他的憨厚刻画出来，画面中有两个年轻人，一个手握红缨枪，一个认真地读路条，他们不以衣帽取人，履行职责。人物神态生动，画面中红缨枪、旗帜、临时搭建的窝棚等都很好地衬托了主题思想。

《夺回我们的牛羊》创作于1945年，反映反扫荡的内容。山沟里，八路军集结部队，扑向日寇。大批的牛羊已经被藏在山沟，前方，八路军英勇地冲向敌军，地雷、手榴弹的爆炸，战马的嘶鸣，将惨烈的战斗场面表现得淋漓尽致。这幅作品应当是作于抗日战争胜利前夕，我们可以看出，作者的创作手法不仅娴熟，而且有时间精雕细刻。像牛羊不安的神态、战马的跳跃，甚至车轮的细腻刻画，都使这幅作品的艺术性大大提高。

抗日战争即将结束的时候，1944年10月，一直做鲁艺领导、做美术教师的沃渣终于开始长篇木刻连环画的创作。这部长篇木刻连环画完成于1945年初，共七十四幅，也是我们目前看到的鲁艺时期最长的木刻连环画，这就

沃 渣

· 黑土子的故事

黑白木刻连环画
1945 年

　　是《黑土子的故事》。故事发生于老解放区晋察冀北岳区的一个小山村。村里有个叫黑土子的小伙子，他打鬼子不积极，凡事多为自己着想，后来经过多方面教育和帮助，在残酷的对敌斗争环境中慢慢觉悟，终于转变观念，成为优秀的游击队员。最后，参加八路军，成为革命战士。1946 年，这本书由佳木斯东北画报社出版。沃渣在前言中说："这样较大的连环木刻，在我还是第一次尝试，里面缺点一定不少。希望读者多多的严格的指教。"

　　第三幅，黑土子看见同村人都往沟里搬家，心里有些发慌，也急急地想回村叫上媳妇。这幅画的人物刻画坚实，身上背的谷穗刻制得一丝不苟。作者用刮刀粗略地表现背景，反衬主人公的慌张。

　　第三十六幅，黑土子趁鬼子不提防，挥起扁担往他头上狠狠地砸了几下，"三八大盖"被抛在地上，这鬼子翻了一个身掉到井里去了。这幅画

39

表现得动感十足。飞转的辘轳、扬起来的带铁钩的扁担、黑土子弓步用力的姿态，生动地将鬼子被打下井那一刻的画面表现出来。接着第三十七幅，这幅画与前一张视角相同，不同的是井上的辘轳已是静止状，从这里往远处看，是黑土子心里害怕鬼子追来的情景。原本白色的背景变成黑黝黝的山坳，强化了黑土子杀了鬼子后的不安心理。

第四十八幅，黑土子上了大梁，太阳已经从山背后落下去了。这幅画是表现黑土子准备跑回家看看鬼子的情况，他心里是忐忑的，但作者却采用明快的基调表现，落日余晖洒在山梁上。远方霞光绮丽，近处树木葱茏，一片祥和的景象。作者表现的是紧张战斗前的静谧。

1945年，中国木刻研究会精选了一百八十幅木刻，送到美国巡展。美国著名作家赛珍珠从中选出八十余幅，出版了《从木刻看中国》，书中选用了沃渣、李桦、王琦、古元等艺术家的作品。图书封面上有段话："战时中国的面貌，曾经从多方面来描绘过，新闻的报道、旅行者的口述，以至开麦拉的镜头，但这本连环画可以使你从新的木刻艺术家的黑白手法上，看到虽有更多皱纹但仍然保持着欢欣的面孔。"

五

时光荏苒，沃渣先生离开我们竟已五十年了。他当年的辉煌，今天很少被人们提起。我因一个细节，向当年在人民美术出版社工作而且今天仍健在的同志求证，竟是四种不同的回答，可见时间对记忆的消磨有多么严重。我只能按照推理和判断将这一细节呈现在此文中。通过翻阅尘封的资料，还有他那时留下的遗迹，了解到他的创作、他的为人，也是难得的收获与裨益。

新中国美术出版事业的开拓者
——记萨空了

萨空了（1907—1988）

原名萨因泰，蒙古族。新闻学家，出版家。笔名了了、艾秋飙。1925年参加阿波罗画会。1927年开始在北京从事新闻工作。1931年被聘为国立北平大学艺术学院讲师。1935年任上海《立报》副刊主编、总编辑兼经理。1940年到重庆任《新蜀报》总经理。1941年创办《光明报》。新中国成立后，历任中央人民政府新闻总署副署长兼新闻摄影局局长、人民美术出版社社长、民族出版社社长、国务院民族事务委员会副主任、中国民主同盟副主席、全国政协副秘书长兼《人民政协报》总编辑。1960年加入中国共产党。第一、第二届全国人大代表，第三届至第六届全国政协常务委员。负责主编《中国大百科全书·新闻出版》卷。著有《萨空了文集》。

萨空了在家中读书，20 世纪 50 年代

一

萨空了于 1907 年出生于四川成都，祖上是蒙古族正黄旗，父亲石麟是个读书人，在川督赵尔丰手下做文官。父亲为他取名萨因泰，意思是有福之人。辛亥革命后，石麟全家迁回北京，萨因泰改名为萨空了。他在北京协和外语学校半工半读。十八岁走上社会，先是在中法储蓄会当办事员、秘书处主任。他在汉语、英语、书法、绘画方面均有造诣。

1925 年萨空了参加阿波罗画会，1927 年开始在《北京晚报》副刊《余霞》做编辑记者，1929 年后历任《世界日报》画刊编辑、《世界画报》总编辑、天津《大公报》艺术半月刊主编。1931 年被聘为北平大学艺术学院西画系讲师，教艺术理论课。其后，萨空了进入北平大报《世界日报》主编《新闻学周刊》。那时的萨空了，撰文、画画、摄影、演话剧，充满了活力。

1935 年，成舍我邀请萨空了到上海新创建的《立报》担任编辑（后担任总编辑）。"一二·九"运动时，该报报道了学生的爱国行动和整个抗日救亡运动。该报在新闻业务上实行"精编主义",要求在很小的篇幅中容纳尽可能多的内容,所刊发的新闻短、评论短,受到读者的欢迎。在这里,萨空了逐渐成长为一名著名的新闻工作者。

1936年,沈钧儒等七人遭国民党政府逮捕,章乃器的夫人找到时任《立报》总编辑的萨空了请求帮助,于是当天的《立报》便抢先发了消息。消息一出,社会舆论哗然。经过多方协同努力,国民党当局被迫释放了七君子。

1937年11月13日上海沦陷,12月24日萨空了被迫离沪,1938年4月在香港重新创办《立报》并任总经理、总编辑。茅盾、巴金等在此撰文。

1938年8月萨空了同杜重远赴新疆,12日接受《新疆日报》副社长职务。1939年3月率领一支文化远征队从香港到新疆。后来他出了本书叫《从香港到新疆》,书中写道:"经过这次旅行,我才大略认识了中国,了解中国之问题所在……我是想告诉大家,'行万里路'对一般知识分子比'读万卷书'更为重要。因为只有真的面对了事实,你才能懂得那事实中的问题之所在。"

1940年,萨空了到了重庆,经范长江介绍任《新蜀报》总经理,该报是中国共产党《新华日报》的"友军"。1941年皖南事变后,萨空了全家要去香港。一天,周恩来约他谈话。在此之前,他没有和周恩来单独见过面。周恩来告诉他,梁漱溟先生办报经费困难,请他带五千元交给梁先生。萨空了到香港后,与梁漱溟一起创办了中国民主政团同盟机关报《光明报》。创刊号上发表了《中国民主政团同盟对时局主张纲领》和《中国民主政团同盟成立宣言》,打破了国民党当局对民主政团同盟的封锁。这是梁漱溟、萨空了等民主人士对民主运动的重要贡献。

萨空了（左一）随沈钧儒（左二）一起参加中央访问团赴西北五省访问，1950年

人民美术出版社1955年优秀工作者合影，萨空了在二排右四，1956年

萨空了在1943年4月出版的《香港沦陷日记》一书中说："我既生在这样的时代中，又选定了新闻记者为自己的终身事业，自只有坚强地负起自己应负的历史使命。所以自从作了记者以来，兢兢业业地工作，唯恐走错了路。我常常警告自己，不应把自己所编出来的报纸，当作翌日即是覆酱瓿的烂纸，而应当把它看成那是组成人类历史记载的一部分。假使不能将亲历的一切，忠实地写出，那我们就是那些伪造历史者的帮闲，即使出于无心，也是罪无可逭。"

1943年，萨空了在广西桂林。黄苗子回忆说："在桂林，萨空了的职责主要是为中国民主政团同盟（民主同盟前身）接待外国记者，被国民党特务系统视为眼中钉。"一天，他准备去采访美国新闻处的官员，突然被军统特务绑架，囚禁在集中营中。萨空了写了一首诗："缧绁非吾罪，屋陋睡转安。山拱如朝我，松挺像贞坚。世事愈难问，雄心未逊前。倚风一长啸，天地为之宽。"

1946年，萨空了又到了香港，经周恩来建议去找中共在港负责人连贯，连贯请萨空了任《华商报》总经理。报社董事中有陈嘉庚、夏衍、连贯、廖沫沙等。在《华商报》期间，他实际上仍在做民主党派的工作。柳亚子先生曾书赠条幅："热心公益无事忙，有求必应香港脚。"

1949年3月，萨空了由香港到北京，5月奉命将原北平《世界日报》改为中国民主同盟办《光明日报》，胡愈之、萨空了、林仲易三人负责。1949年6月《光明日报》正式出版。

新中国成立前夕，萨空了作为中国人民救国会的成员参加了第一届全国政协会议。

二

中央人民政府成立后，萨空了被任命为新闻总署副署长兼新闻摄影局局长。

1950年10月，中央人民政府出版总署根据全国第一届出版会议关于出版专业化的精神，决定成立一批中央一级出版社，人民美术出版社为其中之一。萨空了、朱丹、邵宇、邹雅等人为筹备小组成员。

1951年，还处在筹备期的人民美术出版社开始酝酿创立一种以连环画为主要内容的美术期刊，在时任社长萨空了和总编辑朱丹的共同努力下，半月刊《连环画报》应运而生。时任文化部部长茅盾为刊物题写刊名。1951年5月27日，《人民日报》对即将问世的《连环画报》做了报道："人民美术出版社决定将出版一种《连环画报》半月刊。以连环画为内容来出版期刊，这还是创举。为向广大不识字的和识字不多的劳动群众进行教育，各地应帮助这个刊物的发行推广。"《连环画报》以反映国内外政治经济形势为主，如抗美援朝、土地改革等，风格多样，是当时重要的文化宣传工具。

在1951年9月之前的四个月中，萨空了已经带领编辑们编辑出版了人民领袖像、宣传画、连环画册、一般画册等八百余种出版物。

1951年9月15日，人民美术出版社正式成立。萨空了请周恩来总理为人民美术出版社题写社名，周恩来总理欣然命笔。他对萨空了说，要尽快多出为青少年和劳动人民服务的好书好画，占领文化阵地。人民的出版事业，主要任务不要为了赚钱，而是为了满足人民精神上的需要。周恩来总理一般不题写社名等，至今，除了海关和人民美术出版社，还有后来萨空了任社长的民族出版社和《民族画报》，周总理题写的单位寥寥无几。

这一方面体现他对美术出版工作的重视,一方面也有对萨空了工作肯定的因素。

在萨空了的领导下,人民美术出版社提出了出版方针:通过形象与艺术形式宣传马克思列宁主义、毛泽东思想,进行爱国主义及国际主义的教育;适应国家经济建设与文化建设的需要,提高人民群众思想文化、科学知识水平;以出版通俗的工农美术读物为主,有重点地编选介绍有代表性的艺术作品、民间艺术、历史文化遗产。

萨空了非常重视年画、连环画、宣传画的编辑出版。沈鹏在回忆文章中说:"萨空了对连环画稿件审读最认真,发现错字有时把编辑室主任请来当面指出。他常嫌人美社的文字力量太弱。"

萨空了1984年曾在《连环画艺术论》序言中写道:"鉴于当时社会上充斥旧社会流传下来的反动、荒诞、淫秽的连环画,为了普及革命文化,特别是为了教育少年读者,根据党对出版工作的要求,我们曾把出版内容健康、形式优美的连环画作为一项重要的任务来抓。这件工作在当时开展起来是很困难的,就像在一块荒瘠的土地上盼望丰收那样,需要辛勤地施肥、耕耘……经过一段时间的努力,一批思想健康、形式美好的新连环画出现了,较快地完成了连环画换代工作,对普及革命的文化起到了良好的作用。"

自1953年起,人民美术出版社规划出版连环画《水浒》,这是新中国第一部长篇连环画。在萨空了亲自过问下,时任连环画册编辑室主任姜维朴组织大家拟订了改编计划,并编写出第一集脚本。萨空了多次参加编辑讨论会,并给每一集题写了书名。这套书改编到《三败高俅》之后,对"招安"以后的内容是否应该改编,社内编辑有不同看法。萨空了很快批示,支持改编,并要编辑保持原作的现实主义思想。

姜维朴在回忆文章中说:"1955年5月号的《美术》杂志发表了一篇针对当时极受欢迎的连环画《孔雀东南飞》(邵甄等编、王叔晖绘)的批评文章,几乎全盘否定了这部连环画的创作,这显然有失偏颇,也不利于今后连环画工作的正常和健康的发展。我在萨空了的支持下,写了一篇文章,对这部作品作了全面、客观的分析,我把初稿送给萨过目,并在他的建议下加了这样一段话:'恰当地指出这个脚本的缺点和错误以便改正,肯定它对读者有利的主要方面以示倡导,从而提高脚本的质量与数量,界限分明地同毒害读者的黄色书刊做斗争,这就是我写这篇文章的目的。'萨空了同我研究文章时的亲切神情,至今还历历在目。"

从新中国成立之初到"文革"前,人民美术出版社出版了大量年画、连环画、宣传画、领袖像,其中包括年画《开国大典》《中华各族人民大团结》、宣传画《我们爱和平》、连环画《鸡毛信》《童工》《钢铁是怎样炼成的》等优秀出版物。这个时期,还创办了《连环画报》《美术》《中国摄影》《漫画》等面向大众的美术期刊。50年代后期开始,出版了如《中国历代名画集》《宋人画集》《永乐宫壁画》《十年中国绘画选集》《杨柳青年画资料集》,以及现代艺术大师齐白石、徐悲鸿、黄宾虹、李可染等人的大型画集。还完成了国家交给的出版任务,如《苏加诺总统藏画集》等,并在国际上获得多项图书奖。培养了大批著名的画家,如刘继卣、王叔晖、墨浪、任率英等,这些画家的作品发行量达到几千万册,受到全国人民群众的欢迎。人民美术出版社迅速成为全国美术界极具影响力的品牌。

萨空了在任期间,创造了人民美术出版社出版事业的第一个高峰。

萨空了身为蒙古族,但在新中国成立前,从未提过自己是蒙古族。

1950 年，周恩来总理召集有关人员在怀仁堂开会，宣布组织中央西北访问团赴西北五省考察慰问，团长是沈钧儒老先生，副团长是朋斯克（蒙古族）、马玉槐（回族）、萨空了。这时，萨空了才正式说出自己是蒙古族。1952 年萨空了第二次以中央代表团副团长身份访东北地区，从此开始关注民族地区的文化和民族工作。

1953 年 1 月，民族出版社在北京成立，萨空了任社长。

他任社长期间，第一次提出了民族出版社办社宗旨，提出民族出版社作为全国出版民族读物的专门出版机构，一定要贯彻党的民族政策，为广大少数民族读者服务。在萨空了的领导下，民族出版社建社初期就用蒙古文、藏文、维吾尔文、哈萨克文、朝鲜文等五种少数民族文字出版了大量的中外文学名著、民族文化遗产、文化教育参考书籍和各种政治书刊，为发展少数民族文化事业做出了重要的贡献。

1954 年，萨空了调任国家民委副主任兼民族出版社社长，这时仍兼任人民美术出版社社长。

1954 年，为了适应新的形势，由萨空了倡议，经中央民委向上级及有关部门请示，批准创建以图片为主、图文并茂的《民族画报》。1955 年 2 月，《人民画报》副册停刊，以汉、蒙古、藏、维吾尔、哈萨克、朝鲜六种文字编辑出版的《民族画报》创刊了，萨空了请周恩来总理为民族出版社和《民族画报》分别题写了社名和刊名。

1958 年，萨空了参与民族文化宫的筹建工作，这是新中国成立十周年的十大献礼工程。后来他还出席了成吉思汗陵的奠基典礼，参与了内蒙古成立十周年纪念活动的筹备工作……1960 年萨空了加入中国共产党。

1966 年他被停止一切工作并被下放到五七干校，同时被免去人民美

山光海色撩人夜 天台月下思如潮 摆芰衔甘鄹杨影 清昼道上沈张巢 雄鸡故址依然在 湾仔新楼魏峨高 事业繁昌心潦喜 旧雨雕零涙长抛

一九六四年三月写于香港悼沈衡老旧作仿佛犹在公仆羊衆诸友皆在眼前 萨空了于北京

· 悼沈衡

诗作书法
1964年

萨空了

勤政殿废苍依旧幽兴同游
老病残瀛台长忆戊戌变流水
音诉两辰年历代与民意
是非功过自辩难褐起总左当
墙肉人怡法治觅根源

一九八〇年五一受邀游中南海偶成
萨空了 时年七十三
第三句舆下脱一衰字

· 受邀游中南海偶成
  诗作书法
  1980年

术出版社社长职务。

三

1972年萨空了从干校回来，恢复工作，被任命为民委临时三人小组成员。

1976年1月，周恩来总理去世，萨空了口占一首诗表达怀念之情：

> 乌云遮日忧陆沉，举国瞩望在一身。
> 惊闻哀乐人心碎，处处白苍祭英魂。
> 深夜长街流泪雨，目送灵车瞬绝尘。
> 木铎不存将若何，踯躅寻思到凌晨。

萨空了1966年离开人民美术出版社，但他对人民美术出版社念念不忘，仍一如既往地支持美术出版事业，有求必应，甚至不顾身体的虚弱，也要出席美术出版方面的重要会议。1981年，在人民美术出版社三十周年庆典活动时，他作诗题词：

> 总理亲题我社名，美术服务为人民。
> 文化渊源于历史，努力推陈重出新。
> 卅载瞬逝咳唾在，十年动乱悟觉深。
> 庆幸长征再开始，谆谆教导永铭心。

"文革"过后，百废待兴，萨空了除了在民委继续担任领导工作，在

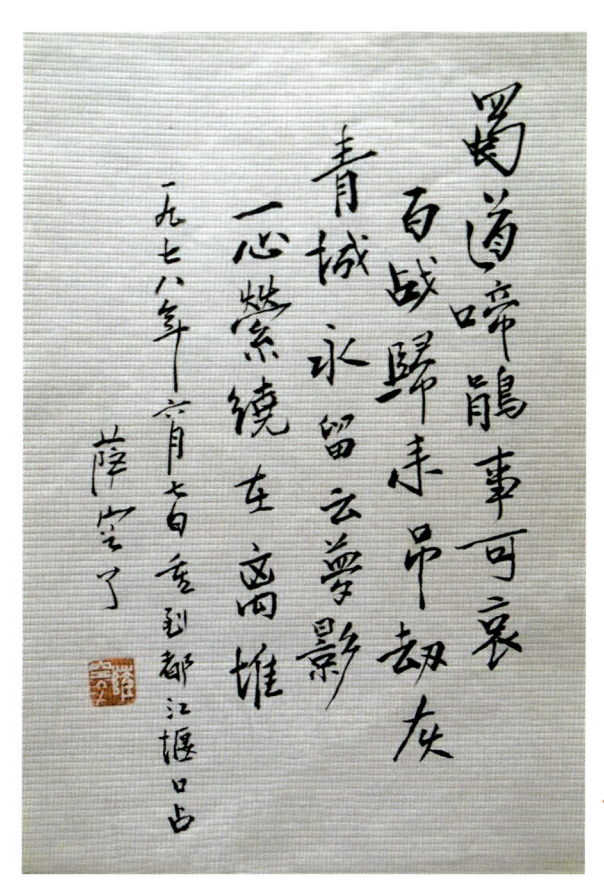

· 重到都江堰口占
诗作书法
1978 年

全国政协担任副秘书长工作，是全国人大代表，还出任中国民主同盟的副主席。此时萨空了已是七十岁的老人了。

1983 年 4 月，中国人民政治协商会议机关报——《人民政协报》在北京创刊，萨空了以七十五岁高龄出任总编辑。

1985 年，为纪念郑振铎，人民美术出版社出版了郑振铎编著的《中国古代木刻画选集》。这也是人民美术出版社 60 年代的出版项目，因"文革"搁浅。萨空了写诗祝贺：

存土续绝赖先贤，发扬全靠党支援。

十年浩劫艰辛渡，光辉远景正当前。

木刻精雕刀千万，彩印逼真夺目鲜。

传统艺术人争爱，后继更应着祖鞭。

四

萨空了的一生主要从事新闻出版工作，他主编了《中国大百科全书·新闻出版》卷，著有长篇小说《懦夫》、散文集《香港沦陷日记》《两年的政治犯生活》《由香港到新疆》、美学专著《科学的艺术概论》、新闻学专著《科学的新闻学概论》，译有《窦德大使日记》《宣传心理研究》，还有《萨空了文集》。

冯亦代评价："他不但文章泼辣，更写得一手漂亮潇洒的毛笔字，而且对于英语也有造诣。"

2011年，人民美术出版社迎来六十年华诞，我负责组织在中国美术馆展出的人民美术出版社成就展，当时已经与萨空了老社长的子女久无联系了。但我终于联系上他的小儿子萨共旗，并征得萨空了的一幅书法作品。我们将这幅作品放在人民美术出版社职工书画展的第一幅，以表达对老社长的敬意。萨空了的书法奇崛老辣而又富有神韵，碑韵十足，行笔缓慢，通篇布局舒展，有大家气象。

在我们心目中，萨空了是新中国美术出版工作的开拓者！

新中国连环画的先锋
—— 记卜孝怀

卜孝怀（1909—1970）

又名卜宪中、卜广中，河北安国人。中国画家、连环画家。1932年毕业于国立北平大学艺术学院及朝阳大学，专攻人物画，师承徐燕孙等人。曾先后任教于国立北平艺术专科学校、北平美术专科学校、京华美术专科学校及艺光国画社。新中国成立后，曾任人民美术出版社创作室创作员、吉林省艺术专科学校教师，北京中国画院兼职画家，中国美术家协会会员、吉林省文联委员、中国美术家协会吉林分会理事。

卜孝怀在人美创作室，1954 年

一

卜孝怀 1909 年生于直隶保定府祁县（今河北省安国市）的一个药商家庭。父亲卜继松继承家业，同时喜爱结交书画家们，收藏了许多字画，这对幼年的卜孝怀有很大的影响。卜孝怀童年时代喜爱绘画。他的家乡早年是药市，全国各地的药商每年春季开市之时都聚集此地。县城内有个药王庙，供奉着药王孙思邈，庙外铁旗杆上面装饰着凤凰，这些造型给卜孝怀留下了深刻的印象。药市上有各种演出，如昆曲演员侯永奎演的《蟠桃会》，白云生、韩世昌演的《牡丹亭》，那些优美的身段舞姿，他都能默记在心，第二天就可以描画出来。1915 年，卜孝怀进入安国南关县立初级小学学习，十一岁那年由父亲介绍进入五台山佛教会。在五台山明月寺由一陈姓师傅传授中医、气功，每日打坐诵经，研习佛家经典和水陆绘画。

1921 年，卜孝怀入安国县高小读书，同期，曾向名师吴月坡学习山水画。

卜孝怀十四岁时拜刘琢如为师，刘琢如先生是涿县知名山水画师。

1926 年，卜孝怀考入北京畿辅中学，第二年转入保定的直隶省立第六

华北居士林佛画研究会师生合影，卜孝怀在前排右三，1943年

中学，两年后因身体状况休学回家。

  1929年，卜孝怀考入北平京华美术专科学校，此后转到国立北平大学艺术学院。他为了学习所喜爱的人物画，拜著名人物画家徐燕孙先生为师，曾住在徐先生家中随时求教。他学习勤奋刻苦，对绘画悟性好，常常有自己独到的见解，徐燕孙因而介绍他参加中国画学研究会。中国画学研究会由两位著名画家金北楼和周养庵主持。研究会的活动内容很丰富，每月逢二、五、八日在北京中山公园集会，画家们拿出自己的作品互相观摩，有的还拿出珍藏的古画真迹供大家欣赏或临摹，每年举行一次画展。卜孝怀学习和吸收前辈们的长处，进步很快。

  除了徐燕孙，卜孝怀又拜了邵瑞彭为师。邵瑞彭是当年在北京非常活跃的一位学者，是南社社友，曾任同盟会浙江支部秘书，投身革命，反对袁世凯称帝、揭发曹锟贿选，后弃政从文潜心治学，精通哲学、史学、诗词、古历算学等。

  1931年9月12日至16日，卜孝怀举办画展，为武汉水灾卖画捐款。

《京报》1931年9月12日刊出卜孝怀画展的展讯，展讯写道：

> 卜孝怀国画展，今日起在春明馆举行五日。邵次公（邵瑞彭）副陈书件助赈。名画家卜孝怀，特研国画，最工人物，古雅秀逸，有曹衣出水、吴带当风之妙，年来，所作极多，近从师友之请，复鉴于汉灾之惨，自今日十二日起，特假中山公园春明馆举行画展五日，欢迎各界惠观批评。所售之品除展览酬销外，即以四成助赈。此次出品共五十二件，有《明妃出塞》《法驾天乐》二巨幅，为近代国画之伟大作品。此外，所绘仕女多以五代两宋名家诗意为题材，尤富有文学价值。卜氏之师，国学名家邵次公，诗文书法，海内共仰，此次鉴于汉灾之奇惨，怵焉伤之，近因应河南大学之聘，赴汴讲学在即，曾力书对联条幅二十余件，预备助赈，不幸因以致疾，现仍在平养病中。此次卜之画展，邵即以所书各件副陈展览。售出之件，悉数助赈云。

1928年，徐燕孙先生将卜孝怀介绍给周肇祥先生，卜孝怀向周肇祥学习国画、诗文。

首都博物馆曾展出了卜孝怀1932年创作的《群龙朝阙》。画上有周肇祥题款："安国卜宪中专攻人物画，好学深思，时出新意。成图此群龙朝阙，虽取材于天龙八部而错综变化，独见诊心。创作须自根本上来，可为后生示之准也。"

此作画有神、鬼二十六众，向背顾盼各具神采，水浪奔腾，云生其中。拟宋人用笔，旌幡衣带应风，通体恢宏灵动。

1934年，大学毕业的卜孝怀在中国画学研究会升任助教，并开始了鬻画生涯。他住进北京西山广慧寺（潭柘寺镇桑峪村）潜心作画，后迁至天津北辰亭子区，作品由荣宝斋、澄怀阁代售。这一时期有临摹作品《邮亭题诗》《同泰翻经》，唐宋诗词题材作品《红蓼渡头秋正雨》《守着窗儿独自到黄昏》等，作品高产并举办个人画展。

1936年，卜孝怀赴上海，由四马路荣宝斋介绍卖画，后经老师邵次公介绍迁入法租界，上海沦陷后转住陈声远居所，其间作画百余幅。

1940年，卜孝怀到北京故宫博物院古物馆工作，见到馆藏的历代名画。他的夫人关志芬在回忆文章中写道："他的工作是每周调换一次展品，其余时间可自行临摹。他早出晚归争分夺秒，充分地吸吮着艺术瑰宝的营养。秋冬之际故宫展览室的大殿是那样阴冷，他仍然半日半日地站在画前如醉如痴地玩味消化着每幅画的精笔妙墨，他以温故知新的道理为指导，刻苦学习古代绘画，力求继承传统的精华。在这三年时间里，他临摹了许多珍贵的人物画作品，如唐代刘松年的《五学士图》，宋人《宫乐图》和《听琴图》，梁楷的《十六应真》长卷，宋人《折槛图》和白描《如来说法图》等。所有作品均一丝不苟地按原大临摹，三年无一日间断，这让他在传统绘画方面打下了坚实的功底，并大大提高了鉴赏能力。"

卜孝怀每日利用工作之余进行临摹，同时经徐石雪介绍在北平华北居士林佛画班教授佛画，这一时期作品有《梁夫人图》《击秦图》《红线盗盒》《红拂图》四条屏，唐宋诗词题材的作品《冷红叶叶下塘秋》；临摹作品有《并笛图》《明皇并辔图》《西施赏春图》《钟馗图》等。《芳菲时节》《风尘三侠》《江上柳如烟》三幅被刘凌沧郭慕熙艺术馆收藏。肖像作品有《陈一甫先生像》（陈辅国藏），以及为父亲作的《静和真子像》、为岳父作的《锦公像》。

1948年，他有一个经常往返北京和安国县之间的表亲，常讲些家乡老

卜孝怀（后排左一）与家人在北海公园，1953 年

卜孝怀（左一）在河南登封县体验生活，1958 年

解放区的情况，还鼓励卜孝怀画现实题材的画。卜孝怀听了深受感动，根据表亲提供的故事情节，完成了一批反映解放区生活的作品。

1949 年春，由江丰、吴一舸等同志主持审画，在北京北海公园琳光殿及山上的甘露殿举办了新中国成立后较早的美展之一——卜孝怀革命故事画展，展出作品八十余幅。展室正中绘的毛主席和朱总司令骑着骏马在山坡上远眺，人物刻画写实，气魄雄伟。这些画得到观众的赞赏，来看画展的人很多，甚至在室外山坡上排成长队等待参观。此情此景使卜孝怀受到很大的鼓舞。不久，卜孝怀取材赵树理的名著《小二黑结婚》所绘制的连环画由中国书店印行，《刘巧儿》连环画由灯塔出版社出版。

二

1951 年卜孝怀随恩师徐燕孙调到人民美术出版社，在连环画创作室承担年画、连环画的创作工作，陆续画出《猪八戒吃西瓜》及刊登在《连环画报》上的短篇连环画《金钥匙》等。

刘凌沧回忆说："解放后，孝怀进入了人民美术出版社的连环画创作室。他工作勤恳，创作了大量的年画、连环画，在社会上流传很广，声誉日增。我那时任教于中央美术学院中国画系。记得有一次到他们出版社参观，在楼上一间长方形的画室里，一排排画案，刘继卣、墨浪、任率英、王叔晖等名家，都伏案作画，人才济济，堪称一时之盛。他们的作品均受到广大读者的欢迎。"

20 世纪 50 年代，人民美术出版社计划出版重点大型连环画《水浒》。这部连环画，影响巨大，是人民美术出版社的标志性出版物，共二十六集。

卜孝怀一人承担了其中十二集，总计约一千五百幅，这说明人民美术出版社对卜孝怀的信任。

《水浒》连环画，是对人民美术出版社连环画创作室水平的一次大检阅，除了刘继卣、王叔晖等人另有自己的创作任务，其他创作员大都承担了相应的任务，如徐燕孙领衔承担了《三打祝家庄》。

而在这套连环画中，画得最出色、速度最快的恰恰是卜孝怀。正像姜维朴先生回忆的那样，"他是完成任务最多最好的，而且是最准时完成任务的画家"。卜孝怀为此获得人民美术出版社 1955 年度优秀工作者称号。《水浒》连环画场面宏大、人物众多，如何塑造典型人物是画家需要思考的问题。卜孝怀深入刻画人物性格，将每位梁山好汉都做了自己的诠释，如宋江的机智多谋、李逵的鲁莽强悍。这部作品充分展示了卜孝怀的创作激情和绘画水准。

卜孝怀胸怀博大，有爱国情怀。50 年代初，卜孝怀家里较为困难，由于多年劳累，他患上眼疾，左眼视力明显减退，人民美术出版社为此还发过救济金。但是当他第一次领到连环画《水浒》的稿酬时，便全部捐献给祖国，支援抗美援朝，不久又积极认购公债。

卜孝怀为人坦诚，乐于助人。徐燕孙被打成"右派"后，几乎无人再与他来往，只有他的弟子任率英、张树均、李大成等人看望。徐燕孙去世后，卜孝怀把家里西屋四间房腾出来，请两位师母住。这件事成为一时的佳话，同时为卜孝怀以后的命运埋下了伏笔。

三

卜孝怀创作的十二册《水浒》连环画是他事业的高峰。连环画《水

· 燕青打擂（《水浒》）
黑白连环画
20 世纪 50 年代

浒传》在"文革"前出版了二十六本，被业界称为"老版水浒"。卜孝怀用五年时间完成的十二册，分别是第一集《九纹龙史进》、第三集《野猪林》、第四集《林冲雪夜上梁山》、第九集《狮子楼》、第十集《快活林》、第十二集《闹江州》、第十三集《李逵下山》、第十七集《三山聚义》、第十八集《闹华山》、第二十二集《李逵元宵闹东京》、第二十三集《燕青打擂》、第二十四集《黑旋风扯诏》等，约一千五百幅。看得出，出版社的要求是大家完成各自单本创作任务时，卜孝怀要将这十二册稿件同期完成，而他确实按时保质保量完成了。这部连环画，人物众多，场面宏大，构图多变，梁山每位好汉都具有独特的性格，卜孝怀在绘制这上千幅画面时，可谓煞费苦心，他精心塑造了李逵、林冲、武松等人的勇猛、正义形象，巧妙安排了复杂热闹的武打场面，这些都给人们留下深刻的印象。

卜孝怀的儿子卜昭欢回忆父亲创作的情景，生动有趣，他说："连环画《水浒》中常常有英雄大战几百回合的场面，父亲年轻时练过武术，所以画得不但有搏杀的紧张，也兼具招式的典雅优美。有时为了逼真地再现攻防瞬间的对抗，他在大穿衣镜前反复做一些劈刺扭打和格斗的动作。他动作威武刚劲、虎虎生风，完全不像平时和蔼亲切的样子。我们姐弟常常目瞪口呆地看，时不时地偷偷学着比画一下。父亲高兴了，就拉着我们到写字台前做模特，可我们哪有那种地崩山摧的力道，越比画越不对。父亲反而很开心，指导我们蹲马步、冲拳……然后很快速地画下来。看到自己幼稚的身影竟然变成有万夫不当之勇的好汉跃然纸上，我们一个个都笑得合不拢嘴。"

卜孝怀创作认真，时常进入角色中。他的夫人关志芬回忆说："他创作这些画面时，自己就如演员进入角色一般，有时画到某些动作架势，他觉得处理不妥当，就对着大镜子练几个架势，或请别人做模特。他认真对待画面上每一个细节，对服装景物都一一进行过查证，力求避免疏漏。记得他在绘制《闹华山》时，曾与我提及故事情节中有一道具叫'金铃吊挂'，而所谓'金铃吊挂'究竟系何形何物很难查到资料，他是凭着幼年在庙里神前见到过的印象画出的。由此可见，他能创造出那样多的画面是跟平时注意观察生活和博闻强识有很大关系的。"

卜昭欢这样回忆卜孝怀作画："父亲把连环画脚本从皮包中拿出来，细细地看一会儿，稍加思索，便开始用铅笔在印有人民美术出版社字样和画框的

・风尘三侠

工笔重彩
约1940年

・杨柳无风

工笔重彩
1944年

绘画纸上打稿。草稿一般很粗略,笔触也很轻,只有大致的构图与人物动作,主要人物则用简约的线条画出眼睛与鼻嘴的位置以及大概的表情神态……父亲勾线不用墨汁。墨是从琉璃厂那些地方买的旧墨,所以用得很精心。墨买回来往往是先用宣纸精心包好,封上蜡,用时用一点撕开一点。他把墨研得浓浓的,画在纸上好像凸起来的样子,闪着漆一样的亮光。……父亲每天走得很早,回来很晚,班上那幅画没画完是不会回家的。回家匆匆吃口饭,他又伏案作画。有一次放假,他急着赶画,完全没有理会刚熟的玉米面粥有多么烫,一口喝下去,食道和胃全烫成了重伤。这事给我留下了极其深刻的印象。"

卜孝怀以工笔重彩人物画为主,主要取法仇英、唐寅,深谙工笔十八描,他长于仕女题材绘画,虽是工笔重彩,但也富于小写意的意味,他不屑于细密工整,衣服上没有工笔仕女常见的层层花纹装饰。仕女的相貌多是下颌滋圆,体态丰满,雍容富丽,无古典仕女常见的"病态美",多有唐宋遗风。他的作品格调高雅,结构严谨,线描熟练劲健,衣纹流畅,赋色绚丽清新。

尤其是新中国成立后,他在创作上更加注意到人物形象的塑造,线条简约,强调其韵律,他常以兰叶描法作画,线描随人物动态而变。他追求的是描写对象的精神状态。

四

1961年,卜孝怀调到吉林艺术专科学校任教,到了新岗位后,他很快就适应了教学的节奏,备课、讲课都很认真。他将自己的绘画实践和经验毫无保留地传授给学生。缺少教材,他就亲手绘制十幅《九歌图》。此图原是两宋人物画中具有代表性的力作，临习过这个摹本的学生，至今对此记忆犹新。

学校放假，卜孝怀回到北京，经常跑琉璃厂，到荣宝斋或文物商店精心为学校挑选一些郑板桥、齐白石、张大千等名家的精品画作，丰富学校收藏。

后来，卜孝怀因画"帝王将相、才子佳人"被冠以"反动学术权威"而被批斗。

卜孝怀离开人民美术出版社后，并没有停笔，他绘制了工笔彩色连环画《李逵闹东京》《东吴招亲》等，这些作品均由吉林美术出版社出版。

卜孝怀晚年转向国画创作，他的工笔人物画神形兼备，具有独特的个人面貌，如《横槊赋诗》《公孙大娘舞剑图》等。他描绘的人物，造型端庄自然、设色雅致，用笔流畅飘逸，简约适度，更注重表达人物的精神世界。

《东吴招亲》是卜孝怀晚年最重要的作品，也是他的巅峰之作。

卜昭欢回忆说："为了画出最美丽的画卷，父亲放假回北京时到琉璃厂买回御用的朱砂墨、石绿墨，一点点砸碎，用水化开，一次次漂净胶质，提出朱磦、朱砂、石绿。他还买回故宫丈二的宣纸，画了许多四尺大的设色历史人物画，可惜这些画大部分被人无偿要走了。最终，父亲决定还是以连环画的形式画一些大的作品，这就是他最后也是最精彩的作品《东吴招亲》《连环计》，《东吴招亲》被印成四条屏年画。"

卜孝怀在连环画《东吴招亲》作品中，着重刻画刘备、孙尚香复杂的内心世界，人间的喜乐离愁，如古人论画谓"手挥五弦易，目送归鸿难，着意在目，故迹象甚微"。卜孝怀很好地把握二人眉宇间微妙的变化，用心至极。又如图一中刘备见吴国太施礼的造型酷似宋人《却坐图》中的爰盎，可想卜孝怀当年在故宫博物院临摹古籍经典熟记于心为我所用，是继承和发扬传统

67

远 去 的 背 影 | 名家艺术小传

卜孝怀

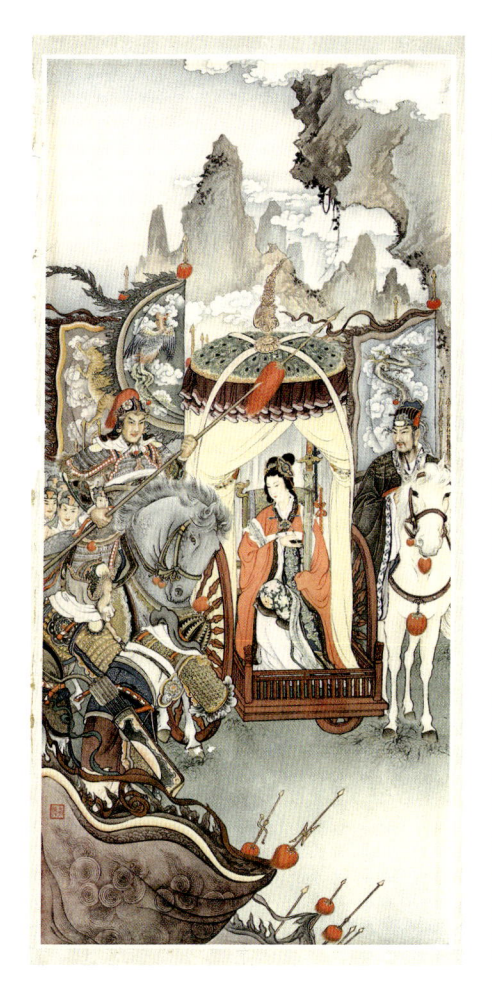

·东吴招亲

工笔重彩（四条屏年画）
1962 年

艺术的典范。此作出版后卜孝怀第一时间寄给在内蒙古师范任教的邱石冥先生，向恩师汇报。邱先生观后欣然用小楷题道："孝怀以此见贻，余以他处无以购得转赠资料室供参考。"这套作品获得很大的成功，可惜的是原稿在"文革"中散失了。

1969年，卜孝怀下放到吉林省永吉县黄榆公社小河沿子大队，此时，他已经六十岁了，加上多年的疾病，于第二年病逝，终年六十一岁。张伯驹先生为他写下挽联："努力从公夫妇共，思亲望帝画图传。"

卜孝怀是位高产的画家，他创作出几千幅高质量的画作，他将自己最好的年华奉献给人民美术出版社，奉献给新中国的美术事业，我们永远怀念他。

人民的艺术家
——记任率英

任率英（1911—1989）

原名敬表，河北束鹿县（今辛集市）人。连环画家、年画家、中国画家。中国美术家协会会员，中国连环画研究会顾问，北京工笔重彩画会副会长。擅工笔重彩人物画，多以民族英雄、古典小说、神话传说和民间故事为题材。长期从事中国画、连环画、年画的创作，画风工细明丽，雅俗共赏。连环画代表作有《白蛇传》《鲁智深》《秋江》《桃花扇》《岳云》；年画代表作有《嫦娥奔月》《洛神图》《巾帼英雄》《天女散花》《送戏到村》《汉明妃》等。著有《怎样画刀马人物》《怎样学习工笔重彩人物画》等美术技法书。在第一、二届全国连环画评奖中荣获连环画工作劳动奖、连环画工作荣誉奖。年画《百岁挂帅》被评为全国第三届年画创作二等奖。1987年被新闻出版署、中国出版工作者协会授予"长期从事出版工作荣誉奖"。《桃花扇》《嫦娥奔月》等三十件代表作品被中国美术馆收藏。

青年任率英，20 世纪 30 年代

一

任率英 1911 年出生于河北束鹿（今辛集市新城镇南街）的一个贫苦农家，幼年即失去双亲，一直寄居舅父家。他自幼喜好民间艺术，与生俱来的绘画领悟能力使他很小就展示了美术的天分。他的启蒙老师是一位擅长画庙堂神像的民间画工冯老智。任率英二十岁时因避战乱，只身去哈尔滨，在一家文具店当学徒，后因肺结核病被辞退。回乡后，仍然刻苦钻研画技，通过函授形式接受上海十联漫画学校、香港中国肖像画学校的培训。

1938 年任率英到北平，参加函授班，向吴一舸先生学国画。后拜著名画家徐燕孙先生为师，成为徐燕孙先生的入室弟子，专攻工笔重彩人物画。有名师指导，艺技大进。任率英先后在北平、天津、沈阳、徐州等地多次举办画展，同时为《纪事报》连载的长篇武侠小说《剑门侠女》《大漠惊鸿》绘制连环插画。

1949 年为《工人日报》创刊号绘制新编历史故事《李闯王》插图，为工人出版社印行的《九件衣》绘制连环画。

二

新中国成立前后，任率英创作了许多连环画、年画作品，其中的连环画作品给那个时代带来了深远的影响。连环画的老编辑曹作锐曾说，之前北京以及北方地区，几乎没有连环画的出版，直到北京解放，新连环画才应运而生。任率英是第一批连环画的创作者之一，他曾在1950年《北京新民报》写文章，呼吁社会重视连环画的创作，并于1950年出版了连环画作品《红娘子》，这是新中国成立后北方最早的连环画之一。由工人出版社出版的任率英连环画《九件衣》，被正在筹建人民美术出版社的小组成员邹雅发现，他邀请任率英参加了创作新小人儿书的座谈会。

人民美术出版社老编辑秦岭云在《任率英画集》序中谈道："全国解放……文化部下属的人民美术出版社为了抵制旧社会流行的低劣的'小人书'，占领这重要的文化阵地，试办《连环画报》并系列编印连环画，广聘画家参加这一工作。第一位表示参加并主动串联其他老画家前来出版社编辑部的就是任率英先生。在他的影响下投入这一工作的画界高手有徐操（徐燕孙）、陈缘督、墨浪、卜孝怀、刘继卣、王叔晖等。形成新旧结合，老少互帮，群星灿烂的创作集体，为我国连环画事业开创了一个新天地。"

任率英1951年调入人民美术出版社，任创作室创作员，从事年画、连环画、中国画创作。连环画《白蛇传》《鲁智深》《秋江》是任率英在20世纪50年代初创作的作品，也是他的代表作。

连环画《白蛇传》是任率英先生1953年创作的一部重要作品，这部作品倾注了任率英先生的感情和心血。它与王叔晖创作的连环画《西厢记》发表于同一年。我认为，连环画《白蛇传》是一部与王叔晖彩色连环画《西厢

· 西湖相遇（《白蛇传》）
工笔重彩四条屏年画
1953 年

记》相媲美的作品。作品人物刻画细致、有性格，故事编排张弛有度，绘画美轮美奂。任率英谈到创作这部连环画时是这样说的："首先我对《白蛇传》中四个主要人物即白娘子、许仙、小青和法海的个人性格做深刻的分析，根据四个主要人物的性格特点刻画头像，白娘子的脸部较长，目细，勇敢中带柔和。小青面短，目大，发式可以不同。她们的五官形象参以现代人物，一改过去古典仕女的不合现实的地方。许仙的形象，略加以美化，不大习俗化。法海的形象，他是封建制度的代表，内心阴险，外表不能太恶毒，否则许仙会不敢接近他。起草稿小样时反复修改、否定，确定后再放大稿，在大稿上又反复修改，确定后才拷贝到画纸上，用我自己的好画纸以及我存的好国画颜料，在设色上我不愿脱离国画形式，仍以国画方法，用的都是中国画颜料，人的面部也没有强调光线。我的画偏重形式和色彩的漂亮，为以应合群众的喜爱！"

· 月夜听琴（《秋江》）

工笔重彩四条屏年画
1955 年

    1954 年，任率英创作彩色连环画《秋江》，开始是以彩色四条屏形式画了十六张，后改为连环画。为画好这套连环画，任率英多次去剧场观看曲剧《陈妙常与潘必正》，观察剧中人物表情、动作、服饰和道具。这部连环画的艺术水准比连环画《白蛇传》更进一步。

    1954 年，胡乔木写信给人民美术出版社，指出："连环画的编辑出版应开拓选题，可以根据古典文学改编，如《西游记》《南北东西四游记》《济公传》等都可以有计划地改编，以满足群众多方面的需要，从而占领思想文化阵地。"1955 年，人民美术出版社启动二十六册长篇连环画《水浒》（后改为三十册）的编辑出版。《鲁智深》是任率英承接的创作任务，其师徐燕孙曾创作过连环画《鲁智深》，任率英这次奉命重新创作，其压力可以想象。但任率英画出了自己的特点，通过描绘鲁提辖拳打镇关西、大闹五台山、倒拔垂杨柳的生动场面，将鲁智深的勇猛豪放表现得淋漓尽致。可惜，《鲁智深》

· 拳打镇关西（《鲁智深》）

黑白连环画
1953年

原稿在"文革"期间被烧毁了。

　　此时，任率英进入了创作高峰。他接着画了连环画《桃花扇》《劈山救母》《两破童贯》《高唐州》《逼上梁山》《昭君出塞》《三盗芭蕉扇》《蝴蝶杯》《岳云》等作品。

　　他绘制的年画有《天女散花》《嫦娥奔月》《巾帼英雄》《岳飞》《花木兰》《红娘子》《百岁挂帅》《红线盗盒》《穆桂英大破天门阵》《梁红玉击鼓战金山》《荀灌娘突围救父》等工笔重彩作品。

　　脍炙人口的《嫦娥奔月》是任率英年画代表作中的代表。这幅收藏于中国美术馆的作品创作于1955年，任率英在谈到创作时，说："吸收了中国古代壁画的技法，采用具有装饰性的工笔重彩形式，在各个方面进行了必要的夸张和概括。考虑到《嫦娥奔月》是神话传说，因此更可以充分运用想象和

· 倒拔垂杨柳（《鲁智深》）
黑白连环画
1953 年

虚构。在月亮里画了月宫仙境、庭院宫殿，还画了仙女奏乐歌舞，增加了画面浪漫优美的气氛。嫦娥的风带也增加了长度和曲折，以加强飘荡之势，有助于烘托出嫦娥正飞向月宫这一动态的艺术效果。"

任率英十分喜爱《八十七神仙卷》。20 世纪 60 年代，他受聘于北京艺术学院教授中国画时，曾从此卷中选择部分人物，放大绘制作为学生线描的范画。晚年的任率英产生了为《八十七神仙卷》设色的想法。

他在忠实原作的基础上将人物适当放大，人物手中的执物持杖添加完整，根据构图需要增补了祥云、荷叶、栏杆，完成了《八十七神仙卷》的绘制工作。这就是我们今天看到的仿旧绢本工笔重彩《八十七神仙卷》，画面气势恢宏，服饰冠带华丽，是任率英再现古本神韵的重要作品。

《古百美图》是任率英先生的最后一幅重要作品。这幅画高五十六厘米、

任率英到农村体验生活，1957 年

任率英在家中伏案作画，20 世纪 70 年代末

长七百五十六厘米,是画家历时三年完成的巨幅作品,参照晚清著名工笔画家费丹旭的白描钩存本,重新绘制赋色。启功先生为《古百美图》题跋称:"世传晓楼(费丹旭)白描仕女一卷,实为钩存古本,不同于造诣创稿者,率英先生摹其全卷,复为点染丹青,观者披图如见宋元妙迹。"秦岭云在题跋中说:"久闻费晓楼有百美图白描粉本传世,惜未寓目。壬卯新春,梦熊(任率英三子)以此卷惠示一饱眼福。率英道兄以工笔重彩与费氏细描白钩互相辉映。珠联璧合,光艳动人,雅俗共赏;画中所写近百人,她们鼓吹乐舞,读书作画,博弈投壶,扑蝶调鹦,仪态典雅华贵,古代妇女生动风采栩栩而出。任率英人物画名手,艺出徐操门下。与墨浪、卜孝怀、王叔晖、刘继卣、林锴诸家齐名于京师国家出版社,问世佳作极多。读此卷得悉,率英道兄垂暮抱病,仍孜孜于丹青事业,直至烛灭丝尽。见画如见故人,能不老泪夺眶。"

任率英先生一生十分勤奋,据不完全统计,他共创作了五千余张连环画、年画作品,而且,这些作品全部是工笔白描或工笔重彩。

任率英的作品,注重人物个性的塑造,如粗中带细的鲁智深、柔里有刚的穆桂英、唯美的嫦娥、貌似和善的法海,人物性格迥异,形象千人千面;注重读者的需要,大量吸收民间艺术的特点,并汲取西方绘画的表现手段,兼收并蓄,逐渐形成自己独特的艺术风格。

三

"为人民服务"是任率英先生所处时代的一个口号,同时也是任先生发自内心的呐喊。他出自民间,希望回馈民间,他希望自己的画得到最多群众的欢迎。他所有的付出,所有的刻苦临习,几乎都是为了这个目的。

· 八十七神仙卷（局部）
工笔重彩
1986 年

中国工笔人物画从一开始就形成两大支流，一为文人学士派，淡彩薄敷，格调清雅，例如唐五代的顾恺之、周昉，宋朝的李公麟，明清的陈洪绶、任颐等画家的工笔人物画；一为民间画工派，浓色重抹，鲜丽凝重，例如寺庙道观和洞窟的壁画以及宗教幡画、民间年画。

任率英懂得从中国传统绘画中汲取营养，他大量地临摹了《道子墨宝》《韩熙载夜宴图》《八十七神仙卷》等古代工笔人物画名作。永乐宫、毗卢寺、法海寺也是他关注的地方。清代石涛说："尝憾其泥古不化者，是识拘之也。识拘之则不广，故君子唯借古以开今也。"任率英先生能够师古而不泥古，

· 古百美图（局部）

工笔重彩
1986—1989 年

再从民间艺术中寻找精华，兼收并蓄，逐渐形成具有鲜明个性的绘画风格。

任率英笔下的人物造型含蓄而又略带夸张，线描刚劲有力，设色明艳清雅，一扫明清以来的颓废画风，开一代新风。如《洛神》《天女散花》，着意表现神女的超凡脱俗与浪漫意境；《花木兰》《穆桂英挂帅》等则展现巾帼英雄的勃发神态、飒爽英姿。他合理地吸收西方的绘画经验，如解剖、透视等创作技巧，但在价值取向上，他发扬的是那种具有东方气质的艺术底蕴，在工笔人物画"尽精微"中追求"致广大"，在静止的画面中追求气韵生动。

任率英的艺术追求终于有了回报，这个回报是千千万万读者的认同。人

远去的背影 | 名家艺术小传

- 送戏到村
    工笔重彩
    1960 年

- 送书到乡
    工笔重彩
    1961 年

任率英

· 百岁挂帅

工笔重彩
1964 年

民美术出版社出版的任率英年画作品中,《洛神》《嫦娥奔月》《天女散花》《梁红玉》《花木兰》《百岁挂帅》等九种一次发行竟达一千七百多万张。这在全国还是独一家！著名工笔画家潘絜兹先生评价说:"我不知道有哪一位画家的作品拥有如此众多的读者和观众。"群众的青睐是对任先生最大的赞美和厚爱。

任先生在艺术实践中，始终遵循着一丝不苟的工作作风，追求雅俗共赏的目标。他的作品画面优雅而又自然清新，色彩艳丽而又淳厚质朴，传达着生动的气韵和梦幻般的意境。

改革开放后，任率英将毕生绘画经验写成《怎样画刀马人物》一书，毫无保留地讲述刀马人物画的史料和实用技法。此外他还著有《怎样学习工笔重彩人物画》等美术技法书，均由人民美术出版社出版。

中国的连环画在经历20世纪80年代初期的高峰后，开始走入低谷，日式的漫画开始进入市场。但优秀的作品愈老弥新，优秀的连环画作品是禁得住时间沉淀的。任率英的许多优秀连环画图书，从20世纪90年代至今，多次再版重印，受到连环画爱好者的热烈追捧。

任率英先生属于人民，是真正的人民的艺术家！

四

每当想起任率英先生，那熟悉、慈爱的面庞立刻浮现在眼前，清晰而又遥远，但绝不陌生。时间如隙，恍然间竟已数十年了。

任率英先生和我父亲林锴都供职于人民美术出版社，从20世纪50年代起就是创作室的同事，两家又同住地安门的一个院子里，往来非常亲近，我称呼任率英先生为任伯伯。

记得儿时，星期日我从幼儿园回家，爷爷教我认字，写大字。写的类似红模字，比红模字小些，很特别，是绿色的字，每个星期一大篇。任率英先生让他的小女儿任萍一起写，这种比红模字略小的绿模字就是任率英先生提供的，那种异样的快乐至今都记得。

20世纪70年代初，我从湖北文化部五七干校回到北京的地安门小院，开始上初中。那时，北京乃至全国，都在闹书荒。我恰恰喜欢读书，时时忍受无书可读的痛苦。任率英是国内著名的连环画家、年画家，他藏有许多连环画图书，我印象中他家有两个书柜的图书。我经常借串门的机会向任先生借书看，他从来不拒绝。那些冬日的下午，借着阳光和炉火的温暖看连环画的情景，至今我仍然怀念。那时看到了许多由任先生绘画的连环画，像50年代出版的《水浒》，竖排繁体，读起来有一种神圣感；还有大量带插图的青少年读物，我仍记得《烽火戏诸侯》等故事，那书中都有任先生画的精美插图。

我在任家看书的时候，任先生总是伏案作画。他似乎永远都是一个姿势：挺身坐在书桌前，手握毛笔，平心静气地绘制那美好的作品。他时而在调色盘中调色，时而用舌头舔舔毛笔。年年岁岁，他就是这样的一种姿势，画出了《洛神》《嫦娥奔月》《穆桂英挂帅》《百岁挂帅》《桃花扇》等无数震撼世人的作品。

我上高中时，已是"文革"后期，文化市场有些松动，我开始学篆刻，开始时水平是很低的，而任先生却不断地鼓励我，并拿出石章让我刻。学生时代的作品难免稚嫩，但我刻的几枚图章居然出现在任先生的作品中，这件事给了我很大鼓励，他对我的信任让我感动至今。

任率英先生为人忠厚，是德艺双馨的典范。我经常看到到他家求教的学生，他几乎是来者不拒，诲人不倦。这让我想起，当年他的老师徐燕孙被错

- 花木兰代父立奇功（《巾帼英雄》）

  工笔重彩四条屏年画
  1962 年

- 穆桂英挂帅破天门（《巾帼英雄》）

  工笔重彩四条屏年画
  1962 年

任率英

· 嫦娥奔月

工笔重彩
1955 年

· 虎牢关

工笔重彩
1982 年

划为"右派",许多亲戚都不与他来往,而任率英不畏人言,上门去看望恩师。这段佳话至今流传。

世事轮回,后来我也来到人民美术出版社从事美术图书的编辑出版工作。

任率英先生曾经说过一句话:"作画就是要让老百姓喜欢。"他做到了。

我在担任中国美术出版总社总编辑的那些年,时常考虑的也是:我们的读者需要什么?我们的图书应当满足他们的需要,同时提高读者的审美情趣,这是我们出版人的责任。

中国抽象画的女性先行者
——记李青萍

李青萍（1911—2004）

原名赵毓贞，湖北荆州人。油画家，中国美术家协会会员。曾在武昌美术专科学校、上海新华艺术专科学校学习。1935年新华艺专毕业，留在上海闸北安徽中学任教。1937年在新华艺专研究生班攻读西画。1941年，受南洋华侨总会委托，接待到南洋讲学的徐悲鸿，协助徐悲鸿筹办画展。同年，由徐悲鸿作序、题写书名的《青萍画集》出版。1942年至1950年间，先后在日本及中国武汉、上海、无锡、北京等地举办画展。1951年调入人民美术出版社。适逢"肃反运动"，受"左"倾路线影响，被遣送回乡。之后的三十年间，多次被关押。"文革"结束后获得平反，恢复公职，先后任江陵县社会福利院荣誉院长、县政协副主席，湖北省政协委员。出版有《青萍画集》《青萍旅行日记》《李青萍画集》等。

刚到吉隆坡任教的李青萍，1937 年

一

李青萍，1911 年 11 月 16 日生于湖北省江陵县荆州城赵家老宅。赵家本是书香门第，但自李青萍爷爷起开始衰败。父亲赵敬臣小时受过私塾教育，擅长琴棋书画。

幼年的李青萍喜欢大红大绿的兜肚围脖，那种色块的强烈对比所营造出来的喜庆总是让她激动。李青萍就读荆南中学期间，迷上了出土的楚国文物。

1926 年，她在徐向前夫人黄杰组织的江陵县第一个妇女协会做宣传员。1927 年，李青萍因参加中共发起的"声讨蒋介石四一二反革命政变"群众集会而遭到通缉，加上国民党川军连长的逼婚，李青萍在家乡待不下去，便女扮男装，只身逃往武汉，改名李媛，就读于武昌女子职业学校，学习美工、刺绣、音乐，启蒙老师是戴敏奇。

1931 年，李青萍考入武昌艺术专科学校美术教育系，李青萍第一次见到油画就被其表现手法征服了。在临摹古代和中国现代水墨画家作品的同时，李青萍开始学习油画技法。唐义精校长曾断言她会成为一名真正的

李青萍(左一)在南洋任教时与学生留影,20世纪30年代

美术家。

1932年,经武昌艺术专科学校校长唐义精推荐,李青萍考入上海新华艺术专科学校。李青萍在此受到印象派、后期印象派等现代主义的影响,这种影响对她一生的创作风格有重要作用。

1935年李青萍从上海新华艺术专科学校毕业,作品受到徐悲鸿先生赞扬。不久,她任上海普爱中学、上海安徽中学音乐美术教师。

1937年,李青萍受马来西亚吉隆坡坤成女子中学聘请,做音乐美术教师、艺术主任、游艺部副主任。

她向印度泼彩图画师沙都那萨学习印度泼彩画技法。沙都那萨的泼彩画是这样完成的:把画纸铺在地上,约二十平方米,将多种颜料倒入椰壳内,连同椰汁搅拌均匀,然后将颜料往纸上一次次泼去,如此再三,再用笔在纸上勾补一番。这种作画方式影响了李青萍的一生。

1941年，李青萍负责徐悲鸿先生举办的抗日筹赈义展。其间徐悲鸿先生为她作肖像画一幅，又取远离祖国浪迹萍踪之意将画册命名为《青萍画集》，从此她将李媛改名为李青萍。《青萍画集》（第一集）由《南洋商报》出版，书名由徐悲鸿题签，扉页是徐悲鸿画的那幅李青萍油画肖像，接着是徐悲鸿书写的题词"艺术第一"和他撰写的序言。

1941年底，太平洋战争爆发，南洋各国相继沦陷，坤成女子中学停课，李青萍决定回国。回国途中，李青萍所乘汽车遭日机轰炸，冲入了大海。附近泰国渔民将她救起，此时，李青萍已奄奄一息。由于当时泰日联盟，情急之中，同伴谎称李青萍是汪精卫的家属，才进了医院。不想这一"谎称"，成为她一生的"罪证"。

1942年，李青萍回到上海，但母校新华艺专已被日军烧得面目全非。李青萍便回到故乡江陵。她曾先后在汉口画廊、工商联青年会等处办过画展，每次展出百余幅，每幅标价一百元至五百元，最高标到千元。

1942年至1950年这段时间是李青萍的一个创作黄金期。1943年李青萍先后在武汉、天津、北京等地举办画展，受到社会的高度关注。在北京举办画展期间，齐白石也参观了展览，他高度评价说："李青萍小姐画无女儿气。"

1943年冬，应上海中日协会邀请，李青萍赴东京、大阪、横滨等地举办画展，被日本美术界誉为"中国画坛一娇娜"。

1946年，她在上海"新生活俱乐部"举办画展期间因拒绝送画，被国民党上海警备司令部以"汉奸嫌疑"向上海高级法院提起公诉。她被关进提篮桥监狱九个月，后"查无实据，宣告无罪"，被当庭释放。

二

1949年，李青萍受郭沫若之邀，赴重庆与人民解放军第二野战军的画家一起，为庆祝西南解放举办义展。1950年，在武汉参加由张振铎等人发起的"庆祝五一国际劳动节画展"。

20世纪50年代初，李青萍到北京，在文化部任职，工作期间，常与徐悲鸿、田汉、郭沫若、沈雁冰、齐白石等人交往。

1951年，李青萍从文化部调到人民美术出版社图片画册编辑室工作，负责审阅中外美术作品。

那时的李青萍一心画画，有时不打招呼就擅自下基层写生，让领导为难。当时，全国"肃反运动"刚刚开始，单位组织学习有关"肃反运动"的精神，李青萍公开表露出厌倦，她表示："像这样成天关着我们学习讨论，太浪费时间了！"

1952年，自由自在惯了的李青萍独自到苏北弟弟李先成工作的地方。人民美术出版社上报文化部，有关部门决定将她从苏北遣送回江陵县，同年，江陵县公安局以"重大特务嫌疑"为由将她交群众管制两年。

因查无实据，江陵县委安排李青萍在文化馆临时工作，由民政科每月给她二十元生活费。不久，李青萍找江陵县领导要求正式工作，结果被以"现行破坏"之罪名逮捕，判处有期徒刑五年。1956年，江陵县人民法院重新审理，宣告教育释放。

重回文化馆上班，李清萍吸取了教训，很少说话。1957年，全国开始学习"大鸣大放"，她还是沉默，然而她的沉默又让她成了"对整风运动麻木不仁"的"极右分子"，被送去劳动教养。 1961年，咸宁县委批准摘去她右派"帽子",解除劳动教养。

1962年李青萍回乡,没有收入,只好靠捡白菜帮子、萝卜叶子维持生活。街道主任看李青萍可怜,安排她到街道瓦楞纸厂做临时工,一个月可以挣二十元。李青萍有文化,她设计了一个模板,省工省料,工效成倍提高。工人们的收入差不多翻了一番,李青萍也获得了全厂最高报酬——月薪二十四元。她还是没有忘记画画。

1966年,江陵县公安局以莫须有的罪名再次拘留了李青萍,开她的批斗会。而站在台上挨批的李青萍还沉浸在美妙的幻想的创作世界里,手指在身后画着,脸上笑着,让批斗者感到极度困惑。

李青萍没有钱,只好去捡垃圾,在她捡的废品下面,藏着一些大小不一的纸片和别人用剩的广告颜料。晚上,李青萍用捡来的广告颜料,在马粪纸、瓦楞纸上坚持作画。没有调色油,她就用煤油替代,这样简陋的条件,也能画出意外的效果,这段时间她的生活质量极为低劣,而她的精神生活也许是常人难以想象的愉悦。

1979年,她得到了平反,仍由江陵县民政局每月发放生活费。李青萍在水门汀卖水。1981年,李青萍向国务院侨办写信,要求恢复公职。不久,江陵县委任命她为福利院名誉院长。

1986年,江陵县文化局在福利院会议室为李青萍举办了画展。这是一个历史上难见的画展,在这间小小的会议室中,上上下下放满了她几百幅作品。画框是李青萍和弟弟一起做的,粗陋低劣,展标也像"文革"的大字报标语。主管文化的领导派人拿了一些作品到武汉,让美术家们鉴定。画家汤立曾在湖北美术家协会工作,他清楚地记得这件事。当时专家们看后大吃一惊,连连称赞。湖北美协派鲁虹、聂干因等人赶到荆州,商议在

· 欢乐无极

油画
20 世纪八九十年代

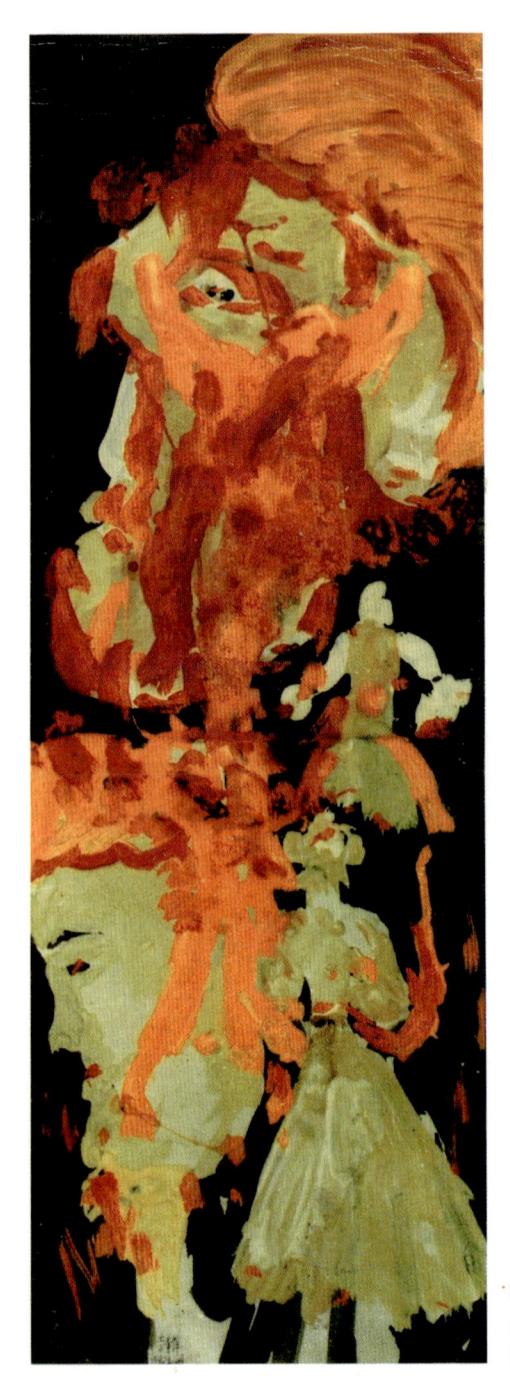

· 波斯人的晚宴

油画
20 世纪 90 年代初

武汉筹备李青萍的画展。同年 7 月，湖北省美术家协会等单位在武汉举办了"李青萍画展"，在海内外引起轰动。周韶华、汤文选等画家给予了高度评价。

1990 年，北京举办亚运会，李青萍通过国务院侨办向亚运会捐赠了十幅新作。

李青萍先后向上海美术馆、湖北美术馆等单位捐赠画作四百余幅。

2004 年，九十三岁的李青萍在荆州寓所去世。临终前，她对家人说："如果有来世，我还要画画。"

三

每一个看到李青萍画作的人几乎都会被其中强烈的色彩和不寻常的构图所震动。我听许多人说到李青萍，语音就会提高，不仅被她的作品深深打动，也为她的人生感慨万千。

现在回头看，李青萍在 1952 年后，实际上是一个人孤独地在艺术道路上探索。尤其是社会的不公，让一个曾经见过大世面的女人几经沉浮。三十五年来，她几乎在一个相对封闭的环境下进行创作。无人在她的创作过程中指指点点，她也看不到世界艺术的变化，在当今世界任何一个角落，李青萍可能都是唯一的存在，她可以完全沉浸在绘画的想象世界中，用破旧的只要能找得到的纸板当作画布，用捡来的一点点残余的颜料构思作画，甚至"奢侈"地泼彩。

《生的回声》作于 1982 年，是李青萍平反后的第一幅作品，粗壮的黄色的笔触，回旋激荡，象征生命的往复。一棵青年时的记忆——椰子树，

97

- 生的回声

油画
1982年

直上云霄，这也许是她的自况吧。后来，李青萍解释说："此画名为《生的回声》，是我平反恢复公职后的即兴之作。画中，我将过去与未来、世俗与宗教、现实与理想融为一体。橙黄色圆形象征太阳，地球与宇宙万物生灵在运转，椰树象征着我对南洋生活的深情眷念和我曲折而坚韧的一生。"

《婚礼》《表妹》强调意象的表达，浪漫的笔触中显示出极强的绘画

李青萍

· 渗融

油画
20 世纪 90 年代

功底。

《富士山》充分展示了画家对色彩的把握和独特的表达方式，即使同时代的年轻画家们也难以有此观念的突破。

还有那泼彩的作品，浪漫的风景、朦胧的人物和意象的花卉，将东方的写意与西方的印象派巧妙地融为一体。

冥冥之中，总有些巧合。2014 年，李青萍的养女李美璧到人民美术出版社找我，谈起李青萍曾是人民美术出版社的职工。我疑惑，问人力资源部才知道确有其人，而这个名字明明在哪里听说过，却又想不起来。看到画册，忽然想起，若干年前在湖北开会，会后参观湖北博物馆。就是那天，从博物馆出来，看见一栋建筑外挂着一个很大的画展招贴，恰恰是"李青萍画展"。其色彩带着一点忧郁，当时，我没有听说过这位画家，心里想：这不是一位年轻的画家，而是一位艺术气质极强的画家。这似乎是冥冥之中的一种遥望吧。

人民美术出版社有两位终身未婚但在美术事业上有巨大成就的女画家，一位是中国工笔仕女第一人——王叔晖，一位是在抽象画领域的先行者——李青萍。前者为大家所熟悉，后者因时代而被埋没。但李青萍坚忍不拔、锲而不舍的艺术精神支持着她，终于迎来拨乱反正的时代。她创作出大量的作品，释放出迷人的能量，呈现她独有的个性与绘画艺术的天分，在中国的绘画史上立有一席之地。

2014 年，人民美术出版社编辑出版《李青萍画集》，以示敬意。

当代工笔仕女画第一人
——记王叔晖

王叔晖（1912—1985）

字郁芬，祖籍浙江绍兴，生于天津。中国现当代杰出的工笔重彩人物女画家，为我国工笔人物画的发展做出了卓越贡献，称得上是当代工笔仕女画第一人。1949年参加工作，历任出版总署美术科员、新华书店总管理处美术室图案组组长、人民美术出版社连环画创作组组长兼专业画家。曾任中国美术家协会第二、三届理事。她在连环画《孔雀东南飞》《梁山伯与祝英台》《生死牌》《杨门女将》及单幅人物画《王昭君》《李清照》《花木兰》等作品中描绘了一批中国历史上的杰出女性及古代文学作品中个性鲜明的女性人物。代表作《西厢记》获第一届全国连环画评奖一等奖。

王叔晖在办公室创作，1952年

一

王叔晖的祖籍是浙江绍兴。她的父亲随祖父到京城，在一金姓人家学徒，帮助主人锤金页子。民国初年，她的父亲和三伯跑到天津，开办了天津第一座浴池——华园大澡堂。1912年，王叔晖出生了。

王叔晖在天津住了九年，在天津竞存小学读书，度过了她此生中仅有的两年半学生生涯。当时，教室里第一排有一把红椅子，最后一排有一把黑椅子，学习成绩最好的学生坐红椅子，成绩最差者坐黑椅子。王叔晖曾因成绩突出而坐上了红椅子，她发现坐在这里离老师很近，于是就偷偷给老师画像。没想到被老师发觉，就罚她到最后一排去坐黑椅子了，感觉受到了极大委屈的王叔晖便不上学了。

王叔晖十分聪颖，常常给弟弟们辅导作业，她就在这时顺便把这些知识都掌握了。

王叔晖的父亲很少问及她的学业，因为他在家的时候本来就不多。她的父亲曾任甘肃皮毛局局长、江西烟酒工业局局长，其时，已玩乐成性，又娶了一房年轻貌美的姨太太。父亲的官做了不到三年便被免职，于是王叔晖随三伯来到北京。

到了京城的小叔晖并没有因为不能上学而感到痛苦，十二岁的她看重的不是课堂和老师，她更愿意无拘无束地玩耍。看到戏班唱京剧很有意思，她曾经动过报考戏班的念头。

大人怕她外出淘气，便给她剃了光头，让她坐在床上学女红。她被困在床上，开始鼓捣旧相机，竟学起照相来。对着取景框里的人物和景物，她忽然想起了上学时的爱好——画画。于是，她看着窗外雪后的景致，饶有兴趣地摹画起来。家里来了客人，她便在一边偷偷描摹客人的服饰。家里人看到她画的画，都觉得画得还挺像。一日，有位客人发现了正在画画的她，仔细审视了一番她的"作品"，郑重地向她父母建议：送这孩子去学画吧，或许将来会有出息。

就这样，十五岁的王叔晖开始学画，她的启蒙老师吴镜汀、吴光宇兄弟既是她的绍兴同乡又是亲戚。吴光宇长王叔晖四岁，他介绍王叔晖进了中国画学研究会。

中国画学研究会始建于1920年，会址设在中山公园来今雨轩东侧。研究会会聚了京城的一批画家。一位女画家对王叔晖格外赏识，她是孙诵昭。孙先生出身书香门第，自幼读文史，亦通琴棋，曾在京城女子师范大学等数所高等学府任教，并在研究会任评议。新中国成立后她任职于中央文史馆和北京画院。

孙先生发现，这个小姑娘的功底不错，肯用功，便特意告诫王叔晖：书画同源，想画好画，须先练好字，多写斗方大字，腕力练到家，勾线才会流畅自如。王叔晖照此练习，笔下功夫有了明显的长进。入会三年，她几乎年年得到研究会颁发的奖品。她参加研究会第二年的作品是一幅仕女人物图轴，画面表现的是四名妇女在树下捣练的情景，人物参考了宋人《捣练图》，而场景却是王叔晖的独创。《艺术旬刊》为此点评："取径高古，神理毕具，殊不易得。"该作被周养庵会长看到，他赞赏之余，特意在画上挥毫题道："闺秀中近百年无此笔墨。"周会长还聘请她担任了研究会的助教。北京城里广济寺大悲殿的三十二观音应身画像，皆由中国画学研究会出人绘制，参与绘制的唯一女性便是王叔晖。

二

1930年，王叔晖的家庭发生了变故，她不得不承担起家中的生活开支。王叔晖心里清楚，除了画画卖画，别无他法。到新中国成立前，王叔晖创作了大量的作品，多数是人物画。她的画最高时卖到一平方尺十二元现大洋（包括扇面），特别费力的题材如《百子图》另加五倍，《百美图》加十倍。由此看来，王叔晖卖画的收入可以供养母亲和承担弟弟上学的费用。

数十年后，谈及往事，王叔晖说："我解放前的生活，归纳起来就是两个字——穷、忙。生活所迫，想不穷就得忙，但忙了半天，也还是穷忙。"

在这样的环境下，她学会了抽烟，学会了熬夜。作画之余，她还收徒授课。

1940年夏天，王叔晖携学生在北京的中山公园举办了一个画展。画展的名称是"逭暑雅集"，展名由吴光宇先生题写。既然是师生画展，所有学生就都有作品参展。但王叔晖明确规定，不为该展览事务请客花钱登报，卖画所得归个人，她作为先生一概不提成。此事一方面表现了王叔晖低调行事的风格，另一方面表现了她宽广的胸怀。

1982年，王叔晖接受《连环画论丛》副主编曹作锐的采访时说："解放前，我画了二十多年，不论什么扇面、条屏、中堂、百子图、百美图都画，大约画了有一千多张。但是，好作品并不多，因为那时我来不及仔细推敲，我要赶时间，要多画。我靠卖画养家，靠卖画给母亲治病，不多画就揭不开锅。只有到解放后，我的艺术创作道路才算是真正开始。"

北平解放那年，王叔晖通过考试，进入出版总署参加工作。她接受的第一个任务是为小学课本画插图、画地图。当时，中华人民共和国成立不久，急需创作健康的连环画作品。1949年，她创作了连环画《木兰从军》和《孟姜女》。不久，人民美术出版社成立，她被调入出版社，任连环画册编辑室创作组组长。当时的人民美术出版社聚集了徐燕孙、卜孝怀、墨浪、任率英、刘继卣、林锴等一批杰出的国画人物画家，这里成为北方的连环画、年画、宣传画的创作中心，与作为连环画发源地和创作重镇的上海遥相呼应。

王叔晖深知自己的底子薄，就利用空闲时间抓紧学习，首先是补上了人体写生、素描等专业课程，其次是阅读了大量的书籍。出版社资料室藏有一套《古今图书集成》，以前几乎没人借阅过。她发现之后如获至宝，借阅后通读全文，还做了大量笔记并进行临摹。

从解放初到"文革"前，十几年里，她创作了大量连环画。除了两部《西厢记》之外，她的连环画重要作品还有《孟姜女》《木兰从军》《河伯娶妇》《墨子救宋》《梁山伯与祝英台》《孔雀东南飞》《生死牌》《杨门女将》等。她的连环画受到群众的普遍欢迎，许多作品出版后，发行量均在百万册以上。

王叔晖认为："别瞧连环画这个东西小，要打算把它画好，并不容易。它

·《孔雀东南飞》封面

黑白连环画
1954 年

    不仅仅表现在画面上，那画面以外的辛苦就多了。打个比方吧，演员只管演戏，不必管服装道具、舞台布景，那些事各有专人负责。而这连环画呢？画家除了脚本之外，一个人都得管，连导演的事情都得担起来。"她很在意细节的真实，曾说："我们画连环画时，有好些资料要靠平素积累，脑子里要像个底片箱，需要哪个就抽出一张来。如果只在接受了脚本之后再去现找，脑中全无印象，到茫茫书海里去捞针，那就难了。"

    王叔晖认为，除了平素积累，也需要体验生活。《生死牌》原是梅兰芳剧团根据同名湘剧改编的京剧，她画戏曲连环画《生死牌》之前，专门到梅兰芳剧团去看排练，默记演员的招式，还到东安市场的盔头铺去画戏装写生。

·《生死牌》封面

彩色连环画
1962 年

大热的天气，她不畏酷暑就在那里画，一件蟒袍就要画两三天。她说："必须胸有成竹，才能提笔作画；心里没数，提笔就画，难于画好；即使画好了，也是碰巧，不足为法。"

三

我曾经的办公室里，有一些物品可以引起许多回忆和谈资，挂在墙上的那幅由王叔晖创作的《西厢记》中的《听琴》,就是我经常向客人介绍的作品。我每每会从《听琴》谈到人民美术出版社和人民美术出版社创作室,从《听琴》谈到王叔晖,从《听琴》谈到中国传统文化。

我认为,从中华人民共和国成立到"文革"结束,中国的绘画除了社会主旋律题材的创作,除了个别如齐白石、李可染等大师的创作,最精彩的就要数连环画创作。连环画中,《西厢记》是最精彩的作品之一;而彩色连环画《西厢记》中,又数《听琴》一幅最为经典!

1953 年,中华人民共和国新《婚姻法》公布。人民美术出版社要配合这次公布出版《西厢记》的四条屏,创作任务交给了王叔晖。四条屏是年画的一种,是农家喜爱的一种张贴画形式,每一个竖长的条屏上有四幅画面,四个条屏共十六幅,情节连贯。这就是为什么过去彩色连环画总是十六幅的原因。但谁都没有料到,一年后问世的这部彩色四条屏连环画作品日后成了载入共和国美术史册的佳作。

1983 年,外文局对外发行的《中国画报》曾计划陆续介绍中国绘画作品。编辑部专门征询美术理论家江丰的意见:该从哪部作品开始介绍?江丰脱口而出:"王叔晖的《西厢记》!"于是 1983 年第一期《中国画报》将十六幅本的工笔彩色连环画《西厢记》全套刊出,可见其艺术水准之高。

元代剧作家王实甫的剧作《西厢记》,写的是一对青年男女追求婚姻自主的爱情故事。相传,这个故事发生在山西永济的普救寺。王叔晖从未去过永济,因为任务时间紧迫,她选择了建筑上有代表性而且也是她熟悉的北京广济寺作为参考。

《西厢记》的人物刻画生动,造型准确,情感栩栩如生,环境充满诗情画意,色彩典雅,线条流畅。对于这部作品,王叔晖几乎投入了一生的情感及几十年画仕女画的经验。在《西厢记》完成十年之后的1963年，这部作品荣获第一届全国连环画创作评奖的绘画一等奖。

工笔人物画在传统中国画中占有重要的位置，而工笔人物画中，仕女又是非常重要的绘画对象。工笔仕女也是工笔人物画家们绕不过的创作对象。我国近现代以来，潘絜兹、黄均、任率英等许多画家都在工笔人物画上有所创造。但在工笔仕女的创作上，这些大画家似乎都略逊于王叔晖。这也是大家公认的事实。

对于仕女画的创作，王叔晖的美学观点是美而不媚。她笔下的崔莺莺堪称工笔人物仕女的典范。比如崔莺莺的面部造型，虽然是对古代仕女的描述，却也是符合现代人审美标准的表达，在当年，打动并影响了一代人。

王叔晖在人物身上倾注了自己的情感，崔莺莺的一笑一颦，都被刻画得生动得体。

《听琴》一幅，是表现才子弹琴、佳人倾听的场景。才子因得不到佳人而琴遣心声。墙外，几竿青竹微斜，莺莺探身，侧耳倾听，身段端庄娴雅，琴声顺着风儿飘来，崔莺莺已然听到张生心声。

王叔晖在创作中坚持自己的美学思想，比如张生在屋内隔着窗纸弹琴，不要说在晚上，即使在白天，观者也不能看得如此真切。王叔晖在这里使用了中国戏剧的诗意审美语言，让观者在一幅图中同时感受到莺莺的期待和张生的琴声。谁能注意到这个细节呢？一般观者是注意不到的，这也是王叔晖的高明之处。

基于各种原因，王叔晖创作的几千幅作品中，男性人物很少，她晚年画《红楼梦》人物系列时，是打算最后才画宝玉的，但最终未能如愿。

由此看来，她在张生这个人物的刻画上是下足功夫、注入情感的。她为

远去的背影 | 名家艺术小传

- 听琴（《西厢记》）

  工笔重彩四条屏年画
  1954 年

·惊艳《西厢记》
工笔重彩邮票画稿
1980 年

这个人物定下的基调就是：一介书生，感情专一。张生的才情、气质，是王叔晖心目中的理想，也是我们普通读者喜爱的形象。在《西厢记》的十六幅画面中，张生出现十五次，换了七八套服装。在生活中似乎不大可能，但这恰恰是王叔晖的高明之处。给大众欣赏的作品，如何得到大众读者的喜爱，就是创作者需要研究和创作的。

十六幅《西厢记》的描绘，胜过万语千言。

王叔晖先生终生未婚，但她对人间爱情的赞美是发自内心的，是由衷的。从四条屏《西厢记》中可以看出，她是将对爱情的理解、对爱情的追求全部表达在作品中了。

彩色连环画的成本高，定价也高。也许由于价格的原因，王叔晖为了满足普通读者的需求，1957年又创作了一百二十八幅的白描本连环画《西厢记》。

1979年第四届全国文代会期间，邮票设计家刘硕仁代表邮票设计发行局找到王叔晖，提出邀请她设计《西厢记》邮票的想法。1980年，王叔晖完成了四幅《西厢记》邮票图稿。四幅画分别名为《惊艳》《听琴》《佳期》《长亭》，内容即张生惊艳、莺莺听琴、佳期相会、长亭泪别。

1983年2月21日，特种纪念邮票《西厢记》发行。那一年，王叔晖已七十一岁高龄。一个月后，3月24日出版的英国《集邮周刊》以全套《西厢记》邮票作为该期的封面；5月号的英国《外国邮票》月刊在封面显著位置刊登了《听琴》这枚邮票。评价文章认为：这套邮票无论构图、色彩还是印刷，都非常成功；邮票上的人物栩栩如生，呼之欲出；它不仅仅是邮票，更是精美的艺术品。

一年之后，国内的"最佳邮票评选"活动将这套邮票评为1983年最佳特种邮票。日本的集邮杂志将其评为1983年中国最佳邮票。

邮票《西厢记》使王叔晖获得了更高的声誉，拥有了更多的读者。

四

人民美术出版社创作室是中华人民共和国成立初期的特殊产物。当时人民美术出版社急需创作大量的年画、连环画、宣传画，而能够很好、很快完成创作任务的画家并不多。这样的画家也是社会所需，于是，人民美术出版社在全国各地寻觅人才，并将他们调入出版社。出版社向这些画家下达创作任务，完成任务后，除了工资还有可观的稿费。一般来说，这些画家也不会再给其他出版社画稿子。时过境迁，如今已是市场经济时代，像中国出版集团公司就要求出版社在签约作者方面有所作为，这个方式与当年出版社调进画家有异曲同工之处。

王叔晖当年是人民美术出版社创作组组长。在当时著名画家云集的人民美术出版社，创作组组长是个很重要的位置，首先要以身作则。

王叔晖的同事刘迅在三十多年后撰文回忆道，王叔晖每天总是很早到办公室，先把本就没有什么灰尘的桌子（因为每天下班前她都要把桌子擦干净）擦一遍，然后边研墨边读书边考虑当天的工作。王叔晖在1960年文化部全国先进工作者大会的发言中说道："我要抓紧工作，多做些工作，因此，中午也总是不停地画画，每天晚上不是画画便是学习，到十二点左右。画《生死牌》的时候为了赶任务，而晚上又不好着色（看不清），我便利用晚上业余时间画铅笔稿，以便白天着色，使创作能提前完成……因为体会到普及作品的重要，同时也体会到作品必须真实，我在画画时，每个细小的地方都不放松。例如画《孔雀东南飞》，仅收集资料就用了两个多月，画上的服装、道具、发饰，都有实物根据。我觉得这样读者看了才能了解当时的社会面貌。又如画年画《西藏和平解放》，我到班禅驻京办事处、民族事务所详细了解藏族风俗习惯。因为画得真实，这幅年画被当作学校的直观教材。"

王叔晖在创作前，正是因为大量收集整理素材，进行了多次的艺术构思、多次的写生、多次的观察，不断地产生新的想法，几易其稿，才创作出像《西厢记》等脍炙人口的不朽之作。

王叔晖退休后，仍然关注人民美术出版社的发展，继续完成出版社的约稿。像《红楼梦》人物画，王叔晖前后共画了"红楼十二钗"中的黛玉、晴雯、王熙凤等八个人。这组作品边画边出版，大多已作为单幅年画发行。可

王叔晖在家中拍摄《王叔晖工笔人物画》，1981 年

王叔晖

荣国府归省庆元宵
写红楼梦故事
甲子七月山阴王叔晖

· 元妃省亲
工笔重彩
1984 年

惜的是，在画《惜春作画》时，她突然故去，使这曲生命咏叹成为绝响。

时任人民美术出版社副总编辑的著名书法家沈鹏写下悼诗：

楼院昏昏落日斜，忽闻女史走天涯。
魂归泉路钗销折，画到西厢玉绝瑕。
一管串联红锦线，百年来去白荷花。
仙游应化花中蝶，梁祝相随舞万家。

在王叔晖先生的追悼会上，八位曾经与王叔晖同事的画家姚奎、张广、徐淦、王里、许全群、徐希、林锴、江荧联名写了一副挽联。我认为，这是对王叔晖先生一生贡献最为贴切的评价：

将普及者提高，将提高者普及，善始善终真同道也；
为红花之绿叶，为绿叶之红花，洁来洁去岂常人乎？

新兴木刻运动的代表
——记力群

力群（1912—2012）

原名郝力群，山西灵石人。著名版画家。曾任中国版画家协会副主席，中国版画家协会名誉主席、山西省文联名誉主席。1931年考入国立杭州艺术专科学校。1933年与曹白等同学组织木铃木刻研究会，同年参加中国左翼美术家联盟。1936年在上海与江丰、新波等组织第二回全国木刻流动展览会，成立上海木刻作者协会。1937年参加上海救亡演剧队第六队。1938年初，在郭沫若领导下的军委第三厅美术科任少校科员。1940年初到延安，1942年参加延安文艺座谈会。1945年到晋绥边区工作。1949年出席第一次全国文代会，1953年调北京工作，曾任人民美术出版社副总编辑、中国美术家协会书记处书记、《美术》月刊副主编、《版画》杂志主编。出版有《力群木刻选》《力群版画选集》《力群美术论文集》《木刻讲座》等多种著作。2003年获得中国文化部造型艺术成就奖，同年获得第二届中国美术金彩奖成就奖。

青年力群在武昌，1938 年

一

1912 年，郝力群生于山西灵石郝家掌村。力群的二祖父是位农民画家，家里挂着他画的梅兰竹菊。力群从小耳濡目染，喜爱上绘画，照着《芥子园画谱》画画，居然有人向他求画。

1927 年，力群考入了太原成成中学，图画老师曾经留学日本，他开始教力群写生。力群如饥似渴地学画画，还迷上了没见过面的丰子恺先生。他读过丰子恺翻译的《西洋画派十二讲》《西洋名画巡礼》等书。

1931 年，十九岁的力群准备报考美术学校，他中学同学的哥哥阎丽川当时正在国立杭州艺专学画，阎后来成为美术史家。阎丽川让同学郭乾德辅导力群。一个多月后，力群以优异的成绩考入国立杭州艺术专科学校，成为二年级插班生，学习水彩和油画，曾师从潘天寿、李苦禅先生。

1933 年，力群与曹白等同学组织成立木铃木刻研究会。杭州方言中把傻瓜叫"阿木铃"，他们以此命名，表示自己的执着。第一本《木铃木展》画册中说："以木造铃，明知是敲不响的东西，但在最低的限度上，我们希望它总有铮铮作巨鸣之一日。"同年力群参加中国左翼美术家联盟，投身左翼文化运动。在《木铃木刻集》二集的《写在刊前》的序文中，他曾这样说："许多人说，现在艺术家的任务，不是尽在色和形的抽象上面用功夫，重要的是使艺术的内容接近于大众，才是艺术自身的生命。不错，艺术的创作，是不能离开大众的。我们虽然尚未能把握到艺术的任务，可是对艺术的使命当尽我们的所能，来尽力经营。"这段话正是力群的艺术观点。

他创作的木刻《病》《拾垃圾的孩子们》等作品描述人民的苦难，不久，力群因为创作和另外两个同学一起被投入监狱，坐牢一年，直到1935年才被放出来。

出狱不久，力群去了上海。在上海期间，他创作了木刻《三个受难的青年》。1935年回到太原，又创作了《采叶》《流民》等作品，并托同学曹白寄给鲁迅先生，鲁迅看后非常赞赏。

1936年10月，力群与江丰、野夫、新波等人组织第二回全国木刻流动展览会。1936年10月，鲁迅逝世，力群与曹白一起为鲁迅画遗像。11月与江丰、野夫、新波等人一起组织上海木刻作者协会。

1937年，抗日战争全面爆发。当时在上海柯达公司任职的力群参加由戏剧家李实领导的上海救亡演剧队第六队，到浙江嘉兴、吴兴一带，积极投身到抗日宣传工作中。

1938年，力群在武汉国民政府军事委员会政治部郭沫若领导下的第三厅艺术处美术科工作，发起成立中华全国木刻界抗敌协会，力群任主席，并负责出版《抗战木刻选集》《全国木刻选集》。

同年，力群参加抗敌演剧队第三队，赴陕西、山西抗战前线演出，

· 采叶

黑白木刻
1935 年

1939年，他受邀赴陕西宜川第二战区民族革命艺术院，任美术系主任。

1940年，力群辗转来到延安，在鲁迅文学艺术院美术系任教员。

力群在延安时期，创作了《听报告》《帮助抗属锄草》《伐木》《丰衣足食图》《帮助群众修理纺车》等大量木刻作品，反映了延安人民用自己的双手创造新生活的情景。《送马》则表现晋绥边区军民同心协力进行抗战的场面。此时，还创作了代表作《饮》。《饮》造型准确，画面中农民饱满的肌肉、饮水的动感，表现了东方英雄的美，是一幅拥有象征意味的作品，这幅作品后来被英国博物馆收藏。

1941年，鲁艺成立了文艺俱乐部，华君武在俱乐部负责美术工作，在他的努力下，力群举办了个人木刻作品展览会，展出自己各个时期的作品二三十幅。诗人艾青观看了当时的展览会，在《解放日报》上发表文章，赞扬力群说："这许多新作很明显地是作者在探求新的道路的一些可贵的努力。它们截然地表明了和他的旧作之间的一些差异。这些差异不只是表现手法上的差异，却也是创作意欲上的差异，这些差异使他的新作成了艺术创作路程上的一个主要的迈进。"同年，力群加入中国共产党，1942年，他参加了延安文艺座谈会。

力群在延安生活了六年。抗战胜利后，1945年11月，他携妻儿来到晋绥边区，担任《晋绥人民画报》主编。1949年北平和平解放后，他出席了第一届全国文代会，并被选为主席团成员和中国文联委员。当年冬天调入太原，筹建山西省文联，担任副主任，创办《山西画报》并任主编。

1953年，力群调入人民美术出版社，任副总编辑。1955年夏，力群调任中国美术家协会党组成员、常务理事、书记处书记，《美术》杂志副主编，《版画》杂志主编等职。1966年，他和夫人一起调到山西，在文联工作。"文革"开始后，力群要求回老家当农民。1970年，力群回到了灵石县郝家掌村老家，他带领农民在山间种树，七年中，和群众共种了一万多株杨树。1977年，力群得到平反，调到太原担任山西画院院长。

二

1953年，力群调入人民美术出版社，任副总编辑，同年，他的夫人杜萍也调到人民美术出版社资料室工作。

力群做事情非常认真，一丝不苟，这从他的木刻就可以看出。第一次做编辑工作，业务不熟悉，所以他的审稿速度很慢，加上当年人民美术出版社的文字编辑素质并不很高，萨空了就曾说过这个问题，因此，力群要做许多文案编辑的工作。今天我们回看1953年到1955年间人民美术出版社的出版物，质量还是挺高的，这应该与力群的工作分不开。但他经常是书稿摞了一堆，看不过来。当时，力群的兴趣点还在创作上面。一次，邵宇让他带队下乡体验生活，他很感激邵宇。后来，他对介绍他到人民美术出版社的王朝闻说，他每天只能看很少的文字量，做不了编辑。王朝闻听后，表示理解。

1955年夏，力群调任中国美术家协会党组成员、常务理事、书记处书记，《美术》杂志副主编，《版画》杂志主编等职。力群在《我的艺术生涯》"结束语"中说："我这一生，随着祖国的命运，真是灾难重重，算很不幸的；但又是很幸福的，因为前无古人，后无来者，能像我们这一代人所经历了的如此坎坷复杂的社会生活。"

虽然他离开了人民美术出版社，但他编写了一些关于木刻的书。1956年，他编写的《日本木刻选集》由人民美术出版社出版。1956年起，他在《连环画报》上逐期发表《木刻讲座》，后结集出版。1957年、1958年又编了《新木刻画选》《德意志民主共和国版画选集》《第二届全国版画展览会作品选集》。他写了二十五篇有关美术的文章，1958年在人民美术出版社结集出版了《力群美术论文选集》。1959年出版了《苏联名画欣赏》。这应该是他渐渐熟悉编辑出版业务之后的一种厚积薄发吧。

1980年，力群在北京举办《力群版画展览》。诗人艾青再一次参观展览。艾青在《人民日报》发表文章："这次所展出的作品，题材更多样了，接触的生活面也更宽了，在形式上也更多地吸收我国民族和民间美术传统的表现方法，已逐渐地形成了简洁、明快、富有抒情色彩的风格。而这也正是我在多年前所赞赏他的艺术中的装饰美。"

力群的木刻创作内容逐渐清新抒情，如《百合花》《瓜叶菊》《山葡萄》《石竹花》《林间》等，艾青说："看了他的这些作品，像读一首首抒情的小诗，给人以清新的感觉。"

三

鲁迅是中国现代版画家的引路人，他自己大量收藏世界著名版画，并引导青年木刻家拿起刻刀，以刀为笔，创作反映民间疾苦、揭露社会黑暗的作品。力群是鲁迅的崇拜者，他多次通过同学曹白给鲁迅画像和写信，受到鲁迅的关注。《鲁迅像》是力群寄给鲁迅，发表在上海《作家》月刊上。《鲁迅像》按照鲁迅的照片创作，这幅作品后来被日本选入他们的《世

鲁迅像
黑白木刻
1935 年

界美术全集》。

但他第一次见到鲁迅，竟是给鲁迅画遗像。

1936 年 10 月 19 日，鲁迅逝世。力群和同学曹白去给鲁迅画遗像。力群回忆说："一床被子覆盖着他（鲁迅）安详的遗体。过去从照片上看到的他那'横眉冷对千夫指'的锐利的目光，现在掩盖在深闭的眼帘之下，那熟悉的浓重的黑胡须增添了消瘦了的面容的慈祥感。"力群"含着眼泪用颤抖的手画了四幅鲁迅先生遗容的速写"。

当日的上海各报除了以显著的位置报道了鲁迅去世的新闻外，也报道

力 群

· 饮
黑白木刻
1940 年

了"木刻家力群赶往画像"的消息,许多报纸转载了力群发表在《作家》月刊上的《鲁迅像》。

《饮》是力群的另一幅版画代表作。《饮》表现的是延安农民劳动间歇中饮水的瞬间,主要通过刻画农民双手抱着瓦罐仰脖喝水的动作。画面中农民肌肉饱满,充满动势的美,是一幅拥有象征意味的作品。黄永玉评价说:"那手,像西斯廷天顶上《创世纪》那两只接应的手,令人难忘。"这幅作品后来被英国博物馆收藏。

《林间》创作于 1980 年,是力群晚年木刻创作的一个高峰。他是用

125

· 百合花

套色木刻
1954 年

力 群

· 瓜叶菊

套色木刻
1955 年

远去的背影 | 名家艺术小传

· 送马
套色木刻
1940 年

一把圆口刀完成的,以老到的技法经营画面,以娴熟的刀法表现两只跃起的松鼠,其生动喜悦跃然纸上,尤其是松鼠那松软肥大的尾巴给人很强的愉悦感。松鼠是力群喜爱的小动物,他在家里养了松鼠,常常观察松鼠的动态。据说,当他作草图时,还征求了小女儿的意见。《林间》展出后,引起读者的共鸣,获得广泛好评。

力 群

·林间

黑白木刻
1980 年

    2011 年，人民美术出版社六十年庆典，在中国美术馆举办了五个展览，其中有人民美术出版社职工书画展。我们邀请人民美术出版社退休老艺术家，包括曾在人民美术出版社工作过的艺术家参展，力群先生也是我们邀请的重点。力群先生提供的作品正是《林间》。我让编辑捎话给他，可不可以将这幅作品捐给人民美术出版社，老人家欣然答应。那年 8 月

《林间》如期在中国美术馆展出，许多观众流连忘返。年底，我去他在昌平的家里看望他，他已经九十九岁了，但头脑清楚，对当年在人民美术出版社的工作记忆犹新，讲了许多当年的故事。他还说，当年做事情过于认真，每天看稿量有限，为此，常常积压了许多稿子。后来，王朝闻得知后说，看不了稿子怎么能在出版社工作，于是将他调到中国美术家协会。

力群的版画作品不仅在中国新兴木刻版画的潮流中独树一帜，也受到了世界的关注。套色木刻《黎明》现陈列于英国陈列馆，《瓜叶菊》存于南斯拉夫博物馆，《林间》被法国国立图书馆收藏。他的木刻作品曾先后在苏联、法国、美国等五十多个国家展出。因为在版画事业上的贡献，1988年，"日中艺术交流中心"向力群颁发贡献金奖；1991年，中国美术家协会、中国版画家协会向他颁发了中国新兴版画杰出贡献奖；1992年山西省委、省政府授予力群"人民艺术家"的光荣称号；2003年，中国文联和中国美术家协会向其颁发中国美术金彩奖成就奖；同年，中国文化部授予力群造型艺术成就奖。

安晚，晚安
——记黄苗子

黄苗子（1913—2012）

本名黄祖耀，广东中山人。著名漫画家、美术史家、美术评论家、书法家、作家。幼年师从邓尔雅学书法。早年就读于香港中华中学，先后任《新民报》副总经理、贸促会展览部副主任、人民美术出版社编辑。曾任中国美术家协会理事、中国书法家协会常务理事、全国文联委员，第五、六、七届政协全国委员会委员，民革中央顾问。2004年，中国美术家协会授予黄苗子"卓有成就的美术史论家"称号。2011年12月，黄苗子获中国艺术研究院中华艺文奖的终身成就奖。著有学术专著《美术欣赏》《吴道子事辑》《八大山人传》，散文集《货郎集》《敬惜字纸》《无梦庵流水账》，书画册《黄苗子与郁风》《黄苗子》《黄苗子书法选》等。

青年黄苗子，20 世纪 30 年代初

一

黄苗子，本名黄祖耀，其祖父黄绍昌系清末举人，曾在张之洞创办的广州广雅书院教授辞章，其父黄冷观是孙中山创办的同盟会会员。1926 年，黄冷观创办香港中华中学，是香港现代教育史上的一个重要人物。黄苗子就在这样具有浓厚文化传统的家庭中长大。

在十三个兄弟姐妹中，黄苗子排行第五。他少时就读于香港中华中学，受家庭影响，喜爱诗画文艺，八岁习书法，十二岁跟从著名的书法家、篆刻家邓尔雅先生学书。

十五岁那年，黄苗子接触到由叶浅予主编以及张光宇、张正宇、鲁少飞等漫画家参与的《上海漫画》周刊，对漫画创作产生了浓厚兴趣。受岭南画家黄般若等人的鼓励，他开始为香港的《骨子》报、广州的《半角漫画》周刊画漫画。因怕家里不同意，需要个笔名，黄般若说你的小名叫"猫仔"，把两个偏旁去掉，"苗子"不是现成的笔名吗？从此，"黄苗子"正式踏入漫画界。

1929 年，黄苗子创作的漫画作品《魔》入选香港学生画展。他把作品

· 溥仪（《半角漫画》第六卷第三号封面）
漫画
1932 年

寄给了《上海漫画》周刊，不久作品发表了。《上海漫画》的编辑、漫画家叶浅予给他回信鼓励，这更坚定了他画漫画的志向。但正如黄苗子所担心的那样，父亲对此极力反对。

1932 年 10 月，黄苗子离家出走，去了漫画大本营上海。

得知黄苗子离家出走，父亲黄冷观当即给时任上海市长的同乡吴铁城拍电报，请他关照儿子。在吴铁城的安排下，黄苗子到上海市政府任职。

此后，黄苗子结识了漫画家叶浅予、华君武、丁聪、张乐平等人，并在《时代》《生活》《良友画报》《时代漫画》《上海漫画》等刊物上不断地发表漫画作品，不久后调入《良友画报》做编辑。

1936年夏天，黄苗子和鲁少飞、叶浅予、张光宇、张正宇等发起筹备了中国漫画史上的第一次全国漫画展览。黄苗子从此成为中国漫画界的中坚人物。

1938年以后，他在广州、重庆、上海等地工作，参加抗日文艺活动。

1939年至1949年，黄苗子历任香港《国民日报》经理、国民党中央海外部部长室总干事、财政部荐任秘书、中央银行秘书处副处长兼行政院美援运用委员会秘书处处长等职。

二

1949年9月，黄苗子应邀参加10月1日中华人民共和国的开国大典。此后，他到华北革命大学政治研究院学习。毕业后，黄苗子被分配至政务院担任秘书厅秘书，翌年调入公私合营后的《新民报》，任总管理处副总经理。1952年调贸易促进委员会展览部任副主任，参与了新中国第一个大型出国展览的筹备组织工作。

1957年，他被错划为"右派"，同年调入人民美术出版社任编辑，1958年被遣送到北大荒劳动改造。

1959年春天，年近半百的黄苗子在北大荒伐木。在那段艰难困苦的日子里，他仍然想着文物研究和艺术。他在写给妻子郁风和孩子的信中，表达

黄苗子与华君武、黄尧、丁聪（从右至左）在第一届全国漫画展上，1936年

黄苗子与夫人郁风，20世纪初

了订阅《文物参考资料》和《考古》杂志的希望。

1960年，因为身体原因，黄苗子被送回北京，继续留在人民美术出版社工作，在资料室整理图书。时至今日，在人民美术出版社资料室还能看到黄苗子当年在线装书函上写的伊（秉绶）体隶书签。他撰写了大量美术评论文章，在人民美术出版社出版的《张大千画选》前言中，黄苗子写道："张大千的中国画，人物、山水、花鸟无一不精，作品曾在世界各地展出，并为各国博物馆所收藏。""晚年的泼彩技法，是继承唐代王洽以来泼墨法并参以现代欧洲绘画的色光关系，发展出来的。"

在这段时间里，他做了数千张读书卡片。晚年，由他撰文，在海峡两岸共同出版的《画坛师友录》及《艺林一枝》，内容丰富而多姿，正是他多年收集整理资料的结果。

黄苗子还做了古代美术图书的分类编目工作，并且给社里购藏过一些善本。曾经购得明版《陈伯阳集》等，并编辑整理了人民美术出版社所藏善本书目（油印本）。

之后，黄苗子调到古典美术编辑室工作。他认为，从二三十年代黄宾虹先生主编的《美术丛书》以后，还缺少一种广泛收集我国历代有关画史、画论、画法等著作的参考性丛书，于是，他策划将南朝谢赫的《古画品录》、唐代张彦远的《历代名画记》、宋人的《图画见闻志》，直至近人吴昌硕、黄宾虹的有关书画著述编辑出版。当时列目近七八百种，定名为《中国美术论著丛刊》。在不长的时间内，他校勘出版了《历代名画记》《元代画塑记》《画继补遗》等常见、罕见本约七八种。其中张彦远《法书要录》一种，先由上海范祥雍教授对传世各本费一年之力点校一遍，又请启功教授再加审阅。特别是启老对《法书要录》中没有断句的"二王（羲之、献之）帖"

八十多处，逐一加以断句，这是前人没做过、既需要有很深的功力又很费心思的艰巨工作。

《丛刊》的筹备和典籍点校，得到了当时国内著名学者如叶恭绰、章士钊、潘伯鹰、瞿兑之及书画名家秦仲文、于安澜、吴东迈、秦岭云等人的关注。他们有的帮助策划，有的直接参与工作。

1962年，为了搜罗古代美术珍本、善本，黄苗子与人民美术出版社的同事南下苏浙皖，历览南京、合肥、上海、杭州、苏州各图书馆以及宁波天一阁、上海来燕楼所藏古籍，逐一记下书目及提要，作为日后收入《丛刊》的准备。

但是，《丛刊》的编纂工作因"文革"而中止了。

1967年，"文革"开始，黄苗子先进牛棚，后被关押，直至1975年。1976年，他从人民美术出版社退休。

黄苗子退休后，依然关注人民美术出版社的发展，关注中国美术出版总社的发展，只要关乎总社的发展，他有求必应。后来，他年龄越来越大，身体又多病，我们常不忍心求他写字作画，但只要开口，他总是按时完成出版社的邀约。

2011年，时值人民美术出版社成立六十周年庆典，黄苗子老人已九十九岁高龄，仍然为人民美术出版社题写篆字"滋兰树蕙"，凝聚了老人对人民美术出版社殷切的期望。

黄苗子的论著和文集有《美术欣赏》《吴道子事辑》《八大山人传》及《年表》《画坛师友录》《艺林一枝》《画家徐悲鸿》《白石老人逸话》《古美术杂记》《牛油集》等。

他的散文集有《货郎集》《敬惜字纸》《无梦庵流水账》《青灯琐记》《风雨落花》《雪泥爪印》《世说新篇》《茶酒闲聊》《人文琐屑》《苗子杂书》等。

他的书画册有《黄苗子与郁风》《黄苗子》《黄苗子书法选》《中国书法精品选——黄苗子》《草书木兰辞》《黄苗子诗书画》等。

三

黄苗子的格律诗造诣很深,既源于家学,又源于其自身的文化底蕴。

20世纪30年代在上海时,黄苗子有幸拜见柳亚子,又结识了主办诗歌杂志的诗人林庚白。黄苗子此时远离家乡,有感而发,写了几首格律诗,刊登出来。

柳亚子发起"南社",召开了几次雅集,江浙沪等地的诗词名流都来参加,恰好一百零八人。于是,仿效梁山大排队,在报上发表了"南社点将录",柳亚子居二,名之为"呼保义",黄苗子也在其中,因为身材矮小,有"矮脚虎"之誉。

20世纪40年代抗战期间,他在重庆写了一首七律《无题》:

无限伤心孔雀诗,不堪惆怅冶春时。
有情皓月终难掇,飘梦芳年剧可思。
枳棘栖鸾沉鬼火,高邱无女照神旗。
星辰似此期将旦,忍向寒灯记寐词。

这首诗他誊写后拿去向孙师毅兄请教,孙师毅却将它贴在了书房墙壁上。一天,孙师毅兴奋而神秘地告诉苗子:胡公看了你这首诗,十分欣赏。"胡公"即周恩来。

在黄苗子先生家中,我们曾经探讨过格律诗。那时,我正在学格律诗的创作,黄苗子先生给了我许多鼓励。他家中客厅墙上挂着一副对联:"微云淡河汉,疏雨滴梧桐。"我印象深刻,那篆字看上去很规整,却充满了创意。

黄苗子先生与先父林锴同在人民美术出版社工作,交往甚笃,相互欣赏。黄苗子有非常喜爱的八枚印章,父亲镌刻的"安晚"便是其中一枚。父亲诗书画印全能,一般自画自题,但他却请黄苗子题画多幅。父亲尊重黄先生的为人,喜爱他的诗章,尤其是他的打油诗。

黄苗子先生为父亲的画题诗多首。在2008年出版的《黄苗子诗词》中,收录了他为父亲的《钟馗嫁妹图》《醉钟馗》《钟馗夜归图》《敦煌千佛洞图》等画题诗十二首。

其中,题诗《钟馗夜归图》流传最广:

小妹相扶抑小妻?晕晕乎乎醉如泥。
终南进士司何事?白昼鬼行君夜归。

黄苗子的诗有童子功,六十岁以后,他受聂绀弩影响写起打油诗来。这样的打油诗,聂绀弩写得最为纯熟,不仅要求趣味横生,而且必须合乎格律,比起一般的格律诗更难写。正所谓:"吟安一个字,捻断数茎髭。"

黄苗子的《丁卯夏忆卅年前事戏作》,打油味道浓厚:

完达山中雪滚泥,狗毛毡帽压眉低。
窝头百个肩挑重,老眼一双脚印迷。
…………

· 微云淡河汉，疏雨滴梧桐

书法对联
2004 年

还有"暂却深杯威士忌,自成正传阿Q羞","声名灌耳麻雷子,品藻从头屎壳郎"等创新句子,创造了当时诗坛的流行。

四

黄苗子不仅是编辑家、美术理论家、诗人,而且是画家、书法家,他最有成就的当数书法。

黄苗子的书法幼时受教于著名的书法家、篆刻家邓尔雅。从20世纪30年代开始,黄苗子与于右任、沈尹默、叶恭绰、启功、潘伯鹰等当代书法名家切磋书法。他的书风,尊传统,重创新,真草隶篆,各体兼备。

黄苗子当年与齐白石老人关系非常密切。齐白石去世后,他主持了手拓齐白石老人印谱,发行了大约几百册,我现在还珍藏着一本,上面有黄苗子先生的小楷评述,书法十分精到。

有一种说法是他六十岁学书法,其实不然,他的书法在早年已脱颖而出。在上海时,黄苗子与于右任、沈尹默交往很多。到了20世纪70年代,他的书法风格大变,确实与张正宇有关。书画家张正宇才华横溢,是创造"以画入书"方法的先锋。20世纪70年代初,是张正宇书法创作的鼎盛时期,许多文化名人都喜欢他的作品。那时,我也去过张正宇家,每次他家都是高朋满座。张正宇的书法功力深厚,具有极强的创造精神。他将各种书体随意书写,尤其对篆书有新的发挥,字形的变化、浓淡干湿的变化,令人叫绝。

"文革"期间,黄苗子在监狱里度过将近七年。从半步桥监狱到秦城监狱,他一直被单独囚禁。监狱生活,对他的生存信念无疑是最严酷的考

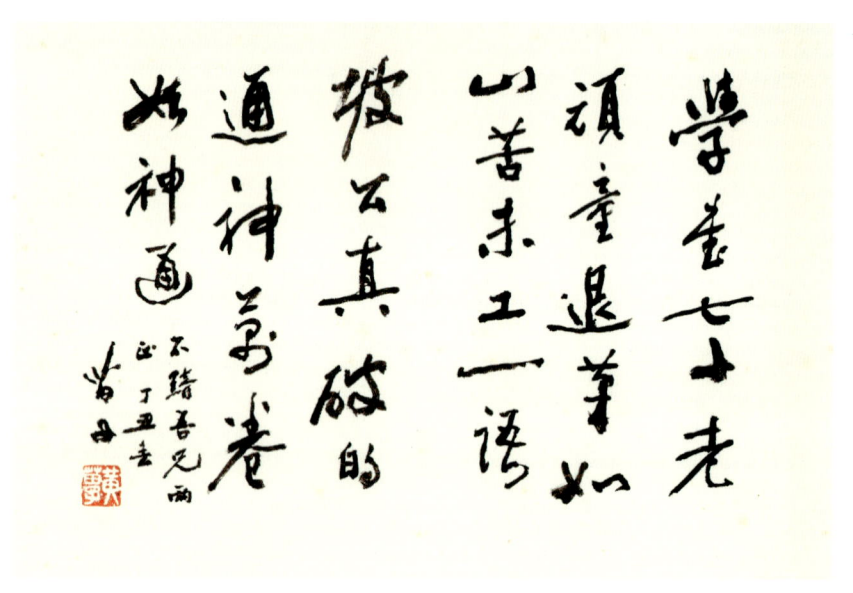

· 学书杂味

书法七绝
1997 年

验。但黄苗子依靠对艺术的追求，努力平衡和减轻精神上的痛苦。他看着墙上滴下的水痕像一个字，就琢磨其中的结构和线条。兴之所至，他会如醉如痴地挥舞手指，在空中画来画去。这个时刻，他的内心充溢着活力和愉悦。

对于张正宇的影响，黄苗子在《书画》小序中说："由于对朋友张正宇即席挥毫、逸兴遄飞的羡慕，自己也开始把青、中年学书的一点功底捡回来，偷偷在家习字，正式敢于拿书法给人看，那时已是六十之年，对于好的坏的批评，都敬谨接受，正如孔子说的耳顺了。"

他在《学书杂咏》第一首中这样写道：

　　学书七十老顽童，退笔如山苦未工。
　　一语坡公真破的，通神万卷始神通。

黄苗子认为，书法之所以"美"，在于字的结构和用笔的千变万化，在于全篇章法的千变万化，即使是最工整的小楷书，也有字形和篇章的无穷变化，否则就是印刷体方块字，只具有实用性，不属于书法艺术。黄苗子在注重传统的同时，也注重造型的创新，他以自己丰厚的文化素养为基础，学习老师邓尔雅先生善用异体字的特点，以画入书，开创了繁简相间的篆书书法风格，在当今书坛上独树一帜。他说自己的作品具有"青铜器铭文和大篆风格"。晚年后他的字又有变化。与国外的交流和长居澳洲的经历，对他的文化观产生了决定性的影响，他说："我的某些书法就是尝试把欧洲现代艺术的感觉融进中国古文字，许多用中国传统原料的书画家也在或多或少地尝试。"

吴冠中先生曾说："对苗子，我先是拜读文章，从中获得艺术方面的教益，后才看到他的字，一见倾心，十分喜爱，突出的感受是构图美、虚实美、节奏美，总之是造型美。"

黄苗子的《学书杂咏》第二首是这样写的：

　　心画根源在写心，激昂绵渺或底沉。
　　不知时世葫芦样，自理丝弦自定音。

· 蜻蜓茨菰

写意花卉
1994 年

黄苗子

· 碧叶白荷

写意花卉
2003 年

黄苗子的书法，尤其是篆书，强调形式美，将邓尔雅的稳重和自己对书法的创造与理解结合在一起，创造出独特的、个人印迹鲜明的书风。

2011年夏，我终于求来黄苗子先生题写的"墨随堂"。"墨随堂"源于我的两句诗"衣傍溪边草，墨随梦下花"。因忙于琐事，一直没有做匾。年底，我定制了楠木为底、石绿为字的匾额，2012年1月8日中午去取。后来知道，黄苗子先生正是这一时刻离世的。难道是冥冥之中的宿命吗？"墨随堂"是黄苗子先生在九十八岁高龄时题写的，这也许是老先生题写的最后一块牌匾。黄苗子先生与我父亲交情甚笃，所以他称我为"贤世讲"。

五

很难让人相信，九十多岁的黄苗子自己用电脑打字。那年，我去看望他老人家，得知他正在用电脑写《八大山人年谱》，非常吃惊。许多四五十岁的人以年龄大为由，拒绝学习电脑，不想麻烦去背诵键盘，而九十多岁的黄苗子不仅自己打字，甚至常常需要拼一些不常见的字。

黄苗子一生都喜爱八大山人。他曾有一幅石涛的《桃花源图》，上面有八大山人写的《桃花源记》，这一藏品被毁于"文革"期间。八大山人有一幅《安晚帖》，黄苗子将书斋名为"安晚寄庐"。他模仿八大山人的《安晚帖》，写了匾额"安晚"。老人都知道由右至左念成"安晚"，年轻人则由左至右念成"晚安"。白天念"安晚"，晚上念"晚安"，也颇有趣味。

20世纪80年代，黄苗子经常参加全国书法展，几次赴日举办书法展，多次应邀到香港讲学。黄苗子和夫人郁风还去德国、法国、瑞士、新西兰、意大利、美国、韩国参观访问，办书画展。但他一直盼望着能在国内办展览。

黄苗子在创作，2008 年

    1995 年 2 月，由中国政协书画室主办，黄苗子、郁风的书画展在北京炎黄艺术馆开幕。老朋友叶浅予、丁聪、华君武、胡絜青、王蒙、杨宪益、张君秋、吴祖光、谢添、黄宗英都来了，展览成了老艺术家、老文化人们的聚会。

    2008 年，嘉德四季拍卖中，书画部分最大的亮点是黄苗子、郁风夫妇的书画珍藏，二百一十八件作品成交率达百分之百。该专题既包含黄苗子、郁风二老多年来的个人书画创作，也包括他们珍藏的友人书画作品，多件作品都曾在 2007 年的"白头偕老之歌——黄苗子、郁风艺术展"上展出过。黄苗子、郁风夫妇将拍卖得来的款项成立了黄苗子、郁风慈善基金会，意在培养艺术新人，扶持艺术创作，资助中国艺术史、文学史的学术研究。从 2009 年起，黄苗子、郁风慈善基金会还向中央美术学院提供赞助，每年帮助四十多名贫困生解决部分学费。2010年，黄苗子、郁风慈善基金会向四川艺术职业学院捐赠五十一万元，设立了"黄苗子、郁风助学金"，用于帮助藏区唐卡绘画专业学生的学习和生活。

2011年9月16日，故宫博物院举办了"艺缘——黄苗子、郁风捐赠作品展"，展出了黄苗子先生和夫人郁风捐赠给故宫博物院收藏的十件作品。《艺缘——黄苗子、郁风书画集》大型精品画册由故宫博物院紫禁城出版社出版发行。

2011年12月19日，黄苗子获首届中华艺文奖终身成就奖。他将所获奖金一百万元捐赠给人民美术出版社，支持《张光宇集》的编辑出版。

黄苗子在一次访谈中说："我这个人从外形到内在，始终都很矮小，一辈子都没有'日高千丈'的希望。的确，我不是一个英雄，我也不是任何方面的专家，我只是一个行走在艺术世界里的小票友。"

2012年1月1日黄苗子高兴地对亲友说："我今天一百岁了，我该做的事都做完了。"

2012年1月8日，黄苗子在北京朝阳医院安详逝去。他要求子女不设灵堂，不留骨灰，不举办任何追悼活动。百年阅世，他知道，身后的世界不再属于自己；但他不知道的，是我们的思念从未停止。

秦岭之云
——记秦岭云

秦岭云（1914—2008）

原名秦维新，字铭三，河南省汲县（今卫辉市）人。著名画家、编辑家、中央文史研究馆馆员，中国美术家协会会员。童年在画坊度过，1934年进入国立北平艺术专科学校绘画系学习。曾任国民党中央陆军军校政治部新生社艺术干事、第十五中学教师、国民政府教育部青木关民教馆艺术主任、金陵女子文理学院附中及第十中学教师。新中国成立后，秦岭云调入人民美术出版社从事编辑工作和国画创作。出版有《现代山水画集》《秦岭云写生山水画集》《秦岭云山水画作品》《写意山水画技法》等。

在黄山写生的秦岭云，1979 年

一

秦岭云出身画匠家庭。父亲精通绘画、雕塑、油漆、彩扎诸类造型技艺，并在家乡河南省汲县（今卫辉市）城内开设了一家画铺（庆余堂），其作品有吴道子画派的遗风。

少年时期的秦岭云除了上学，整日在父亲的作坊里打糨糊、擂颜料、裁画纸、描纹样、刻窗花……学到了不少美术技艺，能够熟练地画出卷草、盘花、如意、冰裂等民族花纹图案。

画匠为旧时"八作"工人之首。秦岭云刻有两方石章，一是"五瓜画匠"，一是"画匠之子"，用来表明自己的出身，并以此纪念他敬爱的父亲。

上中学时，秦岭云进入师范学校。校内设有美术课和专业教室，聘有从北京、上海请来的专业教师。秦岭云对静物、郊野写生特别有兴趣，这些绘画尝试，激发了他更高的学习热情。从十九岁开始，秦岭云成为一名美术教师，从幼稚园、小学、中学到大专，成了"全天候"的教书匠。

1934 年，秦岭云考入国立北平艺专。当时的校长由严智开担任，艺专拥有齐白石、溥心畬、黄宾虹及常书鸿、唐亮、秦宣夫、卫天霖等大师级教授。正当他学静物、学人体素描，热衷于画水彩写生和学习木刻时，七七事变爆发了，抗战烽火燃起，学校南迁庐山、沅陵。1938年，秦岭云从艺专毕业，由沈从文先生介绍，随黄埔军校十三期、十四期迁校队伍，沿湘川公路步行入川，沿途作抗日宣传工作。这一时期直至新中国成立前，秦岭云先后任国民党中央陆军军校政治部新生社艺术干事、第十五中学教师、国民政府教育部青木关民教馆艺术主任、金陵女子文理学院附中及第十中学教师。

新中国成立后，秦岭云先在中央美术学院工作，1952年被调到人民美术出版社从事编辑工作和国画创作。秦岭云认为自己平生经历过三所美术学校：一是画工作坊，二是国立艺专，三是人民美术出版社。他在人民美术出版社做了二十多年的编辑。

秦岭云说："那时候，美术界的朋友，都热衷于搞创作，不屑做编辑。我却乐此不疲，尝到许多甜头。领导要求编辑文武双全，能写能画，能说话能跑路，能交际能组织，（我）被迫边干边学。几十年间，结识了许多艺术名家，访问过许多院校、博物馆、石窟、寺观、图书馆。感谢人美社给予我登堂入室的机会。"

二

秦岭云原名是秦维新，字铭三，1938年他流落到四川，对韩愈的"云横秦岭家何在"感触颇深，于是改名秦岭云，就此与峰峦云水结下了一辈子的不解之缘。

秦岭云（中）与张仃（左）、孙大石（右）在剑门关留影，1987年

老画家们在文化部创作组聚叙（前排右起蒋兆和、秦岭云、叶浅予、孙大石、吴作人、李可染、张仃），20世纪70年代末80年代初

秦岭云在艺术创作方面偏爱山水画。他重传统，师造化，艺融古今，最终形成了格调高雅、意境深远、生活气息浓郁的创作风格。

秦岭云热爱生活，生活给他以创作的源泉。他尤爱真情诗境的山水，遇到山，他一如猴子般高兴，攀山不怕高、不畏险。他喜爱在峰峦云水间生活，并深得搜尽奇峰的乐趣。他甚至把入山当作课堂，每次重新登一座山，其题材画风必有一番变化：到漓江画倒影，登黄山画云海，去雁荡山画大小龙湫、三叠瀑……他曾一攀华岳，两上黔黄，三入匡庐，四登泰岱，并且深入到九寨沟、神农架、张家界、东西天池……他说："人在城市久了，做梦也想那些勾人心魂的山水。那些山中的泉声、云影、松涛、幽径、鸟语、花香，都会引起我的画兴。"

秦岭云认为：

"皆曰'师造化'，惟多流连于名山大川，所见所画不外乎奇峰古松行云飞溪。时而久之为其所蔽。皆曰'行万里路'，而又惧于跋涉攀登之苦。余意黄山、匡庐固可师，但不可一师到死。只此一山，近年以深入虎穴精神，行川湘鄂深山中，非敢冒险，深信此中必有可师之处。今抵神农架，夙愿得偿。其苍莽深幽的气派及原始浑厚的风貌，使我茅塞顿开，今日始见吾师信手。""近年外出写生均失花时，今年入神农架正逢佳辰，山花烂漫，奇花异卉满山遍野，胜过城市公园万倍，而云锦杜鹃染红山野，见所未见。"

秦岭云刻苦研读中国传统绘画理论，对两宋的山水画以及宗教艺术有独到的见解，并将心得融入作品中，体现了传统中国画的妙理。山水画大师李可染先生一生重视写生，尤其是山水写生，并总结了山水写生的理论。秦岭云也是身体力行，坚持山水写生，师造化，他的作品中有大山的险峻、

· 巴山夜雨

写意山水
1942 年

秦 岭 云

· 暮归

写意山水
1991年

云海的苍茫、江河的奔流，也有小桥流水江南人家的景致。这些"师造化"的成就，正是他经过多年探索找到的成功之路。

在写生时，他尤其注意到树的不同形态，并将其写到绘画技巧书中。他看到："画冷杉，要注意分枝立干，干身挺直如伞形，向两方伸展如蟹爪。立高峰者，往往因风吹及日照关系枝杈多倒向一方（向阳）。树尖因年龄不同形状不一，幼年林尖，分杈简单，中年繁茂，老年干瘦。画杉林要分出层次，云雾笼罩时，要追求隐现关系，虚实对照。"得益于编辑出身，秦岭云先生的绘画风格和审美意识紧随时代，思维超前，他很同意石涛的"笔墨当随时代"。他认为："画初无法，法由行生。画无定法，法极而化。"他在继承传统的同时，也注重创新。他的绘画作品中，像20世纪60年代的《秦岭》《阿克塞牧区》《秦岭旧作》饱含创作情感，注重传统笔墨；80年代的《春雨潇潇》《幽瀑图》《蜀江》《镜泊湖上》等作品，则显现出他笔墨运用的成熟和个人风格的特色。

秦岭云先生善于用笔，喜用长锋，用笔变化多样。他说："我画山水，喜欢把笔墨画得松动活脱些，宁乱不正，明明形象不够谨严，也在所不顾。平日作画多用破旧之笔，毫毛之间，组织混乱，再加以顺逆散聚，顿挫拖拉，点擢滚擦，随心所欲，横涂竖抹起来，弄得乱头粗服、蓬头垢面、意出象外、妙不可言。"他的作品线条老辣粗涩，随心所欲，颇具现代感。

秦岭云先生对水墨有深刻的理解。他认为："笔为骨，墨为肉，笔法要刚健，墨气须活脱；善用墨更要善用水，以墨为形，以水为气，利用水的溶化，发挥墨的光彩。"他还说："水用在画前，用在画中，用在画后，一用再用，洒之、喷之、泼之，拖泥带水，以至模糊一片，提不起来，运用之妙，存乎一心。"

后人在评价元代绘画时说："萧散简远，妙在笔墨之外。"秦岭云的山水画正是这样，以意立象，不求极工，多在散锋漫扫和水墨交融中寻求新趣。

黄苗子先生评价他时说："岭云的画清新隽永，生意盎然，追求情景交融，以情促景，景中寓情，形神兼备，形外有神，有法有趣，趣中法外。"

秦岭云早在青年时期就曾在重庆青木关与他人联合办过画展；改革开放春风乍起，他是北海公园"霜红书画展"的八位名家之一；1994 年秦岭云八十岁时，在中国美术馆举办了个人画展，实现了自己的一大艺术目标；此外他还在国内多个城市包括香港地区以及国外如日本、新加坡举办过多次画展。

秦岭云出版了多部画集，如《中国近现代名家画集·秦岭云》《秦岭云山水作品》《秦岭云山水画选》《秦岭云小品画选》《秦岭云山水画集》《墨海散记》《秦岭云写生集》等。

三

秦岭云先生不仅是一位有成就的画家，还是一位编辑家和美术理论研究家，是一位中国美术遗产的整理者和介绍者。他在 1952 年刚到人民美术出版社时，就受命赴洛阳、西安等地访古、组稿，编辑《雪舟等扬》画集。

为编辑《道子墨宝》《法海寺明代壁画》等图书，秦岭云先后赴四川、广东的艺术院校、博物馆组稿，去敦煌、龙门及同蒲线南北各著名寺观调研，查阅了《佛藏》《道藏》等经典，对芮城永乐宫元代壁画的探访和研究尤为深入。他还赶在永乐宫搬迁前，组织学生临摹了宫内的一些壁画。

· 巴布盖夏日牧场

写意山水
1995 年

20世纪60年代，秦岭云编辑了《赵佶》《永乐宫》《现代山水画选》《郑板桥》《扬州八家丛话》等画册和美术理论图书。2006年，我去拜访黄苗子先生时，黄苗子先生还提到人美社出版的《永乐宫》在当时受到美术界的好评，应当再版，因为现在的永乐宫元代壁画已经受到破坏，无法见到当年的原貌。但遗憾的是，当时的软片已经模糊不清，不能再版了。

秦岭云在做编辑的同时，努力提高自身的美术素养，大量阅读相关美术理论知识，深入学习，撰写了一些美术理论图书，包括《民间画工史料》《中国壁画艺术》等著作。前者与他父亲的职业有关，他为此饱含深情；后者是他在编辑《法海寺明代壁画》《永乐宫》之余写下的关于中国壁画艺术的专著。他还编著了《山水画技法新编》《山水画讲座》等国画教材，浅显易学，均为他美术创作的经验之谈。他的《写意山水画技法》和《荣宝斋画卷——秦岭云绘山水部分》等书为山水画的临习者和创作者提供了颇有价值的指导方法。

他的笔记体散文《砚田拾穗》《砚边闲话》在报刊连载，将他的画语录言简意赅地融入文章之中，受到读者普遍的喜爱。他为李可染等数十位艺术家撰写的文章，格调高雅，文字清新。秦岭云的文风深思熟虑、隽永考究，如同他的绘画讲究诗情画意的格调一样，落笔不凡，思情汇融。他多次应邀到中央美术学院、解放军艺术学院、北京大学、北京教育学院及有关书画艺术社团讲学，并长期兼任民革中山书画社副社长、《中国画》月刊编委、中国老年书画研究会理事、北京山水画研究会艺术指导、北京美术学会理事。他为中国美术事业的发展倾尽心血。

四

秦岭云先生一生豁达。在20世纪70年代前后,他被下放到湖北文化部五七干校。此时,他已经接近六十岁了,还要像普通五七战士一样下田。比如插秧,是当年干校最普通的活儿,但对这些常年埋首书斋的老知识分子来说,却是刻骨的煎熬。弯腰插秧一天下来,再想直起腰来,都是一个无法言说的痛苦过程。并且由于他曾经是国民党党员,批斗会都少不了他。小心做事,小心做人,也许是当年他的真实写照。

在五七干校,像秦岭云这样的艺术家是没有资格画画的。直到1971年"九·一三"事件发生之后,干校才逐渐允许他们画画。我曾亲眼见过秦岭云先生和邹雅、许麟庐、卢光照等人一起铺开宣纸画画,画山水、画花鸟,那一时刻,也许是他们最愉快的时光。

干校后期,秦岭云先生还有了逮蝴蝶的兴趣。咸宁的蝴蝶品种繁多,约有四五十种。那里的人都知道有个"逮蝴蝶的老秦",大家发现了蝴蝶,也会代劳捕捉,热情相赠。

然而,回到北京,秦岭云先生似乎忘记了干校的痛苦,他说:"人在城市,而内心却不断牵挂着长江南岸的湖区生活,幕府山下的田园风光,十分迷人。特别是斧头湖当中我住了几年的那个连避风雨都很困难的小草棚子,更使我眷恋难忘。坐在草棚前,可以看见一望无涯的荷花、水稻和芦苇,可以看见成群的水牯嬉戏草间,可以看见野鸭、天鹅横空而去……这是画意多么浓郁的一个所在呀!更使我时常想起的是我亲手在棚前棚后种的五种瓜——黄瓜、西瓜、甜瓜、丝瓜、苦瓜……"

他请人刻了一方"五瓜草堂"印章,并钤在画作上,还请黄苗子先生

秦岭云夫妇与儿子秦璋、秦玺合影,身后是其生前的最后一张大尺幅画作《锦绣河山》,2006 年

题匾额,以作纪念。

先父林锴几乎与秦岭云先生同时到人民美术出版社工作,他们既是编辑同道,又是笔墨同行,还同为中央文史研究馆馆员。秦岭云先生专门为我父亲写了一篇《是画也是匕首——钟馗画集序》。他们的友谊长达半个多世纪。

秦岭云先生在受聘担任中央文史研究馆馆员期间,任馆刊《诗书画》丛刊主编,参与编辑《崇文集》。中央文史研究馆在评价秦岭云先生时写道:"2003 年'非典'肆虐期间,为表达对抗击'非典'一线白衣战士的敬意,他与林锴馆员共同创作大型山水画卷《黄山松云图》,以国务院参事室、中央文史研究馆的名义赠送给中日友好医院。为了纪念这一重要事件,他与林锴馆员再次合作创作了一幅赠送给馆里收藏。2005年，他欣然接受中央有关部门邀请，以年迈之躯饱含深情地创作了一幅酣畅淋漓、气势磅礴的国画《江山如画》，以海峡两岸关系协会会长汪道涵的名义，赠送给国民党主席连战，为促进祖国统一大业和推动海峡两岸交流做出了自己的贡献。"

应秦岭云长子秦璋之嘱，我写下"秦岭云先生与先父林锴共事几十载——翰墨和鸣"条幅，以缅怀秦岭云先生。

秦岭云先生为新中国美术事业做出的贡献，是我们这代人不能忘记也无法忘记的。

光照思齐堂
——记卢光照

卢光照（1914—2001）

生于河南汲县（今卫辉市），字春塘，别号"三不子老人"。民革中央团结委员、中央文史研究馆馆员、中国美术家协会会员、齐白石艺术研究会会长、北京花鸟画研究会名誉会长，被称为北京"齐派四大家"之一。1932年肄业于河南省立第五师范学校，1934年考入国立北平艺术专科学校国画系，受业于齐白石、溥心畬、黄宾虹诸名家。"七七"事变后，投笔从戎，奔赴抗战前线，参加了张自忠所部五十九军，历任艺术干事、宣传队长、抗敌剧团副团长。1941年初离开部队，先后到四川省立技艺专科学校、广汉女师等学校从事艺术教育工作。1946年任教于国立北平艺专国画系。新中国成立后，调入人民美术出版社从事美术图书编辑工作。退休后潜心从事中国画创作，画风自成一格。出版有《卢光照画辑》《卢光照画集》《卢光照程莉影近作集》，作品被收入《中国现代美术全集》。

在北平艺专学习时的卢光照，1936 年

一

卢光照 1914 年生于河南省汲县（今卫辉市）庞寨。该村距县城二十公里，是一个比较贫穷的地方。卢姓在当地算得上大户，卢光照的父母都是文盲。卢光照幼时在村里小学读书，三年级的时候，随堂兄到开封就读省立第三初级小学，毕业后，考入第一师范附小读高年级，后又考入省立第五师范。在五师读到高级师范的时候，他因不满校长、训育主任的作风而参与闹学潮，结果被学校开除。那时他喜欢画画，就决定考艺术学校。他先在私立京华美专旁听了一段时间，后考入国立北平艺专。

入学第一年，主要学的是基础课，包括国语、音乐、劳作、体育等。第二、三学年主要是绘画专业课。当时学校的国画老师多是国内有名的教授，如教花鸟的齐白石、王雪涛等，教山水的溥心畬、黄宾虹、吴镜汀等，教人物的陈缘督、吴光宇等。先生教课认真，学校管得也严。

齐白石先生的年龄最长，那时已七十岁。白石先生每周来上两次课，每节课连讲两小时。

卢光照奋发学习，成绩在班级名列前茅。他更喜爱齐白石的写意花鸟画法，认为齐白石的画大气磅礴，符合他的秉性。白石先生为他手把手示范，指导作画要领，因此他的画技提高得很快，深得白石先生的赞赏。白石先生甚至给卢光照刻了两方印章，一方为白文"卢"，一方为朱文"春塘"。一次，卢光照在课堂上画了一幅《墨竹》，请先生指点，白石先生挥笔在画上题写："光照弟画此粗叶，有东坡意，乃同校之龙也。"

卢光照与秦岭云、周书声组织重九画会，在北平太庙、河南开封龙亭举办三人联展。与同窗好友谢时尼、雒达共同出版了《三友合集》，画集作品由白石老人亲选，并为画集撰写序言、题封签。序言中写道："谢时尼、卢光照、雒达二三同学心无妄思、互相研究，其画故能脱略凡格。即大叶粗枝，皆从苦心得来。三年有成，余劝其试印成集以问人。"

二

卢光照艺专毕业后正赶上中华民族的危亡关头。1937年"七七"事变，北平沦陷，卢光照怀着对日本帝国主义的仇恨，一心要抗日。他偷偷告别恩师齐白石，辗转回到豫北老家。这时，抗日爱国将领五十九军军长张自忠率部驻防到他们家乡一带。他踊跃报名，参加了抗日队伍的随军剧团。

抗日战争初期，张自忠将军率部开赴津浦前线，打淮河，打临沂，打台儿庄，掩护徐州突围，立下了卓越的功勋。武汉沦陷，其部队撤至鄂北，隔襄河与敌人对峙。这时张自忠已擢升为第三十三集团军总司令，因此卢光照参加的剧团，便叫作"三十三集团军总司令部抗敌剧团"，归政治部管。

卢光照夫妇与崔子范（左二）、秦岭云（右一）在黑龙江，1981年

卢光照与黄苗子、郁风、廖静文、程莉影（前排从左至右）在齐白石故居前合影，1984年

卢光照

抗战胜利后，北平艺专徐悲鸿、齐白石与部分教师合影，齐师身后穿浅色衣服者为卢光照，1946年

那时剧团的任务，是以演剧为主。在开幕之前，演员们总是大唱抗日歌曲，一方面是宣传，一方面也是借高亢的歌声吸引群众前来看戏，扩大宣传效果。演出的观众首先是部队，有时也搞军民联欢。

卢光照先后任过艺术干事、宣传队长、抗敌剧团副团长。他亲自组织指挥合唱团，教唱一些抗战歌曲，如《黄河大合唱》《工农兵学商一起来救亡》《毕业歌》等，每次演出都收到很好的效果。他还根据当时的情况，创作了独幕剧《寒衣》和《清乡》。卢光照不但是编剧，又是导演，有时还要当演员，他说："我是河南人，说的是家乡话，演个穷苦农民比较合适。"

1941年初，卢光照离开部队，先后到四川省立技艺专科学校、广汉女师、成都女中、荣昌国立十五中、荣昌女中等学校任教，教过国语、绘画、音乐等课。此后，他应聘到了重庆嘉励中学、巴县女中、二十五兵工厂子弟中学任教，讲授音乐和美术。1945年，卢光照在中苏文化协会办了个人画展，齐白石老人知道后，为他的画册题写了书名《光照画集》，并用另纸篆书写了"吾贤过我"四个大字。

日本投降后，国立北平艺专复校。1946年，齐白石带卢光照到徐悲鸿校长在北平东总布胡同的寓所当面推荐，卢光照即被聘在该校任教。

卢光照在北平艺专教了两年书，他的课内容充实，语言幽默，受到学生的欢迎。这两年间他更是作画三百张，在艺专大礼堂举行了个人画展。徐悲鸿校长及师生们参观了画展，并给予很高评价。

1949年初，张家口解放后，卢光照被调到察哈尔省革命干部学校高级班学习，系统接受马列主义理论和中国共产党的政策教育。结业后，他被派往张家口女子师范学校教书。

卢光照从教十余年，教过小学、中学、师范及艺专，教过国语、绘画、音乐等课，培养出很多学生，大都成为建设祖国的有用人才。

三

1950年12月，人民美术出版社筹办，卢光照被调到该社。人民美术出版社初创时期，主要编辑出版连环画、年画、美术技法和资料等普及性的读物。卢光照负责《连环画报》的文字编辑工作，承担策划选题、联系作者、审改稿件等任务，一直到1955年3月调到图片画册编辑室工作。再后来，他又调到了中国古典艺术编辑组。

20世纪50年代末60年代初，人民美术出版社进入普及与提高并重的阶段，重点编辑出版具有较高专业水平的画册及论著。卢光照编辑了《齐白石作品集》，这套巨著分为绘画、书法篆刻、诗作三大部分，卷首为白石老人亲自撰文并手书的序言。卢光照怀着对恩师深厚的爱戴，为这套书精心谋划，挑选画作，编纂校订，倾注心血。这套书受到社会广泛关注，许多人争相购买收藏，使白石老人的艺术得以广泛传播。

卢光照根据自己多年来学习积累的资料和绘画的实际经验，撰写了《历代画家故事》一书，具体生动地评述了中国古代几十位画家的生平活动、逸闻趣事，具有知识性、趣味性、启迪性和可读性，很受社会欢迎。香港尔雅出版社多次再版，不少年轻学子受其影响，从而走上学习美术专业的道路。

卢光照在中国美术史论方面有深厚的修养，编辑过多部美术专著和一大批古典美术画册，其中有：李浴的《中国美术史纲》、闫丽川的《中国美术史略》、俞剑华的《中国画论类编》，还有《宋人画册》《芥子园画传》《唐宋画家人名辞典》《宋元明清画家年表》和《中国历代书画篆刻家字号索引》等。《宋人画册》（与王靖宪合编）于1989年荣获莱比锡国际图书艺术展览金奖、中国优秀美术图书奖金奖。《中国画论类编》于1991年获得了中国优秀美术图书奖铜奖。这些巨著的编辑出版，影响深远，是今天美术学子的必读图书，也为他日后的创作奠定了坚实的理论基础。

编辑是一项很辛苦、很枯燥的工作。卢光照每天都要审阅大量文字和画稿，评判优劣。

在人美社的资料室中，保留着卢光照1959年用钢笔写的《齐白石印谱说明》：

一、这套印谱共三册（外附边款拓本一册）。刊印三百二十方；

二、这些印均齐白石自刻自存者，现为齐白石纪念馆收藏；

三、其中"古潭州人"系李立所刻，"齐白石金石文字印""长沙齐璜白石书画印"二印系张越承所刻，误收。"加我三年成百寿"一印，风格不类齐白石，存疑。

卢光照细心缜密、一丝不苟的编辑精神可见一斑。

卢光照默默无闻，不断推出新人，为他人作嫁衣裳。这些工作不仅得到了广大读者的欢迎，也得到了许多作者由衷的感激。

2011年，时值人民美术出版社成立六十周年大庆，人民美术出版社在中国美术馆举办了五个展览，其中最为重要的是"人民美术出版社出版成就展"。

在我向刘云山、马凯等国家领导人介绍人民美术出版社的出版成就时，我会让他们看一张如同邮票大小的饼干票。这是20世纪60年代特有的物件，是一位作者寄给编辑的心意。要知道，在三年困难时期，有人送给你一张三两的饼干票，该是多大的心意！这个饼干票就是从作者写给卢光照的信件中找到的！由此可以看出卢光照与作者之间的情谊。

卢光照在人民美术出版社任编辑的时候，除了完成本职工作，业余时间全部投入到画画上。他办公室里有一个镜框，经常变换装着他的新作，得到周围同志的支持和鼓励。

四

每次在人民大会堂开会或看节目，我都要在卢光照绘制的巨幅国画《千顷藕花送清香》前盘桓片刻。这幅长五米多、高三米多的大作品气势磅礴，构图谨严，笔断意连，相互呼应。此画荷花怒放，叶大如盖，荷梗如臂，两只悠然自得的野鸭跃然纸上。我由衷地感到身为人民美术出版社一员的骄傲。

人们都说教学相长，我以为，编创也可以相长。卢光照在编辑岗位上做出了杰出的贡献，在绘画创作上也自成一家。

自 1934 年至 1957 年这二十三年间，他经常到齐白石的住所看望，拿着自己的新作当面聆听老师的教诲，每次必有新的收获。有个出版社在出版《齐白石绘画精萃》时，竟然误把卢光照的作品《灯荧》收编了进去。可见他深得"齐派"大写意之精华，竟达到乱真的程度。他说："我的画，初学时是大气磅礴的，那是因为是临老师的样子。"

1952 年，捷克斯洛伐克驻华使馆的文化参赞何德理拜访齐白石老人，何先生问："齐白石老人，你得意的弟子画得最好的是哪几位？"老人沉默良久，对他说："有李苦禅、李可染、王雪涛、许麟庐、卢光照……"可见卢光照在齐白石老人心目中的位置。

卢光照的堂号为"思齐堂"，一是怀念恩师之意，二也是"见贤思齐"之意。齐白石老人说"学我者生，似我者死"，也说"妙在似与不似之间"，卢光照一生遵循老师的教诲。

"文革"期间，卢光照下放到湖北咸宁五七干校。此时，他已年过半百，干不了重体力活，连队让他和许麟庐一起放鸭子。

那时，我随父到五七干校，曾去过他们放鸭子的西凉湖。他们虽然住在茅草搭的牛棚里，但都是性情中人，颇注重生活情趣。记得草棚两边，如同对联一般挂着两排甲鱼壳，我们为此羡慕不已！在五七干校后期，他们可以偷闲看书作画。许麟庐画鳜鱼，凶猛生动；而卢光照的国画《小鱼》和《干校小屋》则充满了情趣。

卢光照从人民美术出版社退休后，全身心地投入花鸟画的创作中。他虽是白石老人的门生，但是能够博采众长，从任伯年、吴昌硕、李苦禅等名家的身上汲取养分。他的作品中既有吴昌硕、李苦禅润泽苍浑的笔墨，又有白石老人质朴天真的情趣。

他说："我悟出这个道理，就刻苦努力、学习、磨炼，几十年，到了六十五岁以后，才在我的画作上有了较大的转变。我的画逐渐放开了，气

·千顷藕花送清香（局部）
写意花鸟
1982 年

魄逐渐大了，用笔逐渐老了，功底逐渐深了。"

尤其是晚年，卢光照的大写意已经形成自己独特的风格。他的作品更为洗练，强调内容，天然去雕饰，率性天真，浑然天成。他认为："佳作来自认真与随意之间，认真易板，随意则率，欲不板不率难矣哉。"

他的画更强调内容，强调内心的快乐。他的《鱼乐图》表现的是传统的荷叶游鱼，他是这样题款的："鱼游荷叶东，鱼游荷叶西，鱼游荷叶南，鱼游荷叶北，此鱼之乐也，余之心情舒畅不亚于鱼，故每喜画此。"他表现的是鱼乐，更是自己内心的快乐，而且希望将这种快乐带给读者。

卢光照不求形似，而求得其意，可谓"得意忘形"。不论是荷还是藤萝，是八哥还是游鱼，都在强调其特质，而非形态。他又在所画《猫雀图》上题道："画不在形似，重在神肖。若斤斤于形似，假照相机可耳，何必

- 猫雀图

  写意花鸟
  1976 年

鱼乐图
写意花鸟
1988 年

绘画哉！"他笔下的猫厚重洗练，猫尾以浓墨一挥而就，省去不必要的细节，把猫天真有趣的神态表现得一览无余。

他说："未来的中国画，有赖于今天的努力实践。没有尖兵，不足以探前程，路不可以一条，四面八方，才能各揽其胜。还要走立交桥，不要钻山洞，前行不以后行之缓而卑弃之，后行不以前行之急而诽之，同心向前，中国画必有光明前途。"

《仿童画》是他仿五岁外孙女的画而作。画上题："老夫兴来学儿童，人老不能再还童，稚气不足矣。七十八岁卢光照自看自笑。"他还有一幅《芙蓉肥鱼》，鱼是鳜鱼，鳜鱼本是凶猛的鱼种，然而在他的笔下，却显得如此可爱，一任童心、爱心表露无遗。

晚年的卢光照似乎更偏爱画鸡，尤其是雄鸡。他笔下的雄鸡姿态昂扬，鸡冠血红，栩栩如生。雄鸡一唱天下白，寄寓着自己的雄心不老，也充满了对祖国欣欣向荣的憧憬。

五

卢光照的别号叫"三不子老人"。三不子，即：不摆架子，不充壳子，不当孙子。充壳子是四川话，不懂装懂叫充壳子。即不摆架子，不做不懂装懂的事，不卑躬屈节。他在画作上常常题有"三不子老人卢光照"。他认为一定要堂堂正正做人，老老实实作画。他认为画品即人品，在一幅《莲实》题道："君爱莲有花，我爱莲有实，耍花腔不如老老实实，质之天下正人君子以为然否？"这就是卢光照的处世哲学。

卢光照性情豁达，他有一方"一钱不值，万钱不卖"的闲章，表达了

· 中华魂
书法
1992年

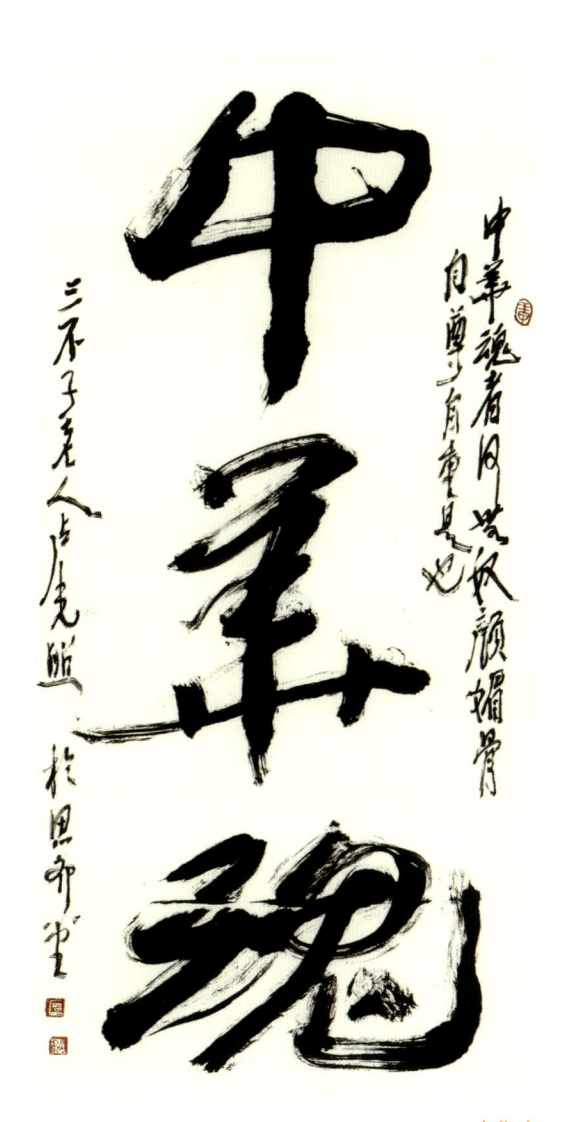

· 思齐堂、三不子老人、二十余年老编辑（从上至下）
卢光照常用印章
20世纪

自己对艺术与金钱的看法。在一幅题为《老来红》的画作上,他有这样的题字:"人生不满百,知足便无忧,欲壑本难平,攀比增人愁,红颜来去匆,莫负少年头。"这种无功利目的的艺术探索,使卢光照的作品格调高尚,让人们得到艺术享受。

卢光照晚年经常参加社会活动和公益事业。1985年,他作为中国画家代表友好访问团的副团长,访问日本,与日本书画界进行画技交流,受到日本书画界的高度好评。他应邀参观我国首次考察南极的J121号航船并当场题词作画;他还参加了我国通信卫星东方红及神舟一号上天的庆祝活动,带病与夫人程莉影合作留下巨幅画作。

卢光照被国务院聘任为中央文史研究馆馆员。他每年都参加由中共中央统战部和国务院办公厅举办的有党和国家领导人出席的春节、中秋节招待会。多年来,他曾为中南海、人民大会堂、毛主席纪念堂、天安门城楼等处创作了多部特大幅花鸟画作品。他还主动为卢沟桥抗日战争纪念馆,为修复长城,为残疾人基金会、亚运会、台湾海基会,为香港、澳门回归等作画捐献,以表达热爱祖国的一片赤诚。他的作品《大展鸿图》《松鹰》《鸡冠花雄鸡》作为国家礼品,分别赠送给日本前首相中曾根康弘、爱尔兰前总统帕特里克·希勒里、日本前首相海部俊树。他还是日本国际艺术协会评审以及日本富士美术金奖获得者。

卢光照先生多次在海内外举行个展和联展。1997年5月,他在中国美术馆举行了大型个人画展,王光英、何鲁丽、万国全等国家领导人和书画界同人出席,盛况空前。

卢光照先生既是才华横溢的艺术家,也是令人尊敬的编辑家。

跨时代的连环画家
——记赵宏本

赵宏本（1915—2000）

生于上海，江苏阜宁人，笔名赵卿、张弓。中国著名连环画家。中国美术家协会会员，中国美协上海分会常务理事，中国连环画研究会副会长，中国出版工作者协会上海分会理事。第四届全国人大代表、第五届全国政协委员。自幼酷爱绘画，20世纪30年代始便在连环画界崭露头角。新中国成立后，主要致力于连环画的创作，1956年起一直在上海人民美术出版社任连环画创作室主任。主要作品有《孙悟空三打白骨精》（与钱笑呆合作）以及《水浒一百零八将》《小五义》《七侠五义》等。

青年赵宏本，20 世纪 40 年代中期

一

赵宏本 1915 年生于上海，六岁时随父母去了天津。赵宏本对杨柳青戏曲人物着迷，回家便临摹。几年后跟父母回到上海。后来自学了《芥子园画谱》等。

1931 年，赵宏本拜一位汪姓画师学画。赵宏本画了一幅岳飞绣像，汪老师当即拍板留下，并订了"契约"。所谓契约，就是把人身自由抵押给名为画师实为经营连环画的出版商。赵宏本初仿连环画家朱润斋的风格，几个月后逐渐形成自己的特点。早期的代表作有《海京伯大马戏团》《七侠五义》等。

1937 年，赵宏本进入余日章夜校读书，受到进步思想影响，从友人处看到了鲁迅的《"连环图画"辩护》等文章。"八·一三"事变后淞沪抗战爆发，他创作了《海国英雄》（郑成功的故事）以及《戚继光》《张巡殉国》等表现民族英雄抗击侵略者的作品。

1940 年夏，赵宏本发起并组织成立连环画人联谊会，有胡水萍、钱笑呆、赵文渭等二十余人。赵宏本被众人推举为会长。受地下党的指示，钟望阳同志组织当时的进步作家，为赵宏本量衣定做了连环画脚本，让他们创作连环画。

赵宏本以笔名张弓在《生活知识》半月刊上发表揭露日寇侵华暴行的政治讽刺画，并协作绘制了《嘉定三屠》等宣传反侵略的连环画。后又画了鲁迅的《阿Q正传》，苏联题材的《表》，还有《上海即景》《天堂与地狱》《爱迪生》以及《史可法》《梅花岭》《扬州十日》等作品。1943年与周杏生合作，绘制《小快船》《秋海棠》《桃李劫》《醒狮》《咆哮的许家屯》等。此外，还有《忍无可忍》《报应到了》《文武财神》等连环画。这些作品，深受读者喜爱。赵宏本还同纱厂工人一起参加护厂斗争，并编绘了《护厂斗争》的连环画。

1946年春，抗战胜利后，赵宏本进入地下党沈凡组织的上海美术中心站，学习素描和人体解剖。1947年，赵宏本被上海地下组织吸收加入中国共产党。

1949年5月，赵宏本任上海新声出版社社长，组织创作出版新连环画，并参加创立上海市连环画作者联谊会。参加者有连环画家沈曼云、钱笑呆、陈光镒、木刻家赵延年、顾炳鑫，国画家陆俨少、程十发等，约二百余人。

二

1950年1月，上海连环画作者联谊会正式成立，赵宏本当选理事长，选择以革命故事为内容的三十五部名著，改编创作出版。1950年调新华书店华东总分店编辑部，任连环画组副组长。1951年调任华东人民出版社连环画科副科长。1952年调任新美术出版社编辑部副主任。

不久，赵宏本组织的新华书店编辑部连环画创作组，经过华东人民出版社——华东人民美术出版社——新美术出版社，最后定名为上海人民美术出版社，赵宏本先生和顾炳鑫先生分别担任上海人美出版社连环画创作室正副主任，先后组织连环画家创作出连环画套书《三国演义》《红楼梦》《西汉演义》《东周列国故事》《中国成语故事选》等一系列读者耳熟能详的作品。

20世纪50年代，赵宏本在从事大量管理工作的同时，还创作了《将相和》《白蛇传》《桃花扇》等连环画作品。

1960年秋至1962年6月，赵宏本和钱笑呆先生合作绘制连环画《孙悟空三打白骨精》，荣获1963年第一届全国连环画评奖绘画一等奖。这是中国美术史上的一部重要作品。

1969年冬，上海连环画创作团队集体下放到奉贤县海滨干校农场，赵宏本在干校劳动了三年。从干校回到上海，赵宏本又画了《小刀会》《商鞅变法》等作品。

三

赵宏本与钱笑呆先生合作绘制的《孙悟空三打白骨精》是一部经典之作。谈连环画必要谈它，谈新中国成立到"文革"结束几十年间的美术创作也要谈它，这部作品当年是家喻户晓，几乎人人皆知。

赵宏本的连环画成名于20世纪三四十年代，是我国为数不多的几位

赵宏本

·《白蛇传》封面
黑白连环画
20世纪50年代

《商鞅变法》封面
彩白连环画
20世纪70年代

183

能够跨时代受到认可的连环画家之一。他几十年在上海生活，反映上海市井生活的题材，提笔就画，但当他接到《孙悟空三打白骨精》脚本时，想到的却是如何突破自己。

20世纪50年代是连环画迅猛发展的时期，被年轻人称为前辈的老画家一定有压力。此时，北京刘继卣的《鸡毛信》《大闹天宫》、王叔晖的《西厢记》、任率英的《白蛇传》《秋江》、林锴的《三岔口》，辽宁王弘力的《十五贯》，上海顾炳鑫的《渡江侦察记》等作品像雨后春笋般问世，更多的年轻连环画家们逐渐登上了表演的舞台。贺友直正在酝酿惊天动地的《山乡巨变》。怎样用作品证明自己，是老连环画家们面临的现实问题。

1962年，经过近两年的时间，一百一十幅的连环画《孙悟空三打白骨精》终于呱呱落地。赵宏本与钱笑呆以超人的手法再次证明自己在连环画坛的地位。这套超凡脱俗的作品一面世，便赢得一片喝彩！

创作之初，赵宏本为表现奇异的幻想世界，首先与钱笑呆一起游人间天堂，体会仙境。他与钱笑呆去浙江游山玩水，寻找《西游记》中的异花仙草、奇洞怪石，一路大量写生，积累素材，用以日后表现《孙悟空三打白骨精》的神奇之处。

《西游记》是一部家喻户晓的名著，而原本的"三打白骨精"故事比较简单，连环画的编创者王星北将原有的故事扩充，加入了新的鲜活的细节，使得人物性格更加丰满，故事更加起伏跌宕，趣味横生。《孙悟空三打白骨精》为此获得1963年全国第一届连环画评奖文学脚本二等奖。

在人物刻画上，赵宏本注意人物性格的不同。唐僧的佛性真诚、是非不辨，孙悟空的敢斗执着、诙谐风趣，八戒的好色馋懒，沙僧的耿耿忠心，

· 三打白骨精

工笔重彩四条屏年画
1962 年

都被赵宏本、钱笑呆刻画得栩栩如生。白骨精变的村姑、妇人、老翁,在赵宏本笔下虽着墨不多,却形象生动。用美貌的形象塑造蝎毒心肠的妖精,为人们辨别是非提供了良好的版本。庙宇祥云、洞穴山石、妖怪魔王,在他们的笔下,无不自然生动。孙悟空、沙和尚、猪八戒、唐僧等一系列近乎超凡的艺术形象,给读者留下深刻的印象。这部作品也是赵宏本的代表作,是他连环画创作生涯的顶峰。

赵宏本大胆使用多种构图方式,既有中国传统的平远式构图,将远近山在同一个场面中表现,又在具体的人物中采用透视。比如第一幅,文字是这样说的:"大闹天宫的孙悟空,与猪八戒、沙和尚,保护着唐僧,去西天取经。悟空带头开路,师徒四人翻山涉水,一直向西赶奔。"画面中,悟空立在中景的山头瞭望,与后面的唐僧一行隔着几座山,而唐僧一行画得仅次于孙悟空,甚至,远处的松树似乎近在眼前,这在现实中,以西方的透视看,是不存在的,但赵宏本巧妙地将这些元素放在同一幅画面中,完整丰富地表现内容,好看却并不显得唐突。这样的构图,在连环画《孙悟空三打白骨精》中,比比皆是。

在刻画人物心理方面,赵宏本更是变化多端。比如孙悟空回到花果山后,一直惦念唐僧一行,但听说八戒来了,却有不同表现。从第七十四幅到第七十八幅,表现孙悟空从刚听说八戒来,急切地请他进来,到装作无所谓,不去解救唐僧,淋漓尽致地表现了他的性格特点和对唐僧是非不辨的不满。第七十四幅中,身披红袍铠甲、头戴翎翅的孙悟空俯下身来,做出请八戒的姿态。第七十五幅,孙悟空变了主意,心里清楚唐僧一定有难了,却假装不知道,他靠在石椅上,两只脚直直地伸出去,表现他的慵懒。第七十六幅,表现的是悟空笑着说:"你放心吧,师父慈悲,那妖精一定会被他感化,放他出来的。"画面换了角度,悟空躺在石椅的侧背上,两个翎翅拖地,一只脚放在另一个石椅的侧背上。第七十七幅,不论八戒说多少好话,猴哥长,猴哥短,孙悟空就是不肯答应去解救唐僧。这时的画面还是原角度,但悟空半躺在石椅的另一侧,一只脚踏在石椅上,另一只脚跷在上面,身体姿势不理八戒,眼睛却斜过来,注意听八戒说话。第七十八幅,八戒急了,要自己去解救唐僧,悟空装作无动于衷,面朝天,两条翎翅完全拖地。这几幅连续画面充分发挥了连环画的特点,将孙悟空的猴性和心理表现得淋漓尽致。

赵宏本对连环画的深刻了解，通过连环画《孙悟空三打白骨精》可以充分体现。他就像一位高超的导演，能将画面调度到最佳角度，给读者以最美的、视觉盛宴般的享受。

1963年，第一届全国连环画评奖活动，赵宏本、钱笑呆创作的《孙悟空三打白骨精》获一等奖，这是连环画界的最高荣誉。

不久，连环画《孙悟空三打白骨精》在《人民中国》杂志连载，并被译成英、日、德、法等语言对外发行。

四

赵宏本擅长单线白描的传统技法，他曾认真研读任渭长、任伯年等大师的白描作品，善于从中国传统的艺术中汲取营养。他的连环画作品，人物的内心刻画细腻，造型优美，尤其是对衣纹的处理，已经达到炉火纯青的地步。他不仅擅长画人物，而且画猴也是一绝，长年潜心研究，被人们誉为"猴王"。

《水浒一百零八将》长卷全部为白描，书卷气扑面而来。一百零八将性格各异，赵宏本却能抓住人物特征进行创作，最可贵的是，他的描述往往与读者心目中的形象一致。

赵宏本不仅白描画得出神入化，工笔重彩同样领会精绝。

赵宏本工笔重彩的重要作品有《花果山》《孙悟空三打白骨精》，在白描的基础上，敷色典雅、自然。山石多以石青、石绿晕染，部分地方用金粉勾勒，表现出神话中的仙境和富丽堂皇的宫殿等。

远去的背影 | 名家艺术小传

花果山

工笔重彩
1967年

晚年，赵宏本先生转向中国画的创作，他的代表作有《瑶池赴会图》《八仙过海》《取经图》《醉八仙图》等。这些作品人物众多，但他以多年驾驭连环人物及构图的经验，将这些作品中的人物关系处理得自然得当，并且通过云水牵带，让每一组人物服从整体的构思，最后形成宏大的场景。

连环画家们有个共同的特点，就是唯恐因对人物刻画、交代不清楚，而使大众读者难以理解。因此，在创作时，连环画家们必须格外注意构图的完整、人物的交代。长时期的连环画创作，使得画家们不知不觉中有些许拘谨，因此，如何跳出过去的习惯和框框，是连环画家们共同面临的难题。赵宏本在晚年的小品中，力求打破框框，进行了有益的探索。《三酸图》《布袋和尚图》《夜奔图》《钟馗图》等，多用水墨的特点夸张表现，线条松弛，充分运用中国画的笔墨张力，甚至用减笔表现动态，提高了作品的艺术感染力。

五

赵宏本在上海不仅创作连环画，还用大量的时间组织连环画的创作。而且，他也在默默支持人民美术出版社的连环画事业。20世纪50年代，人民美术出版社组织创作长篇连环画《岳飞传》，连环画高手不够，赵宏本在自己出版社任务也很重的前提下，为人民美术出版社组织了一流的连环画作者。

1982年，人民美术出版社组织重新创作长篇连环画《水浒》，赵宏本先生不顾年高体弱，欣然接下了创作《水浒》中的重头戏《野猪林》的工作，他与赵仁年合作完成，这也是他的最后一部连环画创作。

· 钟馗
水墨人物
1981年

赵宏本

· 钟馗

水墨人物
1982 年

姜维朴在回忆赵宏本的文章中说:"年逾古稀之后,因眼疾严重,他不得不放弃连环画创作,转向中国画创作,继续活跃于画坛,多次举办画展并出版画集。但赵宏本在晚年仍然一如既往地关怀连环画事业。1983年中国连环画研究会成立,他被推选为副会长,连任两届。他在研究会的领导集体中是最年长的一位,但向来不以长者自居,事事走在前面。80年代末,他在目力不济的情况下,撰写了《赵宏本连环画生涯50年》一书(1990年出版)。这是一位来自旧社会最底层的人民艺术家,经过了半个多世纪的峥嵘岁月后,发自肺腑的自白,是为后人留下的一部满怀革命真情的历史佐证!

赵宏本为新中国连环画事业的发展做出了卓越的贡献。

从鲁艺走来的艺术家
——记邹雅

邹雅（1916—1974）

江苏省无锡市人。原名亚明，又名大雅，别署"老木匠"。版画家、山水画家、出版家。中国美术家协会会员。青年时代在上海出版界工作，致力于鲁迅先生倡导的新兴木刻运动。1938年进延安鲁迅美术学院学习，此后在太行抗日根据地搞战地宣传工作。新中国成立后任人民美术出版社副社长、副总编辑。1973年任北京画院院长。1974年到阳泉煤矿深入生活，不幸失事遇难。1980年中国美术家协会等九个单位联合在中国美术馆举办了"邹雅遗作展览"，人民美术出版社出版了《邹雅画集》。2014年，人民美术出版社出版《中国近现代名家画集·邹雅》。

进入北京工作时的邹雅，1949 年

一

邹雅少时读书成绩优秀，酷爱绘画，但因家庭贫困，不得已中途退学。1934 年他到上海，靠画画谋生，曾在新光书店、民强艺术社从事美术设计工作，并开始创作木刻作品。

1937 年，抗日战争全面爆发，邹雅离开上海，经武汉取道西安，于 1938 年到达延安，进入鲁迅艺术学院美术系学习。著名版画家彦涵回忆道："邹雅和我同期进入延安鲁迅艺术文学院美术系学习，我们睡在一盘土炕上，同饮一壶清水，同吃一锅小米，亲密无间，情同手足。在我记忆中，他创作漫画的能力，胜过其他同学。他凭着娴熟的技法，不仅又快又好地完成课堂的作业，而且能及时地完成校外的宣传任务。当时延安城墙张贴的鲁艺壁报上，有许多作品就是他创作的。他崇高的志向和正直、热情、爽朗的性格，对我的影响很深。只要他有钱买得一个烧饼，总要和我各分一半。这种同甘共苦的同志挚情，令我终生难忘。"

同年冬天，邹雅东渡黄河，赴晋东南敌后抗日根据地，在八路军总政治部宣传部工作，为战士教育课本创作木刻插图。

那时的创作条件极为恶劣。阮章竞回忆说："想当年，既没有画室，更不知道管子灯玻璃台。高度近视的邹雅和他的同伴们，日以继夜，作画、运刀、印刷。从一钱油三钱盐、一斤小米、一元津贴，转到吃糠吃麸咽野菜，穿着补丁摞补丁的军衣……从没听他们抱怨过创作条件不好。"

1940年春，邹雅从总政调入鲁艺木刻工作团，参加年画创作活动。不久他参加了中共中央"抗战十大任务"套色水印木刻宣传画的创作（这一作品现保存在国家博物馆），并创作了连环画《一枝枪》。同年夏天，他又随木刻团去冀南开展工作，主要培训干部。从1941年起，邹雅先后在《新华日报》（华北版）、太行新华书店、太行人民日报社、冀南书店、石家庄新华书店工作，历任美术编辑、美术室主任。这时期他创作了《不能任人屠戮》《掌握新武器，学习新文化》《破碉堡》等大量木刻作品。

胡一川回忆说："他果敢的言行给我留下了深刻的印象。工作团完成任务，返回太行山途中，要渡过一条结了冰的河，当我们涉水到达对岸时，两脚已冻得完全麻了，邹雅同志脚长冻疮，还背一个小同志过河。"

解放战争时期，邹雅创作了《欢迎刘邓大军南下》《百万雄师过大江》等木刻作品。受前辈们影响，他的木刻艺术风格纯朴、粗犷，生活气息浓厚，受到版画界的好评。

二

新中国成立后，邹雅参与人民美术出版社的创办，任《连环画报》第一任主编，后任副总编辑、副社长。在任《连环画报》主编时，条件困难，

邹雅（左）与战友们在一起，1954年（苏晖 摄）

他从组稿、编写、设计，直到校对、印刷，都亲自动手和过问。

广为流传的宣传画《我们热爱和平》是在邹雅手里诞生的。

1950年10月，美国发动了朝鲜战争，将战火烧到了中朝边境鸭绿江畔。中国政府派出了中国人民志愿军，开始了抗美援朝、保家卫国之战。

根据周恩来总理"我们热爱和平，但也不怕战争"的指示，《人民日报》社胡乔木、邓拓把记者阙文叫到了办公室，让他拍摄一些以"我们希望和平"为主题内容的照片。

阙文选中了北海幼儿园四岁的孟运和六岁的马越，参照毕加索的《和平鸽》，他抱来两只鸽子，给孟运、马越各抱一只。阙文把握住两个孩子的最佳姿态，拍摄了这张经典照片。

1952年6月1日，这张照片刊登在《人民日报》报眼上，立即引起了轰动。志愿军总部将这张照片洗印了约二十万张送到朝鲜前线。

同年10月，邹雅带着工作人员，将这张照片制作成宣传画，并用儿童体设计了"我们热爱和平"六个字，让人印象深刻。在维也纳世界和平会议上，国家副主席宋庆龄和戏剧大师梅兰芳将这幅宣传画沿街散发，受到人们的欢迎。欧洲一家杂志社用这幅画作为期刊的封面。这幅经典之作很快传遍了全世界。

1954年，时任中国美术家协会副主席的江丰对新中国成立五年来的宣传画做了一个总结，他认为宣传画"已在群众中具有很大的影响"，"这种艺术形式，由于它及时反映了当前的和平运动、民主改革运动和生产改革运动，所以发展很快。五年来仅北京一处即印有一千一百多万份印刷品传播到人民群众中去，有力地鼓舞着群众为和平、为劳动、为创造自由和幸福而奋斗"。这里指的北京一处，就是人民美术出版社，其中的《我们热爱和平》当时发行数就有二百四十多万份。从1952年到1959年，这幅画共印刷了十一版，多达一千万张。

1955年《美术》第八期有一组关于宣传画的文章。邹雅在《亟需把宣传画创作提高一步》一文中指出："宣传鼓动工作是展开社会政治运动的先行任务。它根据社会发展的迫切要求，把党在各个时期的政策，及时地向群众进行宣传教育，提高群众的认识，统一大家的意志，组织大家的力量，从而把运动引向正确的方向并迅速展开，把革命推向前进。""宣传鼓动工作的方式方法是多种多样的。在造型艺术中，宣传画是最富宣传鼓

· 我们热爱和平
宣传画
1952 年

动作用、最富群众性的艺术形式。特别是今天，我国的文盲还很多，地域又大，充分利用造型艺术形式进行宣传鼓动工作，是非常有力而必要的。"他认为，宣传画创作的数量还大大不能满足现实中日益增长的需要，有关的领导机关没有重视和提倡这门艺术形式。宣传画的创作质量落后于群众日益增长的要求，有些宣传画在处理题材和表现主题上存在着概念化的缺点，形式风格上千篇一律的毛病还很严重。

　　1959 年 12 月 23 日，由全国美协、人民美术出版社联合举办了"十年宣传画展览"。蔡若虹、邵宇、张光宇、古元、西野、邹雅、郁风、王角、方菁、沙更世、詹建俊、邵晶坤、王朝闻等四十余人出席了座谈会。会议肯定了新中国宣传画的成就，并对未来发展提出了明确的意见。据统计，1950年至1957年，共出版宣传画二百八十六种，印刷一千六百五十三万份，1958年至1959年，共出版宣传画二百四十一种，印刷一千一百三十四万份。而人民美术出版社在1959年这一年里出版宣传画的数量等于前八年的总和。

1958年邹雅任人民美术出版社副总编辑，1960年兼任副社长。早期人民美术出版社人才济济，其中不乏在延安时期就已居美术界高位又是邹雅老师级的人物，然而由于位置有限他们没能担任社领导。在人民美术出版社历史上，同时兼任副社长和副总编辑的，邹雅是第一人，由此可见他的能力和贡献。在任期间，他组织编辑了大量美术图书、宣传画，如《解放区木刻》《苏联伟大卫国战争画集》《黄宾虹山水写生册》等。"文革"期间，像许多老革命一样，邹雅受到冲击，曾被非法关押。

1970年，他被下放到湖北文化部五七干校，此时，邹雅已年近花甲，但他仍与大家同吃同住同劳动。邵宇评价他说："那时，我和邹雅是'同学'，也是在特殊情况下的战友，每天从事着难以负担的沉重劳动，但他是乐观的。他在我们'连'（当时干校是按连编制的，邹雅一度在连里当木工）里边选了两节木杆接成的旗杆，其直其高，是全干校有名的。我看，这旗杆正似邹雅的性格。"

我当年也随父亲林锴在干校。记得刚去的时候，我和邹雅伯伯乘车去一个连队，大家都迷路了。我说了一个方向，是蒙着说的，而邹雅伯伯认为应该走另一条路，那时，不懂事的我便叫板打赌，结果的确是我说对了。不久，大家都忘了打赌的事了。过了半个月，邹雅伯伯专门送给我一包糖果，里面不仅有水果糖，还有奶糖、红虾酥等。他说话算数的事给我留下深刻印象。在当时特殊的环境里，得到一块简陋的水果糖都是很难得的事，何况一包高级什锦糖。三十多年后的一天，邹雅的夫人苏戈告诉我，那时邹雅停发工资，只有基本的生活费。回忆往事，邹雅的做事方式与他的工作方式该有多少共通之处啊！

后期，干校出现了少有的轻松，画家们小心翼翼地开始画画了。我记得，邹雅带着许麟庐、卢光照、秦岭云等人，在大食堂里作画。许麟庐画鳜鱼，卢光照、秦岭云画山水。邹雅也画山水，但他与众不同，先把宣纸揉成团，展开，再画。墨不均匀地洇下去，他再随着感觉行笔。这是我唯一一次亲眼看他作画。

三

鲁迅在1930年出版《新俄画选》的《小引》中说："当革命时，版画之用最广，虽极匆忙，顷刻能办。"同年，他在中华艺术大学作演讲，说："版画的好处就在于复制，便于传播，所以有益于美术运动。"这两句话深刻地指出版画在战争年代的宣传作用。

美国人爱泼斯坦是这样评价延安鲁艺木刻的："历史上没有一种艺术比中国新兴木刻更接近于人民的斗争意志和方向，它的伟大之处在于它一开始就作为一种武器而存在。"

针对一些老百姓看不懂木刻的问题，江丰在1941年发表文章说："在绘画艺术，我以为只要将对象的形色真实地反映在画面上，而反映的又是与老百姓生活相关的话，就不会看不懂。"鲁艺木刻团的团员们尝试着改

邹　雅

· 溪山渔隐
写意山水
20世纪中叶

· 深山古寺
写意山水
20世纪中叶

变西方木刻的方式，采用老百姓喜爱的年画方式进行创作。在一次集市上与传统的年画唱对台戏，上万张宣传抗战的木刻年画销售一空，极大地鼓舞了创作者。

邹雅是著名的版画家，从延安时期开始，创作了大量优秀的木刻作品。因为他在战地，所以，他的木刻作品几乎都与部队和军民生活有关。如"十大任务"套色水印木刻的创作，笔触虽尚稚嫩，但鲜活的情节、动感的构图，还是可以看出作者的精巧构思。连环画《一枝枪》为二十一幅，用木刻手法多幅表现比较少见，我们可以看出邹雅对造型的熟练把握和对构图的轻松运用。他的木刻作品《日本觉醒联盟——在太行解放区组画》，在题材的选择上颇具匠心。表现日本俘虏在受教育过程中转变，成立"日本觉醒联盟"，认清了日本军国主义的罪恶。此前，在美术作品中表现日本兵比较容易，而现在，邹雅要正面刻画日本觉醒联盟的生活，尤其中国人和日本人都是亚洲人，如何区分是个难题。邹雅选择他们有典型意义的学习、打棒球、种菜等场景，真实地再现了他们的生活。该作品在艺术上也有创新，用线注意到多留白，线条比以往柔和了许多，用服装等标志区分人物特征。这些手法即使今天看来，也是非常恰当的。

《欢迎南下的刘邓大军》是邹雅表现解放战争的题材，时间较晚，人物众多，可以看出他更注意细节的刻画。马车为主体形象，解放军每个人的表情各不相同，周围百姓在欢呼；画面右部两个士兵在喝水，一位老人拿着水瓢；草棚一角借着树的力量搭建。这些真实的景物和器物起着衬托的作用，表达了老百姓欢迎刘邓大军的喜悦之情。

邹雅还创作了《埋地雷》《五月端阳》《春耕》《保卫丰收》《攻城》《帮助老百姓扬场》《烧旧约换新契》等脍炙人口的作品。他的作品画风朴

邹雅

·破碉堡

黑白木刻
1944年

·攻城

黑白木刻
1944年

·欢迎南下的刘邓大军

黑白木刻
1947年

·百万雄师过长江

黑白木刻
1949年

实、粗犷，造型准确生动，具有强烈的个人色彩和时代气息。

新中国成立后，邹雅从木刻转向中国画的探索和创作。

他注意深入生活，积累素材。他深知"师造化"的重要性，观察了许多名山，画了许多速写。从20世纪50年代起，邹雅认真研究国画大师黄宾虹的山水画。他曾为《黄宾虹山水写生册》撰写序文，被《光明日报》等多家媒体转载。黄宾虹于1955年去世，去世前夕曾对身边的人说："我的画，五十年后人们才懂。"当时，许多画家对黄宾虹的绘画并不理解，傅雷在家书中对黄宾虹的肯定，引起文化界对美术批评界的质疑之声。邹雅能够认识到黄宾虹画法的妙处，这在当年并不多见。黄宾虹润泽浑厚的技法对邹雅影响较大，同时，我们还可以从他的国画作品中看到当年木刻的影子，即使是山水的线条，也疏密安排自然，井然有序。邹雅在继承大师绘画技法的同时，也注意创造个人浑厚华滋的风格。正如他的一颗闲章所刻："我有我法。"这是他对创作个性的表达。

四

邹雅一生敢于直言，光明磊落。

1973年他得到平反。恢复工作后，调任北京画院院长，主持全面工作。

"文革"后期，中央调集了一批国画家，在北京饭店创作国画。此时，江青一手导演的"黑画事件"发生了。她认为，许多国画都是影射"文革"的黑画，还将"黑画"在中国美术馆展出。彦涵回忆：

"四人帮强逼美术界人士去看'黑画'，正在发烧的邹雅也被勒令前去观看。他一边看一边说：'中国画就是泼墨而成，本来就是黑的嘛！'"

1974年，邹雅率队去山西体验生活，不幸在阳泉煤矿罹难。时年五十八岁。

1980年，中国美术家协会、北京画院、人民美术出版社等九家美术机构在中国美术馆联合举办了"邹雅遗作展览"。

1984年，人民美术出版社在其逝世十周年之际，编辑出版了《邹雅画集》。

邹雅是一位多才多艺的编辑家、艺术家，他不仅对中国的美术出版事业做出了重要的贡献，在中国画创作上也因独特的探索精神而具有崇高的美学品格。

鉴定修摹高手，泼墨黄山新风
——记徐子鹤

徐子鹤（1916—1999）

又名徐寿昌，字翼，江苏苏州人。曾任苏州美术专科学校教授、安徽省博物馆古书画鉴定专家、安徽省书画院副院长、安徽省美术家协会顾问，中国美术家协会会员。先后拜曹标、钱瘦铁为师学习中国画。抗战胜利后，任教于苏州美术专科学校，后定居上海。曾为著名的《北凉写经》、苏轼的《潇湘竹石图》及孙位的《高逸图》做鉴定和修复工作。徐子鹤擅长山水、人物、花鸟，尤其画黄山几十年，创造了自家面貌。中国画作品《李自珍事迹图》《百子图》《河山不夜》等入选全国美术作品展览。作品被人民大会堂、钓鱼台国宾馆等机构收藏。

徐子鹤在太仓别墅，1990 年

一

徐子鹤，1916 年出生于苏州。他的父亲徐树铭是人物肖像画家，曾拜任伯年的学生徐小仓为师。

徐小仓是晚清时期海派名家。他人物、山水皆能，尤擅花鸟，曾为任伯年代笔，但也有自己的面貌。

徐树铭喜欢画花鸟画，更擅长人物画，他在苏州护龙街开了一家古玩店，名为"竹石山房"。但徐树铭不善经营，生活清贫，被朋友称为"徐半仙"。古玩店既经营古玩，也经营书画，徐树铭因此结交了当时吴门著名学者、书画家郑大鹤，还有俞语霜、唐伯谦等人。徐树铭还拜曹标为义兄，关系更为密切。曹标是清末民国著名画家，擅长山水画，与倪田、陆恢、吴观岱合称"江南四画师"。

徐子鹤在这样的家庭成长，受父亲影响，幼年就喜爱上了画画。

1930 年，十四岁的徐子鹤正式拜师曹标，学人物、山水画。

当年的书画市场远不如现在，画画基本上是贫穷的职业，如果不是真的爱好，一般家庭会鼓励孩子去做生意。

那时画家若能接下一些单子，是非常高兴的事。江南流行神轴画。曹标为了生存，也要接神轴这类活儿，徐子鹤一边向老师学习，一边帮老师完成任务。

神轴也叫"神仙画"。神仙画以前多为寺庙壁画，像吴道子的道释人物画正是以此成名。两宋以后，逐渐出现了单幅立轴神仙画，叫"神轴"。神轴内容以神、仙为主，画好后装裱成画轴或画片，悬挂于庙内。后来一些富裕的家庭也需要这类神仙画，过年时挂在家中保平安。

在中国画中，人物画最难，因为需要准确的人物造型。而神仙多达百位，如何画出形态各异的人像，对民间的画家来说是极大的挑战。

在画众神仙的过程中，徐子鹤积累了丰富的经验，吴带当风、曹衣出水、十八描等各种技法，徐子鹤越学越深入。此时，徐子鹤还大量临摹古代名画，他家与孙伯渊、孙仲渊兄弟是邻居，孙家兄弟收藏甚巨，有收藏半壁江山之说。徐子鹤不仅认真临摹了宋元等古典名作，也用心观赏，为日后从事书画鉴定工作打下坚实的基础。

徐子鹤的绘画才华和勤奋不久就有了效果，他的作品得到艺术大家们的赞扬。1934年，徐树铭推荐徐子鹤到上海拜钱瘦铁为师。

钱瘦铁早年曾在唐伯谦开的汉贞阁当学徒。他刻苦勤奋好学，常常三更睡五更起。徐树铭的竹石山房就在汉贞阁隔壁，目睹钱瘦铁的勤奋与天赋非常喜欢，心想此后生可教也，就将其推荐给同是护龙街孝义坊内的好友、一代大家郑文焯先生。钱拜其门下学习诗词、篆刻和书法，还向大家俞语霜先生学画理。当时吴昌硕寓居苏州，与汉贞阁常有往来，钱瘦铁对吴昌硕极为敬仰，后经郑文焯介绍，得到大师点拨。此后钱瘦铁在三位老师教导下技艺

远去的背影 | 名家艺术小传

• 送戏上山

工笔重彩
1964 年

大进，人谓得"郑文焯之雅，吴昌硕之古，俞语霜之苍"，与吴昌硕（苦铁）、王大炘（冰铁），并称"江南三铁"。

徐子鹤拜钱瘦铁为师后，随老师住在上海陶尔菲司路三十五号——中国画会活动场所，于是，徐子鹤与著名的艺术家黄太玄、贺天健、孙雪泥、郎静山、熊松泉、汪亚尘等相识。贺天健对徐子鹤尤其欣赏并给予指导，使得他的书画艺术水准大进。

钱瘦铁在日本书画家的支持下，多次在日本举办展览，在日本影响很大。

1936年，钱瘦铁夫妇定居日本，不久，带徐子鹤同往日本。在日本期间，徐子鹤参观了天皇藏画展及横山大观等日本著名画家的画作，画艺再次得到提升。

抗战爆发后，钱瘦铁因联络日本相关人士参加反战活动，并协助郭沫若从日本返国，而被日本警视厅逮捕，日本警察令他下跪，钱瘦铁怒不可遏，说："此不惟侮辱我，实即侮辱整个中国人。"他用随身携带的金属烟灰缸反击日本警察，被判刑四年。

徐子鹤与师母弟妹等只得回国。但钱瘦铁的爱国情怀、从艺精神对徐子鹤影响很大。钱瘦铁经受了三年牢狱之灾，后经多方营救才回到祖国怀抱。

徐子鹤回到苏州开一刻印铺，每日收入十余元养家。抗战期间，徐子鹤办过几次画展，都获得成功。抗战胜利不久，徐子鹤任苏州美术专科学校国画系教授，后定居上海。

二

1952年，上海文化局组织美术政治讲习班，组织画家们画一些供出口的檀香扇，徐子鹤参与了工作。在当时，大画家画一些出口的彩蛋、书签是正常的事。他的个别作品被朋友或外国人买去。

1955年冬，徐子鹤应安徽省委宣传部、省文化厅之邀，与陆俨少、孔小瑜、宋文治赴合肥参加艺术创作活动，其间到梅山水库、黄山等地写生。次年安徽方面要求他们留下来工作，工资二百元。这在当时算是相当丰厚的待遇了。1956年2月，徐子鹤正式到安徽博物馆工作，从事古字画鉴定，不但有机会接触历代的书画精品，还可以去各地征集文物。此间，徐子鹤多次登上黄山，这为他日后创作黄山题材的中国画无意中做了准备。

1958年的一天，徐子鹤在省博物馆门口遇到一位做文物生意的朋友，他想卖《北凉写经》给博物馆，不过博物馆不想收购。徐子鹤看后，经过反复研究，认为是真迹。国家规定"宋以前经卷中有作者或纪年且书法水平较高的"就属国家一级文物，《北凉写经》极其难得。在徐子鹤的不懈坚持下，博物馆同意花二百元收购。20世纪60年代初，时任文化部书画鉴定小组负责人的张葱玉先生到安徽省博物馆视察，看到这件《北凉写经》时。他说："这个写经极为珍贵，故宫有一件，想不到这里也有一件，全国只有两件。"

1961年的一天，徐子鹤的家中来了一位自称白坚夫的人，请徐子鹤鉴定一幅苏东坡的《潇湘竹石图》。白坚夫是北洋军阀吴佩孚的幕僚，他在北京一家古玩店买了苏东坡的两幅画——《潇湘竹石图》和《枯木怪石图》。《枯木怪石图》已被日本人买走，《潇湘竹石图》请徐子鹤鉴定真伪和价格。徐子鹤仔细鉴定后，非常兴奋，确认真迹无疑。先后向上海博物馆、故宫博物院推荐，但专家说法不一。徐子鹤找到张葱玉、杨仁恺，由于各种原因，他们都让去找邓拓。

邓拓看后非常激动，邓拓说："古书记载苏轼流传在世的画迹就只《枯木怪石图》《潇湘竹石图》两幅。若我能有幸珍藏一幅，乃我的幸事。"但一时钱不够，他便将自己收藏的明清字画通过荣宝斋卖了二十四幅，最后买下这幅画。邓拓写了《苏东坡潇湘竹石图题跋》，文中说："隽逸之气扑面而来，画面上一片土坡，两块石头，几丛疏竹，左右烟水云山，渺无涯际，恰似湘江与潇水相合，遥接洞庭，景色苍茫，令人心旷神怡。徘徊凝视，不忍离去。"并将自己的书斋定为"苏画庐"。

1964 年，邓拓将自己精心收藏的一百四十四件书画作品，包括《潇湘竹石图》在内，盖上收藏印，无偿捐献给了中国美术馆。苏东坡的《潇湘竹石图》成为中国美术馆的镇馆之宝。

唐代孙位《高逸图》是上海博物馆国宝级藏品，年代久远，损伤严重，上海博物馆权衡再三，请徐子鹤修复此作品。这是谢稚柳先生的推荐。谢先生之所以请徐子鹤做古代书画修复工作，是因为他知道徐子鹤精深的绘画功底。上海博物馆领导跟徐子鹤商议稿酬。徐子鹤笑着说："画坏了怎么算？"博物馆领导接不上话，谁也不能说"画坏了没关系"那样的话。徐子鹤收起笑容，严肃地告诉他们说："放心，我会尽心的，钱我是一分也不要的。"

在一幅珍稀的唐代古画上面修复，其难度非常人所能理解。为了修补的墨色能与旧画一致，徐子鹤向博物馆领导提出要一段古墨，但古墨找不到。徐子鹤想起家里曾有一块明代古墨，于是翻箱倒柜将家里珍藏的古墨找出来，为《高逸图》接笔修补。徐子鹤调整多年的生活习惯，晚睡改成早睡，平心静气，几个月后，终于完成任务。

一年后，徐子鹤在朵云轩办画展，谢稚柳先生为展览写前言，提到此

- 花篮

  工笔重彩
  20 世纪 50 年代

事，写下"健笔直接千古，天衣无缝，使绝迹顿还旧观，足见其功力的扎实和胸次的不凡"。此事成为古画修复行业的一段美谈。

三

徐子鹤画的梅花被世人称道。

徐子鹤创作的老桩墨梅，笔墨古朴，设色清新，淡逸疏雅，写梅似写人。

启功先生曾为徐子鹤先生的《白梅图卷》题跋，他是这样写的："墨痕

徐子鹤

・飞女

工笔重彩
1953 年

浓淡影横斜,绰约仙人在水涯,有目共知标格好,这般才是写梅花。"后两句是启功先生对徐子鹤先生的高度评价。

徐子鹤不仅梅花画得好,松柏等也画得好,树干多用篆籀之笔,苍劲老辣,松针用笔洒脱随性,画面灵动。

韩天衡先生曾现场观摩徐子鹤创作,他说:"笔者曾得睹先生作巨幅《古柏图》,错柯盘枝,奇姿崛态,鲜辣老壮,得大自然之所未能见,得古作家之所未曾有。"

徐子鹤人物、花鸟、山水兼善,而其山水画尤为世人称道。徐子鹤的山水画中,黄山题材又占据了大部分。

黄山是中国名山，也是安徽第一名山。徐子鹤在安徽工作生活三十年，安徽成为他的家乡，黄山自然成为他绘画的第一题材。

黄山自然风景独特，奇松、怪石、云海、温泉堪称四绝，是画家们各展其才的舞台。古往今来，以画黄山为名的大师很多，古有石涛、梅清等著名画家，今有刘海粟、董寿平等人。

徐子鹤的黄山画作有几个特点：

（一）南北兼容

徐子鹤出生于苏州，是典型的南方人。他是鉴定专家，细致的观察、比对、研究是他的日常工作。黄山以其秀美风光闻名于世，奇就奇在它既有秀丽的一面，也有峻峭挺拔的一面。南方画家长于表现南国的旖丽秀美，润泽的山川乡村，但如何表现黄山大气磅礴的一面，是需要破解的难题。

从晚唐五代开始，关仝、李成、范宽、郭熙等著名山水画家，形成北派山水的特点。他们以真山真水为描绘对象，善于经营布置空间。北宋后期的画院山水画家也以北派山水的为特点，王希孟的青绿山水《千里江山图》即吸收了北派山水的特点。

郭若虚在《图画见闻志》的《论三家山水》中说："画山水唯营丘李成、长安关仝、华原范宽，智妙入神，才高出类，三家鼎峙，百代标程，前古虽有传世可见者如王维、李思训、荆浩之伦，岂能方驾近代？"

范宽是北派著名画家，他向荆、关学习，但他不满足于此，他提出："前人之法，未尝不近取诸物。吾与其师于人者，未若师诸物也。吾与其师于物者，未若师诸心。"他晚年居住在终南山。"览其云烟惨淡，风月阴霁，难状之景，默与神遇，一寄于笔端之间，则千岩万壑，恍然如行山阴道中，虽盛暑中，凛凛然使人急欲挟纩也。故天下皆称宽善与山传神，宜其与关、李驰方驾也。"

范宽所作《溪山行旅图》是中国古典绘画中的经典之作。范宽的风格雄强朴厚，与北方的大山大水相吻合，被后世推崇并学习。"齐鲁之士，惟摹营丘；关陕之士，惟摹范宽。"当年的北宋画坛就是这类风格。

徐子鹤在他的自述中说道："我曾以各种手法进行了探索和尝试，并试图打破前人的陈规，从他们的影响下挣脱出来。然而，由于长期受正统的南宗山水的熏染，我一下很难跳出樊篱，因此最初以南宗之法描绘的黄山，结果面目全非。在较长时间的探索中，失败，再失败，我深感作为一个画家，一定要有坚强的意志和信念，绝不能知难而退，而是要知难而进。对于北宗之法，我是颇为陌生又感新奇。那遒劲的笔致，气势凌厉的大斧劈皴法和硬朗劲挺的风格，引起了我的注意。此时，对于把握画学，我已具有一定的能力，能在不同的风格流派中撷取其最本质的特点，并加以融化，逐步演变我自己的东西。当我对北宗有了较系统的认识后深入地将它与南宗进行了分析比较。在吸取两派之长的基础上，有意对沟通和融汇二者作了一些尝试。经过近三十年的苦苦探索、不断的试写，和对黄山做深入细微的观察和剖析后，终于创出了一套描绘黄山奇观的独特的绘画语言。并巧妙地将气势雄伟的北宗笔法与韵味秀逸的南宗墨法，同自己的彻悟之心融合在一起。"

从这段话中我们可以体会到，并非南宗画派无法画黄山，而是徐子鹤感到这不是他喜爱的绘画语言，他苦苦追寻的是独特的艺术风格，而这种风格前人不能提供，因此这是他的困惑，又是必须破解的问题。

徐子鹤先生二十年间十上黄山写生，且一住即十几二十天。以山为师，以山为友，天地人，天人合一，没有这样的情感交流，就难以画出自己独特理解的黄山。黄山给了他丰富的创作营养、丰富的创作灵感和丰富的创作激情，他要创作出自家的风貌、自家的品格，有别于古人，也有别于他人。

徐子鹤最大的愿望是将北宗、南宗打通，将自己的感受融合进去，创造自己心中的黄山。在他的笔下，多取黄山正面山势，体现黄山的雄伟崇高。奇松怪石，飞瀑流云，着意表现仙境般瑰丽的黄山。

在《黄山石笋有此景》和《忆写黄山西海一角》《黄山烟云》中，徐子鹤的愿望实现了，雄奇的黄山、润泽的山岚飞云，在他的笔下，已经难以分清哪里是南宗，哪里是北宗了。

（二）笔墨丰富

北宗成熟于五代、北宋之间，重视形式，重视法度。如荆浩、范宽、郭熙等人，多以北方山水为题材，尤其是石头山，山的特点是大面积石头，少植被。

北宋后，各种画诀趋于成熟。因此，北宋的画家们笔下，林木、山石、云雾、烟霭、岚光、风雨、雪雾、人物等，都有明确的描述，法度森严。

徐子鹤曾说："对于好的画展，我常常自带干粮，进展厅一看就是一天。"徐子鹤观摩、临摹了大量古代绘画的经典作品，他探本穷源、追寻各家风格流派的笔墨技法，对笔墨和笔墨理论深谙于心。从他的画作中可以看出他的功力和对前辈艺术的理解。

徐子鹤擅长用墨，厚实而滋润。他的作品大多气势雄伟，境界苍茫。他的画作在1978年以后，笔墨无论是水墨还是彩墨，都发生变化，他的《黄山多奇峰》等作品，笔法精微，变化多端。他的笔下，峰峦叠嶂，势状雄强，石体坚实，草木丰茂，云蒸霞蔚，气象万千。

（三）汲古创新

徐子鹤在继承传统的同时，守正创新。

欣赏徐子鹤的山水画，我们可以感受到他对山水画的光影处理。徐子鹤重视山水画中的光影变化，这是他积极创新的成果。在传统中国画中，李可染最为强调光影的变化。

徐子鹤晚年作品，多强调光影的变化，无论是侧光，还是逆光，他运用起来都得心应手。

创作于1974年的《河山不夜图》，就是徐子鹤探索创新的结果。这幅作品反映了鲜明的时代特点，像高压线，是当时典型的绘画对象。但他画大山，却与传统不同，远山的苍茫、近山的润泽华翠、光影的留白，都处理得妥帖。墨色层层积染，充分地表现山谷中的幽暗及山顶上阳光照射下来的光辉，对比强烈，足见其深厚的笔墨功夫，光影表现手法之精妙。《安徽日报》《安徽画报》都刊登了这幅画。

表现黄山，尤其是表现黄山霞光，徐子鹤最有心得。清晨，东方日出，朝霞辉映在黄山的峭壁上，金碧辉煌；晚上，太阳即将落山，同样霞光万道。徐子鹤笔下山林的逆光效果，云蒸霞蔚，流光溢彩。

黄山之所以神奇，除了奇松、怪石、温泉，还有云海。那来去无常的烟云，变化万千，表现起来很考验画家的功力。

徐子鹤年轻时遍临古画，认真掌握各家各派的特点，然而在徐子鹤晚年的黄山题材创作中，已经看不出哪一笔是哪一家、哪一派了。他的笔下墨分五色，光影灵动，表现出黄山云海梦幻般的幽远意境。像1992年创作的《黄山石门峰》、1998年的《幽谷悬泉图》，视觉上不再强调色彩的冲击力。其作品构图平衡，主题突出，中锋用笔，墨色简淡，虚实相生，

· 河山不夜图

写意山水
1974 年

徐子鹤

・黄山西海一角

水墨山水
1986 年

氤氲变幻，山峰耸峙，泉流飞瀑，诗情画意，意境幽远。

徐子鹤集鉴藏、摹古、创作于一身，是近现代不可多得的艺术家，他创作的黄山已经成为符号，将载入中国美术史。

今天，徐子鹤似乎已经淡出人们的视线，但回望这样的大师级艺术家，我们还是可以强烈地感受到时代赋予他们的特征。他们的创作激情、创新精神，永远值得我们膜拜、尊敬。

五彩缤纷的世界
——记曹辛之

曹辛之（1917—1995）

笔名杭约赫、曲公等。江苏宜兴人。著名书籍装帧设计家、诗人。中国装帧艺术研究会会长，中国作家协会、中国美术家协会、中国书法家协会会员。中国民主促进会中央出版委员会副主任委员。曾与人合办抗日文艺周刊《平话》。"七七"事变后奔赴山西抗日前线。1938年到延安，1939年参加抗战建国教学团赴晋察冀边区工作，同时开始新诗创作。新中国成立后曾在三联书店工作，后调入人民美术出版社，从事书籍装帧设计工作。作为九叶诗派的骨干，创作了著名长诗《复活的土地》，有诗集《撷星草》问世。主持装帧设计的《苏加诺藏画集》获1959年莱比锡国际书籍展览会装帧设计金奖；设计图书《郭沫若全集》获第三届全国书籍装帧展封面设计荣誉奖等。1993年获第三届中国韬奋出版奖。2009年，被评为"新中国60年百名优秀出版人物"。

在家中工作的曹辛之，20世纪80年代

一

曹辛之自幼酷爱文学艺术，中学时代就在报刊上发表诗文与木刻。曾入江苏省立陶瓷职业学校和教育学院读书。1935年起在江苏担任小学教师。1936年为宣传抗日救亡，在宜兴同吴伯文等创办《平话》文艺刊物，开始了创作、编辑与出版工作。

1938年他奔赴延安，入陕北公学、延安鲁迅文艺学院美术系学习。1939年调入李公朴为团长的抗战建国教学团，赴敌后晋察冀边区工作。1940年奉调重庆，进入生活书店总管理处，在邹韬奋直接领导下的《全民抗战》周刊任编辑，开始从事书籍装帧设计工作。

1942年，曹辛之编辑了普希金诗选《恋歌》，由现实出版社出版。1945年，他的个人诗集《春之露》（又名《撷星草》）问世。抗战胜利后，他与臧克家等创办星群出版社，并先后与人合办《诗创造》《中国新诗》月刊，出版了诗集《噩梦录》《火烧的城》及长篇政治抒情诗《复活的土地》。

20世纪40年代,中国的文学界活跃着一个以新诗著称的九叶诗派。在辛笛、袁可嘉、穆旦等九位诗人当中,曹辛之是出色的一员。他以笔名杭约赫发表新诗。杭约赫是一种劳动号子的谐音,顾名思义,他与劳动人民心心相印,他的诗歌充满了对劳动人民的真挚感情,他为人民歌唱。

1981年曹辛之与辛笛、陈敬容等八人在20世纪40年代创作的诗选合集《九叶集》出版,《九叶集》被认为是"建国以后第一本带有流派性质的诗选"。从此,"九叶"在中国文学史上,获得了应有的地位。1985年曹辛之出版了个人诗集《最初的蜜》,收录了他三十年前的诗作。

香港的黄继持是这样评论曹辛之的新诗:"正是这种'现实'与'现代'质素的有机结合,使得这一派诗(指'九叶')近十年来在港台海外颇见好评。艺术上跟世界诗艺的发展同步,艺术上跟中国人民的心脉一致……并成为新诗创作再出发的先导。其中杭约赫的长诗,写都市的堕落疯狂,便很有现代派风貌,但意识上又与西欧现代派有别,而表现了中国读书人的情志。"

从20世纪50年代到80年代的三十多年,曹辛之没有再写新诗,然而他并没有离开新诗。70年代末到80年代初出现的朦胧诗有着中国三四十年代新诗的影子。当年曹辛之的家就像个艺术沙龙,北岛等朦胧诗人都是常客,曹辛之给予了年轻的诗人们以支持和鼓励。

二

新中国成立前,曹辛之在香港三联书店,主要从事书籍装帧工作。新中国成立后,他调入北京三联书店,任总管理处美编科、宣传科科长。

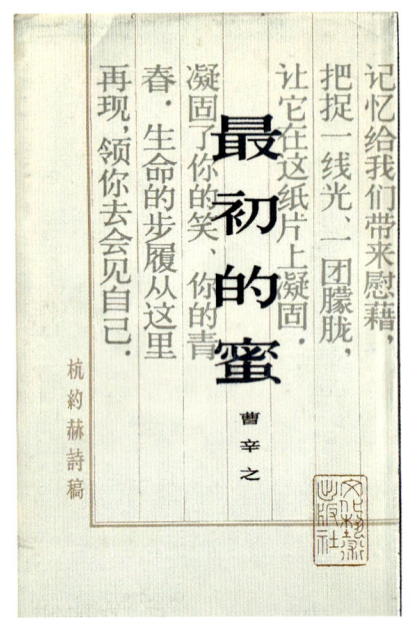

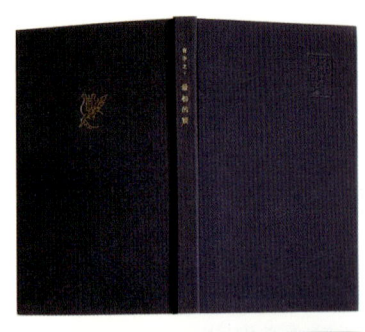

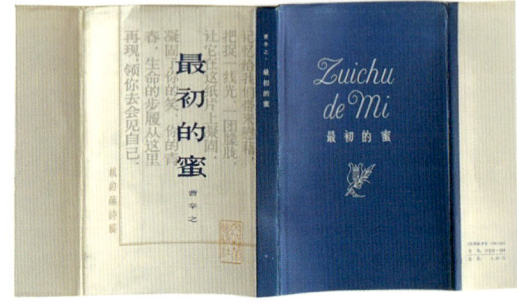

· 《最初的蜜》封面及整体

　诗集、装帧设计
　1985 年

1952 年调入人民美术出版社，任宣传科科长、设计组组长，主要负责书籍装帧工作。1956 年，为打破西方对我国的孤立，团结东南亚国家，政府将出版印度尼西亚总统苏加诺藏画集的任务交给人民美术出版社。由于当年的印刷条件较差，还没有哪家出版社承接过如此重要的编辑出版任务。人民美术出版社动员社内和社外的力量，全力以赴编辑出版这套精装书。

　　曹辛之就是这套书的装帧设计主持者。《苏加诺藏画集》出版后，获得了国家领导人的好评，印尼总统苏加诺亲笔写来贺信。该书荣获了 1959 年德国莱比锡书籍艺术博览会整体设计金奖，这也是我国第一次在

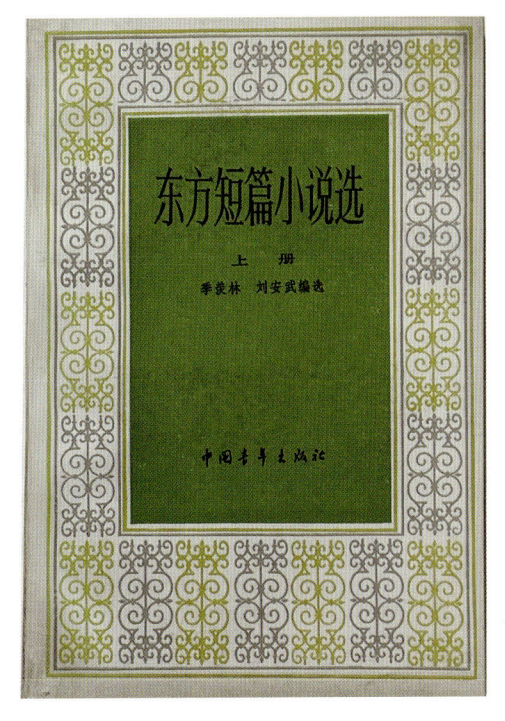

·《东方短篇小说选》封面

封面设计
1988 年

世界上获得的图书金奖。

今天重读《苏加诺藏画集》，仍然让人怦然心动。首先看到的是外盒封套，这在 20 世纪 50 年代，绝对是另类的设计。封套正面有压槽，凹凸感让我们体会到设计者的独到匠心。压槽里是封面画，上半部是一幅经典画作，下面是黄色底反白字，字也是淡淡的乳白色。

书的护封另有不同，封面画下面是黄色底褐色字。左下角显示第一卷，周围是菱形卷草。书脊采用西方的卷草花，线条舒展，下面"1"，采用罗马字，字中间也有卷草符号。正文也是采用压槽方式，将四色印刷的名画贴在凹槽里。《苏加诺藏画集》整体典雅大方，是一部精美的大型图书。

曹辛之在装帧设计《郭沫若全集》时,也倾注了自己的智慧和心血。起初,他在封面上做了郭沫若头像的若干设计,有浮雕式的头像,有木刻式的头像,但最终稿却没有头像,取而代之的是"郭沫若"三个手书字。《郭沫若全集》分为文学编、历史编、考古编三卷。封面满版金色铺地,覆上银线隐花,右上角反白的三个字"郭沫若"。简约含蓄而又特点鲜明。郭沫若的书法具有符号特征,一看就知是他的字,曹辛之巧用三个字,也打破了书籍装帧界惯用头像的常规。三卷设计一致,扉页采用汉像砖的图案,色调不同,古雅生动。

曹辛之装帧设计的《郭沫若全集》获得了第三届全国书籍装帧展封面设计荣誉奖等。

曹辛之设计了上百种图书和期刊,他根据具体的图书内容,采取不同的设计元素。古今中外,内容不同,他都能寻找最恰当的表达方式。他尤其善用字体。在他设计的图书中,所有美术字都体现了其独特匠心。他还设计了《茅盾全集》《韬奋画传》《中国戏剧年鉴》《九叶集》《黎明的呼唤》《清泉集》等,都留在我们的记忆中。

曹辛之的装帧艺术,不仅注重弘扬民族传统文化,也善于吸收西方现代艺术,他在继承的同时,更致力于创新和发展。《曹辛之装帧艺术》是继《君匋书籍装帧艺术选》《鲁迅与书籍装帧》之后国内出版的第三部装帧艺术专集。除此之外,他的作品还有《曹辛之书法选》《曲公印存》。出版家王子野在《曹辛之装帧艺术》序言中对他的艺术成就给予高度评价。王子野认为曹辛之"刻意追求意境美、装饰美和韵律美,所有这些要求又都同民族性、时代性结合起来,而这个结合又都要具有勇于不断创新的精神"，"他的作品给人以淡雅、明丽、清新、挺秀的印象。总的说来，他的作品书卷气比较浓"。

早在 1956 年，曹辛之就写下了十多万字的《书籍的装帧设计》，详细地阐述了书籍装帧的发展和规律，其中部分内容在 1964 年被载入文化部出版事业管理局编印的《图书出版业务》中。他根据自己装帧设计的心得撰写了许多理论文章，对中国书籍装帧艺术的发展做出了重要的贡献。

1985 年 12 月，曹辛之在《人民日报》发表了《装帧工作者之歌》：

> 一本书如果没有封面，不经过装帧，
> 就像一个人赤身裸体——没穿衣裳。
> 作者给书以生命、智慧、思想……
> 我们来为它设计形态，配上合适的服装。
> 把鲜花裹着春天的信息献给少男少女，
> 让美丽的翠鸟飞来为孩子们歌唱；
> 几根弧线、直线，将你的兴趣引向太空，
> 那片片色块，你会感到它潜在的力量……
> 愿这些精神食粮，都有它完美的形体，
> 我们以虔诚的心，来为他人作这嫁衣裳。

曹辛之不仅设计过几百种优秀图书，而且编辑过许多有影响的书报。我印象最深的是他在 1985 年做执行主编的《诗书画》半月刊，虽然只是一份四开的"小"报，但编辑含金量极高，今天重读，还能清晰地感

到编辑的立意高远和编辑工作的到位，对我们今天的从业者仍然有借鉴意义。

1985年，中国出版者协会装帧艺术研究会成立，曹辛之因德高望重和在书籍装帧艺术领域的学术地位被推选为第一届会长。精力过人的曹辛之为了中国的装帧艺术事业，披荆斩棘，组织书籍装帧艺术展、研讨会，为年轻的书籍装帧艺术家创造良好的条件。应当说，中国近三十年来书籍装帧艺术的快速发展是与曹辛之等老一辈艺术家们所打下的坚实基础分不开的。

2009年，曹辛之先生被中国出版协会、韬奋基金会评为"新中国60年百名优秀出版人物"之一。这是中国出版界的最高荣誉，也是对曹辛之先生一生工作的最高褒奖。

三

曹辛之不仅是著名的设计家、诗人、编辑家，还是著名的书法家、篆刻家、竹刻家。

在湖北咸宁文化部五七干校时期，是知识分子最苦闷的时期，身背"摘帽右派"之名的曹辛之不仅没有被生活击垮，达观的他还因地制宜发现并实践竹刻。咸宁地区竹子很多，干校的同志也有利用竹子做竹刻的，但坚持下来的不多，曹辛之坚持下来并刻出了许多文物级的作品。尤其是毛主席诗词四体书小挂屏、篆书臂搁等作品，精妙典雅，让人爱不释手。

为了纪念这段"割不断的咸宁情"，曹辛之特地给自己的书斋命名"抱竹轩"，并将王安石的两句咏竹诗"人怜直节生来瘦，自许高材老更刚"刻在臂搁上，借以明志。

曹辛之的书法重视字形结体的风格特点和行间疏密的变化，与他的设计一样，颇为耐读。今天看来，他的书法仍散发着新颖独到的气息。

曹辛之的篆刻更与他的人一样，是浪漫与缜密的结合。他先后刻印三百余方，许多文艺界名人都藏有他篆刻的印章。曹辛之制作了多枚闲章，如"不知老之将至""齿脱心犹壮"等，表达了对粉碎"四人帮"的愉悦之情。

70年代，他篆刻了一套陈毅元帅词《满庭芳》，共计二十一方。为了拓印，他自制木版水印，以自己的"抱竹轩"为名，共印了几千张《抱竹轩印稿》。然后将印章拓至稿笺上。这套印谱请茅盾题签，内封请齐燕铭题写"满庭芳拓本"，共印刷二百余本，曹辛之分赠友人，大获赞誉。我有幸留存一册，对比刚刚再次出版的同样的书，我不仅感慨他的多才多艺，也感慨他的精力过人。

"功夫在诗外"，曹辛之精深的修养使他在许多领域都取得卓越的成就，形成了独特的风格。所以，谈到书籍装帧艺术，他语重心长地对年轻人说一要爱书，二要和作者交朋友，三要提高修养。

四

我与曹辛之先生相识是在1971年，地点是湖北咸宁文化部五七干校他在胡家湾的"家"。那时我十三岁，随父亲到干校。同龄人皆学业荒废，父亲却每天默写一首唐诗让我背，从"白日依山尽"开始，学了几十首。

· 王维诗句

书法对联
20 世纪 80 年代

曹辛之

· 曲公
篆刻印章
20世纪70年代

· 贺新春
篆刻印章
20世纪80年代

一天晚上，父亲带我去胡家湾看望曹辛之先生。那时他有五十多岁，刚硬的黑发梳理得一丝不苟，眉毛又粗又黑，眼睛炯炯有神。听说我在学诗，曹先生兴奋不已，借着昏暗的灯光，不假思索地从书架上抽出一本王力的《诗词格律》，开始给我讲平仄关系。他的口音很重，我几乎听不懂，况且正是心如野马的年纪，哪里听得下去那样枯燥的东西，准确地说，曹先生兴奋程度远远超过我。有意思的是，年逾不惑之后，我开始对格律诗感兴趣，并坚持写了十年，2011年出版了一本《林阳诗草百首》，冥冥之中，与当年曹辛之先生对我的启蒙有关吧。

曹辛之是优秀的出版人、著名的诗人、杰出的书籍装帧艺术家，他一生中在这些领域取得了突出的成就，他的世界是五彩缤纷的。借用曹辛之先生在1946年写下的新诗《世界上有多少人在呼唤我的名字》作为本文的结束吧：

我走到江边，
一群搬运麦粉的人在叫着我的名字
"杭约赫，杭约赫，杭约赫……"
我走到山上，
那些砍伐树木的人在叫着我的名字
"杭约赫，杭约赫，杭约赫……"
…………

经典连环画，世纪第一人
——记刘继卣

刘继卣（1918—1983）

天津市人。杰出画家，新中国连环画奠基人之一。擅长人物、动物、花鸟等，工写兼长。中国美术家协会理事，北京市工笔人物画研究会副会长，北京市花鸟画研究会副会长。组画《武松打虎》获1956年第六届世界青年联欢节美术作品奖、1956年莱比锡图书展览会金奖、1984年瑞士西耶尔第一届国际连环画节特别荣誉奖。组画《闹天宫》参加社会主义国家造型艺术展览，获美术作品奖，被美术评论家誉为"中国画世纪经典"。连环画《穷棒子扭转乾坤》《东郭先生》1963年分别获得全国连环画创作评奖绘画一、二等奖。国画《金丝猴》《东北虎》被中国邮票公司采用为纪念邮票发行，1980年同获全国最佳邮票奖。

刘继卣在作画，1978 年

一

　　刘继卣 1918 年出生于天津，刘家祖籍浙江绍兴，清乾隆年间由静海移居土城，是天津"八大家"之一的"土城刘家"。刘继卣自幼受父亲影响，酷爱绘画，秉承家学。十三岁学画有成，挂笔单于津门画店，为宅中添资。十六岁，进入天津市立美术馆学习，在油画家刘凤虎的指导下系统学习素描、速写、水彩、油画，在国画家刘子久、陈少梅的指导下学习过山水画、人物画技法。次年自谋职业，开始卖画生活。1939 年，天津发洪水，美术馆的绘画教学停课。刘继卣创作了多幅中国画《天灾图》，后因画《天灾图》讽刺日伪而入狱。1945 年，他在天津私立天申中学任教，创作中国画《八骏图》《天兵降鬼图》《孔雀开屏》《钟馗》等作品。

　　1947 年刘继卣在天津永安饭店举办个人画展，一时蜚声津京，受到世人的关注。

　　刘继卣的父亲刘奎龄是一位自由职业画家。他在研究宋院体画、元明清诸名家巨匠的基础上，学习西画画法结构。将西洋画的透视法和我国宋代绘画的色彩融合在中国工笔画中，独创出被专业理论家妙称为"湿丝毛法""点掇法""注彩法""墨积法""色积法"等绘形造物技法，是一位近现代工笔人物、花鸟、动物画大师。

刘继卣从小喜欢画画，尤其喜爱画动物。他爱看父亲买来的画报，有时能面对一幅画看上一两个钟头。一天，刘继卣在后院的墙上用粉笔画了一幅高头大马，传神生动。消息传出去，土城的邻里们都跑来观看，大家夸赞刘继卣："画得真像！"刘奎龄买了许多画册、画片，其中有日本画家竹内栖凤临摹宋徽宗画的《斑猫》，刘继卣找出宋代皇帝画家赵佶画的《斑猫》图片对比，与父亲刘奎龄同时觉得两图形同神异。刘奎龄说："日本人对大宋画工锲而不舍，我们更需衍绘其风。"刘继卣默然走进画室。次日，他手持自己昼夜临摹的宋徽宗《斑猫》给父亲鉴赏，父亲欣喜万分地说："宋代大艺至今千年，诸家画风传袭敝舍，幸甚。"

刘继卣在幼年习画生活中经常跟着马群、牛群走，仔细观察牛、马在运动中的形体和神态，然后把这些都认真地画下来。十岁时，刘继卣用六尺绢，画了一幅《福禄寿三星图》，人物画得不错，颜色用得也好，许多人都称赞，他也感到很满意。他得意满满地把《三星图》拿给父亲看，没想到，父亲却很生气，用手一指说："你好好瞧瞧这里！"原来刘继卣把禄星的右手画成了六指。从那以后，他以此为戒，懂得画画要认真，不可大意。

二

1949年，新中国成立了。1950年初，毛泽东指示当时的中共中央宣传部副部长周扬："连环画不仅小孩看，大人也看，文盲看，有知识的人也看，你们是不是搞一个出版社，出版一批新连环画，把那些宣传神怪、武侠、迷信的旧连环画去掉？"新中国发出普及文化、改造旧连环画的号召。那时，上海是连环画的发源地和大本营，北京乃至于北方，从事连环画创作的画家几乎没有，人物画家也不多，而解放区来的画家也缺少经验。但北京作为首都，必须担负起引领新时代文化的责任。蔡若虹先生受命组建大众图画出版社，他是来自解放区的资深漫画家和文艺理论家。刘继卣就是此时被蔡若虹从天津调入北京大众图画出版社的，任务是创作出全新的时代连环画，开拓新中国连环画事业。当时组长为蔡若虹，组员只有刘继卣一人。

1950年，刘继卣调到正在筹建中的人民美术出版社任创作员。人民美术出版社于1951年正式成立，但从现存的出版物看，1950年就已经以版号出版读物了。刘继卣创作的连环画册《鸡毛信》出版，轰动了美术界。他笔下的羊群真实生动，小放牛娃质朴机智，其朴素无华的笔触极具感染力。《东郭先生》也是此时出版的。这两部连环画的出版，奠定了刘继卣在连环画界的地位。

1954年毛泽东主席在天津接见了刘奎龄、刘继卣父子，当展阅刘继卣作品时，称赞道："博古通今，刘氏出人才！"

1956年刘继卣创作的两条屏《闹天宫》由人民美术出版社出版，这套堪称经典的作品一面世，便受到广大群众的欢迎。1957年，刘继卣随中国美术家代表团访问了苏联、捷克斯洛伐克。

1958年，刘继卣和王角、古元、姜维朴等人民美术出版社的同志共三十余人，到河北遵化县劳动锻炼将近一年。所在地与全国闻名的"穷棒子社"隔山相望，他们与劳模王国藩等人交了朋友。姜维朴编写了《王国

刘继卣

·《东郭先生》封面

黑白连环画
1950 年

·《穷棒子扭转乾坤》封面

黑白连环画
1963 年

藩和建明社》连环画脚本,由刘继卣、王角绘画,在《连环画报》连载后出版了单行本。1959 年,姜维朴编写了《穷棒子扭转乾坤》脚本,由刘继卣绘画。刘继卣多次体验生活,画了大量速写,完成了铅笔稿后,又到农村征求意见,经修改加工,于 1963 年出版了这部《穷棒子扭转乾坤》。《穷棒子扭转乾坤》荣获了第一届全国连环画评奖一等奖。

"文革"开始后,刘继卣被下放到湖北咸宁文化部五七干校,和大家一起务农,后期到湖北武汉军区培养战士画家。

1972 年刘继卣回京,为国宾馆、人民大会堂进行中国画创作,创作了中国画《驯鹿》、工笔重彩《郑成功收复台湾》等多幅作品。

1974 年,他参加北京饭店中国画研究组的创作活动,创作了中国画《猛虎衔鹦图》。后因此画承受了所谓"黑画"批判。

1979 年,刘继卣当选中国美术家协会理事,并出任工笔重彩画会副会长、花鸟画会副会长。中国新闻电影制片厂为其拍摄了专题片《三代画家》《丹青世家》。

"四人帮"倒台后,刘继卣的创作迎来了新的高峰:他先后创作了中国画《春》《三打白骨精》《双狮图》等。所绘《动物画资料》由人民美术出版社出版;《动物画谱》由荣宝斋出版,《刘继卣画集》《刘继卣人物画选集》由山东美术出版社出版。中国邮票发行总公司还为他的中国画作品《东北虎》发行了邮票,"刘继卣写生展""刘继卣个人画展""刘继卣作品展"先后举办。

三

在刘继卣生活的年代，在绘画上能够传承父业并能够青出于蓝的是极少的现象。刘继卣的成就源于他对生活的热爱，对艺术的追求。

刘继卣注意写生，养成观察事物的习惯。一次他带小孩逛动物园，因为集中精神观察老虎，竟将带着的小孩弄丢了，最后还是动物园工作人员替他找到。

他画了大量的动物题材画，可见他对小动物的情感。他笔下的小动物带有拟人化倾向，譬如《东郭先生》，即使是狼，也让人产生一定的怜惜之情。这也是《东郭先生》成名的原因之一吧。

刘继卣画的连环画《鸡毛信》曾荣获1955年中国保卫儿童委员会儿童作品一等奖。这部作品对于连环画创作者来说是一个高难度考验。连环画创作比较忌讳画面重复，而像这样许多画面都表现海娃放羊的场面，是文学脚本给绘画者留下的难题。刘继卣很好地解决了这个问题。他先从构图入手，中景、远景、近景不断变化；再从不同方向调整画面，避免了画面的雷同感。加上着力表现主人公海娃的不同心情，使人们阅读起来轻松愉悦。另外，刘继卣对动物形态结构的准确把握在画面中体现得淋漓尽致。在用线方面，他创新性地采用干涩浓重的线描方式表现北方人物的质朴特点，取得了很好的效果。

刘继卣画的四条屏《武松打虎》1956年获得第五届世界青年联欢节美术奖。《武松打虎》中画得最为精彩的是老虎。刘继卣对老虎的内在骨骼结构，外部的皮毛、斑纹等特征掌握准确，通过生动的描绘，展现在我们面前的是栩栩如生的"活"老虎。老虎描绘得生动，对表现打虎的武松

・武松打虎

工笔重彩四条屏年画
1956 年

刘 继 卣

· 闹天宫

工笔重彩两条屏年画
1957 年

刘继卣给女儿刘蔷（左）、刘葵（右），儿子刘楠（中）讲用色用笔，20 世纪 60 年代

有着很好的铺垫。前些年，一些酒厂在宣传广告中冒用刘继卣的武松打虎图，也从另一个侧面说明了人们心目中的喜爱。

1957 年两条屏年画《闹天宫》入选社会主义国家造型艺术展览。《闹天宫》采用了中国传统的工笔重彩画法，由于画面大，人物众多，构图复杂，画家需要有极强的构图和造型能力才能驾驭。在工笔绘画中，不论是人物，还是道具，都要通过素描来设计构图，然后用白描墨线勾勒在绢本上面，随后要染色十几遍，在染色中增加层次与质感。八幅画，刘继卣画了将近一年。白天画，画到颜色待干；颜色干了，就是晚上不睡觉也要继续画。整整一年，刘继卣沉浸在兴奋忘我的创作之中。这是他一生中最美好的时光之一。

刘继卣的彩色连环画《筋斗云》是我最喜爱的作品。因为小时家里有这本连环画，每每翻阅，都有新的体验。我认为，《鸡毛信》由于文字脚本的

刘继卣与夫人裴立，20世纪80年代

问题，所以文图配合是对绘画者的考验。而《闹天宫》篇幅过短，精彩内容无法展开。《筋斗云》则篇幅适中，有利于情节的展开，给绘画者提供了较广阔的创作空间。《筋斗云》表现的是孙悟空与魔头对打的段落，十分精彩，至今我还记忆深刻。在动物技法方面，刘继卣继承了刘奎龄先生的绝技——劈笔丝毛，这是刘奎龄独创的绘画技法。《筋斗云》中群猴的皮毛、《闹天宫》中孙悟空的面部都使用了这种技法，表现出生动细腻的质感。

　　我以为，在新中国成立之后，连环画的创作艺术高峰由许多艺术家共同创造，而刘继卣则是高峰中的领军人物。即使在人才济济的人美社，谈起连环画家，人们也会不约而同地提到刘继卣、王叔晖等人。但他从不骄傲，低调行事不保守，自己探索的绘画技巧也愿意示人。人民美术出版社的一些画家回忆，每当北京有新的展览，不论是故宫的古画展，还是历史博物馆的新出土文物展，刘继卣不仅认真去看，还向同行介绍心得。

刘继卣的名作还有《春光无限》《金丝猴》《东北虎》《三打白骨精》以及《红楼梦》(组画)、《黄巾起义》(为中国革命历史博物馆作)、《金田起义》(为南京革命历史博物馆作)等。

刘继卣无论画人物仕女,还是花鸟走兽,均画风严谨,早年、中年多为兼工带写,晚年即兴写意。他的作品造型准确,敷色或奔放或凝重,注意其风韵传神,将大自然的生动色彩巧妙地运用到创作的意境中。晚年形成了自己独特的风格。

四

1974年后,刘继卣创作了大量人物题材和动物题材的国画作品,有许多作品陈列在中南海、人民大会堂、钓鱼台国宾馆等场所。此时期的作品,构图简洁分明,形象准确。画动物时,善用侧锋,用笔豪放迅疾,以横扫千军之势表现动感及节奏。画面充满了张力,有强烈的视觉冲击力。

毛主席说"刘氏出人才",刘奎龄的继承者有刘继卣,而刘继卣的绘画艺术有其子女刘蔷、刘葵、刘楠甚至第四代的孙辈们,以及喜爱刘继卣绘画技法的美术爱好者们继承与发扬。

刘继卣先生是近现代中国画坛上一位艺术大师。他不仅有深厚的艺术修养和高超的艺术技巧,而且敢于创新。他为人民群众创作了无数令人难忘的、让今天的美术工作者为之赞叹的经典形象,并创造了一个又一个艺术高峰。

刘继卣先生为中国画的发展,为中国连环画的发展贡献了自己的力量。

卓越的版画艺术家
——记古元

古元（1919—1996）

杰出的美术家、美术教育家。中国美术家协会副主席，中国版画家协会名誉主席。1938年赴延安，在陕北鲁迅艺术学院学习，创作了大量优秀版画作品。1942年在重庆举办的全国木刻展览会上，徐悲鸿先生称赞古元是"中国艺术界中一卓绝之天才"。1952年古元调入人民美术出版社，任创作室主任，1959年到中央美术学院工作，1979年任副院长，1983年任院长。代表作品有《运草》《铡草》《减租会》《烧毁旧地契》《人桥》《刘志丹和赤卫军》《枣园灯光》等。出版有《古元木刻选》《古元水彩画选》等。

古元在创作，1972 年

一

古元于 1919 年 8 月 5 日出生在广东珠海唐家湾那洲村。小时候的古元经常随父母下田拾柴草、种瓜菜、摘豆角、捕鱼虾等。农闲时，村里请戏班子或木偶剧团演出，古元就自造一些小木偶，在家里自演自唱。他还喜欢看祠堂庙宇的壁画，那些庄严的形象使他着迷。1932 年，古元考入广东省立第一中学（广雅中学）。在中学时，他爱好美术，有机会阅读一些美术书籍。他非常喜爱法国画家米勒、柯罗和英国画家康斯坦布尔等的作品，课余常作水彩写生。他后来说："我对山川风物很喜爱，尤其喜欢带有劳动人民乡土气息的景色。我常常带着画具到生活中观察思考，寻找自然界和生活的美，通过风景画表达我内心的情意。"

1937 年"七七"事变，日本全面入侵中国，广州也遭到日机的轰炸，古元被迫辍学，回乡在一所小学校担任代课教师。教课之余，他绘制一些有关日寇暴行的宣传画，张贴在街头上。他积极参加抗日救亡宣传队，并担任美术宣传工作，结识了宣传队成员谭福鑫（新中国成立后首任中山县委书记，后改名谭桂明）和杨维学。在他们的影响下，于 1938 年夏天到广州八路军办事处报名参军，奔赴延安。

古元1939年进入延安鲁迅艺术学院美术系第三期学习，并开始学习木刻。那时的延安物质条件很差，有条件创作的只有木刻。没有刻刀，就用敌人扔下的炸弹皮熔化后打制成木刻刀；没有砂纸磨木板，就用农民碾米的碾盘和石板去磨。

1940年6月，古元从鲁迅艺术学院毕业后，到延安县川口区碾庄参加农村基层工作。这期间古元创作了《羊群》《牛群》《家园》《铡草》等优秀作品。

1941年古元到鲁艺担任美术工场木刻组长，兼任部队艺校美术教员。这年8月，他与力群、焦心河等创作的木刻在延安军人俱乐部展出，诗人艾青在《解放日报》对古元的木刻作品作出评价："他的艺术将在他无限长的时间里得到难于限量的发展是无异议的。"

1942年10月，重庆举办第一届双十全国木刻展览，周恩来将延安的作品带来参展。徐悲鸿看了古元的木刻作品《铡草》《冬学》和《哥哥的假期》后，赞不绝口道："好，真好，真了不起！"当即订购了上述三幅作品，并在18日的重庆《新民报》上发表了评论文章，"发现了中国艺术界中一卓绝之天才，乃中国共产党之大艺术家古元"；"惟对于还没有二十年历史的中国新兴版画界已诞生一巨星，不禁深自庆贺"；"古元之《铡草》可称之为中国近代美术史上最成功作品之一"。

1944年，鲁艺美术工场改为研究室，古元任研究生、创作组长，因历年在美术创作上的杰出成绩，被选为甲等文教模范，参加陕甘宁边区文教代表大会，获甲等奖。1945年，古元随鲁艺离开延安前往东北，途中因交通受阻，留在华北解放区，参加了土地改革运动。这一阶段，他创作

古元（左一）与蔡若虹（左二）、邵宇（右一）一同出席活动，1994 年

古元与夫人蒋玉衡，20 世纪 80 年代

了《烧毁旧地契》，描绘了农民们将地主的土地房产契约一把火烧掉的场面，升腾的烈焰、雀跃的人群，构成土地革命难忘的画面。

1946年古元任华北联合大学文艺学院美术系教员。

1948年，古元在《东北画报》做记者。一天，他从报上读到一篇关于淮海战役的报道。报道中说，在双堆集战斗中，人民解放军追歼逃窜的敌军，遇到一条河流横在面前，敌军炸毁了桥梁，妄图凭借天险，阻挡我军追击。英勇的我军指战员毫不犹豫地跳入冰冷刺骨的水中，用肩架成一座浮动的人桥，让战友们踏过去追歼逃敌。读完这篇报道，古元眼前仿佛看到了那惊天动地的英雄壮举，很快便创作了套色木刻《人桥》。

1949年，古元参加了在捷克斯洛伐克举行的第一届世界保卫和平大会。美术界只有两个代表——徐悲鸿和古元。

抗日战争时期，日本侵略者把鞍山钢铁厂彻底毁掉，并断定，中国人没有二十年，不可能恢复鞍钢。1949年古元和艾青、沃渣等艺术家去鞍钢体验生活了半年。同年，古元创作了《鞍钢之修复》。画面中，有工程技术人员，有施工的工人，有塔吊、高炉，表现了工人的高涨热情和认真态度。钢铁厂很快就恢复了生产。《鞍钢之修复》被誉为新中国美术史上表现社会主义建设的代表作品。

二

1952年古元调任人民美术出版社第一创作室主任。当时，人民美术出版社有两个创作室，第一创作室成员多是来自老解放区的艺术家，有夏风、苏晖、苏坚、陈兴华等，另一个是以《连环画报》创作组为主体，后

·羊群

黑白木刻
1940 年

·人桥

套色木刻
1948 年

古元

・烧毁旧地契

黑白木刻
1947 年

扩建为社创作室。古元也参加了新年画的创作,作品《毛主席和农民谈话》获得文化部颁发的二等奖。

1950年以后,古元创作了大量新的版画作品,如《刘志丹和赤卫军》《祥林嫂》《回忆延安》《甘蔗园》《玉带桥》《给人们甜蜜》等。

《祥林嫂》是一个许多画家表现过的题材,但古元通过对人物的深入理解,刻画具有深度的形貌及眼神,生动反映了原著的主题。

1956年,古元创作了《甘蔗园》。他一改沉重的笔触,以轻松愉悦的抒情笔调刻画了农民们在收割甘蔗的景象。

古元的版画摆脱了西方木刻的定式,创造出阳刻为主、构图多变、简洁明朗的独特风格,具有鲜明民族特色和地方特点。这种艺术风格被称为中国新兴版画史上具有重大意义和深远影响的突破。

1957年,好友江丰被打成"右派",古元也因替江丰鸣不平而被批判,受到了"留党察看一年"的处分,并以被改造的身份下放到河北省遵化县农村去劳动,户口随之也迁入当地。

1958年人民美术出版社安排二十多位干部到河北省遵化县农村参加劳动,古元是组长。全国闻名的"穷棒子社"建明社和被誉为"当代愚公"的沙石峪村都在他们下放地区附近。经过一段时间的劳动锻炼,他们将工作重点转为送文下乡,古元和刘继卣、王角等画家一起为农村画壁画。后又在当地政府的配合下,办了一所美术学校。为保证第一批学员的质量,古元亲自担任面试老师。

1959年,古元调中央美术学院任教授、版画系教研室主任,1979年任中央美术学院副院长,1983年被任中央美术学院院长,1985年当选中国美术家协会副主席。

三

古元的木刻作品主要分为延安时期、东北时期和北京时期。

《运草》是古元 1940 年在学习期间的代表作。他对马的刻画栩栩如生，驾辕的马威武，拉套的马努力，加上赶车人鞭梢的曲线，整幅作品充满了动感。坚实的造型能力，处理得当的黑白虚实，标志着古元木刻正在走向成熟。

古元在碾庄担任乡政府文书时，利用木刻为农民"扫盲"，教农民识字。最初，古元利用看图识字的老办法，将马兰纸裁成小方块，把字和牛、马等图画写画在纸上，让农民一个个地学。农民在学会字后通常把喜欢的画留下来。受此启发，古元开始印一些木刻送给农民。后来他风趣地形容说他的第一个木刻展就是在农民家举行的。那时，他创作木刻的过程是这样的：先用碳笔打草稿，然后征求老乡的意见，在此基础上进行创作。譬如《羊群》一幅，一个老乡说，放羊应该带条狗，不然羊会被狼吃掉的；另一个老乡说，放羊应该带条毛口袋，可以挡风雨，装干粮，还可以把母羊生的小羊带回来。他听后很感兴趣，最后在画中让牧人抱着小羊，这样画面就比以前丰富多了。

基层的生活为古元艺术创作提供了源泉。

1941 年 5 月，古元离开碾庄回到鲁艺，在美术工场任木刻组长，并担任部队艺校美术教员，创作了《逃亡地主归来》《骡马店》等作品。《逃亡地主归来》刻画地主全家骑着马或毛驴，载运着箱柜缓缓行进在归家途中的情景，前面由一名驼背长工牵马引路，后有一只哈巴狗紧紧跟随，颇为生动形象。1942 年延安开始整风运动，古元被选为代表参加了延安文

远去的背影 | 名家艺术小传

· 甘蔗园

套色木刻
1956 年

古元

・祥林嫂

黑白木刻
1956 年

艺座谈会。

《哥哥的假期》就是在这一年创作的。作品表现的是一名八路军战士假期回到家中的欢聚场景。战士在讲述着部队生活，乡亲们聚精会神地听着，一位小姑娘上前指着战士的臂章比画着"八路"二字，另一位小姑娘则左手拿着报纸右手牵着一个小男孩，小男孩穿戴上战士的行装，笨拙地模仿着战士的动作。《哥哥的假期》有两个版本，初拓本画面较为轻松，但个别人物刻画稍显单薄；第二个版本的刀法更加纯熟，人物刻画的层次也更丰富。

1943年，古元到三边体验生活。这一年创作了《离婚诉》《宿营》《练兵》《八路军秋收》《减租会》《马锡五调解婚姻诉讼》等作品。《离婚诉》有两幅。第一幅作于1941年，以阴刻为主，表现众多乡亲围观一名妇女向蹲在桌上吸旱烟的村干部倾诉自己不幸的场景，画面色调浓重；1943年创作的这幅则以阳刻为主，画面简洁明快，执笔的村干部、诉苦的妇女、门口围观的乡亲，以及村办公室的陈设交代得清楚明了，整幅画面富有民间意味。两幅画的构图、人物形象塑造及表现技法完全不同，可以看出，古元是在吸收中国民间木刻的特点。《减租会》描绘的是农民将地主团团围住，有人手指直戳其面，有人掰着手指说理，有人拿出账本，后面人在议论，地主被围困在中间，一手指心，一手指天，像在述说天理良心……人物表情神态各异，鲜明生动。桌子、桌子上的算盘、水烟袋、桌子下的量米容器——升，道具井然。画面处理精当，极具戏剧感。

1944年，他创作了《给老炊事员祝寿》《人民的刘志丹》等作品。《人民的刘志丹》描绘刘志丹前往新解放的村庄与贫苦百姓见面的情景，版画语言的表述可谓淋漓尽致。

江丰曾发表文章指出:"延安木刻的民族化,并不是把早已传到中国的外来技法排除于木刻创作之外,而是有选择地保留着曾为中国新兴木刻革命化有过影响的外来技法,并在适当地融合于阳刻线条造型的中国传统木刻技法过程中,创造性地形成了具有时代特色和民族风格的木刻艺术。""延安木刻的民族化,能够取得比较好的成绩,是由于作者善于利用外国的先进经验,正确地体现了'外为中用'的原则。"

当时的老百姓不喜欢西方木刻,嘲笑那是"阴阳脸"。古元等延安木刻家们一方面研究西方木刻的素描手法,一方面吸收了中国老百姓喜闻乐见的传统木版年画技法,创造出具有明显民族风格特征的木刻作品。

蔡若虹评价说:"那个年代,在造型艺术方面,古元用木刻刀在木板上留下了深刻的痕迹。"

古元自己也说过:"我创作的基本指导思想就是想把我所经历过的那些年代,在我的画板上留下一些痕迹。"

徐冰认为古元的魅力主要的是延安时期,他说:"(古元的魅力)不仅在于他独有的智性及感悟,而是他所代表的一代艺术家在中国几千年旧艺术之上的革命意义。不仅是其艺术反映了一场社会革命运动,重要的是一切有价值的艺术家及其创作所共有的艺术上的革命精神,这实际是一种真正意义上的'前卫'精神。"我以为,评价准确。

古元创作的第二个高峰是东北时期。代表作有《烧毁旧地契》《发新土地证》《人桥》《鞍钢之修复》等。

古元创作的第三个高峰是北京时期。这期间的作品以清新抒情为主调,加以纯熟的水印技巧语言。此时的代表作有套色木刻《天安门早晨》《扫雪》《祥林嫂》《新芽》《玉带桥》等。

· 玉带桥

套色木刻
1962 年

古 元

・十月的喜讯

黑白木刻
1976 年

《玉带桥》画面中的桥突出弧形的美，浅米色的桥身如玉般的温润，倒影清晰。岸上绿树成荫，水中荷叶连连，粉红色的荷叶与行走的持红伞女子上下呼应，构图简洁，色彩和谐。此时的画作与他的心境一样，平和淡定。

"文革"结束，古元的激情如泉涌，创作了大量新的作品，如《十月的喜讯》《悼念和战斗的诗篇》《初春》《瑞雪》等。此时的作品延续了过去的风格，但更简洁，更强调艺术格调。

《十月的喜讯》是1976年的作品，表现的是打倒"四人帮"的喜讯传到五七干校时，大家在互相祝贺的情景，月份牌的时间是"1976年10月"，两个戴着眼镜、白发苍苍的老教授，其实就是画家们自己的形象。作品里有干校的大通铺，桌子上四本是毛主席语录，地上还有小马扎，非常真实。

四

晚年，古元回到阔别多年的故乡，触景生情，他画出一张很大的画，《榕树下》，这张作品表达了古元强烈的思乡之情。

古元最后一幅版画作品是《骆驼赞》。作品上的题字是："负载任劳，取之甚少，予之甚多，不管严寒风旱，总是昂着头迈着坚实的步子前进。"

这也是古元一生追求的写照。

古元将作品捐献给家乡——珠海，于是有了今天我们看到的古元美术馆。

古元将自己的艺术才华贡献给中国版画，将严谨的治学态度给了人民美术出版社，将开放的胸襟给了中央美术学院，将艺术作品还给了人民。

人民美术出版社的开创者
——记邵宇

邵宇（1919—1992）

原辽宁省东沟县（今东港市）孤山镇人。画家、出版家。曾先后在奉天美术专科学校、国立北平艺术专科学校学习。1950年参与筹建人民美术出版社工作。先后担任过《人民日报》美术组长，人民美术出版社副社长、党委书记、社长兼总编辑。1984年任《中国美术全集》编辑出版委员会主任，主持《中国美术全集》的编辑出版工作。1988年任《中国美术分类全集》总编辑。曾任中国美术家协会常务理事、书记处书记。1990年起任中国书法家协会主席、党组书记。曾当选第三届全国人大代表，第五、六、七届全国政协委员。

邵宇在写生，1958年

一

邵宇七岁那年，在庄河县立小学读书。"九一八"事变后，他在孤山中学读书。孤山中学曾有个日文教员，经常向学生灌输"满洲国就是王道乐土"等谬论。儿时的邵宇痴迷于画画，有一次，他画了一张丑化日本鬼子的漫画，被那个教员发现，抓起教鞭就要抽邵宇的头，邵宇钻到课桌下面，抓住他的脚，将对方扳了个脸朝天。

1934年春，邵宇考入奉天美术专科学校，从此绘画把他引入一个美妙的世界。但日本侵略者在中国任意杀戮，奸淫掳掠，让他十分痛恨。他写了几篇小说，其中一篇是以汉奸李寿山枪杀抗日英雄邓铁梅的事情为背景，小说在美专校刊上登载，他还为自己的作品画了插图。

1935年冬，邵宇考入北平美术专科学校。在这里，邵宇眼界大开。德国版画家珂勒惠支，还有法国画家杜米埃、米勒都对他产生了强烈的影响。当时在北平的吕骥、崔嵬、陈波儿、郑君里、张瑞芳，以及其他院校的热血青年，联合组织演出了话剧《保卫马德里》《阿比西尼亚的母亲》，活报剧《放下你的鞭子》。邵宇在《阿比西尼亚的母亲》中扮演一个反法西斯的士兵。

"七七"事变后,邵宇经香港转道广州,到了长沙。他在茅盾主编的《文艺阵地》刊物上发表了《开会》等木刻作品,在《力报》《申报》上发表了《无妻之夫》《无母之儿》等作品,这些作品传达了民众救国的声音。

1938年长沙大撤退前夕,邵宇被共产党地下组织派到衡阳,在基督教负伤将士服务协会湘南大队担任第三中队队长,并将共产党支部建立在这个组织中。邵宇在这里结识了后来成为他夫人的沈尹。不久,邵宇加入了新四军。

1941年1月4日,为顾全抗战大局,奉命北移的新四军军部及所属皖南部队九千余人,从云岭驻地出发绕道北上。6日突遭国民党军七个师八万余人的包围袭击。新四军英勇奋战七昼夜,终因弹尽粮绝,寡不敌众,除二千余人突出重围,其余大部分壮烈牺牲或被俘。叶挺军长和军部八个干部隐蔽在一片竹林里,邵宇也在其中。后叶挺将军奉派与国民党谈判时被扣押,邵宇等人也未突围成功。叶挺被国民党单独关押,其余人被押往上饶集中营。

上饶集中营是国民党囚禁新四军战士的几个集中营之一。被关押时,邵宇所在的编队里有党的秘密支部,邵宇在其中年纪最小。因为邵宇过去是画画的,特务对他不像对别人那么注意,邵宇便担负起自己所在编队与其他编队联系的任务。

在集中营秘密党支部的支持下,邵宇和另一位青年木刻家赖少其千辛万苦地逃出了集中营。经过艰苦的辗转,他和赖少其来到苏中根据地。不久,党组织分配邵宇在《苏中报》工作,后相继担任专区工农科长、区委书记、地委及新四军某旅部秘书及苏中新华分社副社长等职务。

沈尹得知邵宇到了苏中区后，也辗转来到他的身边。1945年，日本投降。《苏中报》欢送东北籍战士调回东北工作，同时为邵宇和沈尹举办了别致的婚礼。同年11月，邵宇夫妇到达东北。邵宇被分配到东北日报社任通讯采访部部长。不久，邵宇又被调到土改工作队。

邵宇一边带队消灭土匪，一边将搜集到的素材编成连环画。他仅用一个半月时间便创作成一套两册的连环诗画《土地》。通过东北的庄稼人王奎五父子两代人的血泪身世，控诉地主、日寇、汉奸、国民党欺压农民的罪行，宣传土地革命的意义。这部为农民创作的连环画册受到徐悲鸿先生的称赞，认为其画风"用来描写中国社会非常适合……可称简约、紧凑、扼要而极具力量"。

1948年春天，邵宇作为新中国美术工作者的东北代表出席全国文代会，见到了从延安来的蔡若虹、古元、王朝闻等同行。

二

1949年底，因筹建中华人民共和国各部委，中央从各个解放区调集干部，邵宇奉命调往北京。在等待分配的那段日子里，他天天拿着画笔到处写生。

1950年，邵宇参与了人民美术出版社的筹建；不久，他调往《人民日报》美术组任组长。1951年，朝鲜战争爆发，中国文联组织画家到朝鲜战场深入生活，邵宇去了朝鲜。他作为文艺战士，在战争年代里一直跟随部队行进，战场上的英雄人物感染着他，也鼓舞着他将激战的场面和战斗中涌现的英雄用速写记录下来。他画了《行军》《炸不断的桥》《肉线》

邵宇

· 炸不断的运输线 (《朝鲜战场》组画)
水彩
1953年

《志愿》等组画,并自己配诗,歌颂中国人民抗美援朝、保家卫国的爱国主义和国际主义精神。

  1952年,邵宇从人民日报社调回人民美术出版社,任总编辑兼副社长。当时,北京的大街小巷,文化产品极为匮乏,书摊摆放的多为旧时代的七侠五义、言情等内容的小人儿书。邵宇了解情况后,提出"美术出版社应该着手出版有益于青少年身心的、反映新中国文化的读物"。他召集全体编辑人员开会,动员大家改编古典名著、革命小说来绘制连环画。大家热情高涨,很快出版了一系列题材内容积极健康的连环画读物。出版周期最快的时候，曾达到平均每三天就出一本内容新颖的连环画。在大家的努力下，新华书店和各书摊出现了许多新型连环画和人民大众喜爱的小人儿书。刘继卣画的《鸡毛信》以及《水浒》《西游记》等传统题材的优秀连环画，取代了书摊上那些旧时代的出版物。当时，除了出版连环画，人民美术出版社还出版了不少单幅宣传画和年画，如《我们热爱和平》《开国大典》《毛主席走遍全国》等。

进入发展时期的人民美术出版社，还开始注意搜集整理中国传统美术精品，出版了许多高档次的在国际上叫得响的古代、现代名人画册。在社期间，邵宇主持出版了《宋人画册》《清明上河图》以及世界美术史上知名巨匠的专人画册，如《列宾》《珂勒惠支》《伦勃朗》《苏里柯夫》等画册；还为中国当代大师齐白石出版了四本精装大画集，为徐悲鸿出版了大型画册。这些作品集的出版在很大程度上弥补了中外美术经典作品出版方面的不足。

邵宇还注意并发现许多有潜力的中青年画家。如古元、王式廓、董希文、黄胄、亚明、李少言、叶浅予、赖少其等，这些青年画家的作品出版给画坛带来了清新的气息。日后，这一批人成了中国画坛的中坚力量。

1954年，周恩来总理代表中国参加了在印度尼西亚万隆召开的亚非会议，以卓越的外交能力与许多亚非国家首脑达成了共识，并成为朋友，其中包括印度尼西亚总统苏加诺。苏加诺本人的藏画很多，原打算在日本出版。周恩来了解这一情况后，提出由中国为苏加诺总统出版藏画集，并委托人民美术出版社具体操作。为此，邵宇专赴印度尼西亚与苏加诺总统面谈，第一次在印尼待了九个月，之后又去了两次。邵宇带领出版社的同志经过两年的努力，终于完成了周总理的重托，《苏加诺藏画集》共六册

邵宇（左前排左一）在《东北日报》工作时期与战友、同事一起，1947 年

邵宇一家四口留影，1958 年

陆续出版。画集出版后，苏加诺总统给予了高度赞许，亲笔写来贺信。该书 1959 年荣获莱比锡国际书籍艺术博览会金质奖章。如前所述，这是中国首次获得国际图书大奖。

"文革"期间，邵宇同许多老干部一样，受到了冲击和迫害。1970 年，邵宇和出版社的部分同志被下放到湖北的五七干校劳动。当时邵宇已年过半百，但他不顾多病的身体，带领大家自己动手盖房、种稻子，始终以积极乐观的态度去工作和生活。

到干校初期，在政治运动中持相反观点的两派仍然打派系仗，互相调查对方的问题，都去找他取证。邵宇始终坚持原则，实事求是地回答提问，是则是，非则非。邵宇的坚定和正直受到了同事们包括军代表的肯定和尊重。

三

十年动乱，曾经迫使邵宇放下了工作，也放下了画笔。

1971 年，国务院组织文化代表团赴加拿大访问，进行文化交流，周恩来总理指名让邵宇任团长。在加拿大时，大使馆的同志告诉邵宇，驻法大使黄镇同志已向国内申请，邀请邵宇回国途中到法国访问。邵宇离开加拿大后到了法国，见到大使黄镇同志倍感亲切。那一次，黄镇派驻法大使馆文化参赞陪邵宇参观了卢浮宫、凯旋门、巴黎圣母院、埃菲尔铁塔、巴黎公社墙等名胜古迹。

1976 年 1 月 8 日，敬爱的周总理与世长辞，邵宇和身边许多人一样万分悲痛。深夜，他拿起画笔，画了烛台和红烛。他将寓意心血的红、黄两种颜色饱蘸在笔尖上，一笔画成了明亮的烛光。邵宇在画上题词："心线正直，表里通红。浑身是火，一生光明。风吹不熄，磊落始终。"

1977年，中共中央组织部任命邵宇为人民美术出版社社长兼总编辑。这期间，邵宇创作了组画《难忘的回忆》(共三幅)，一幅是被撕破了的人像，一幅是被砸残了的石狮子，一幅是花茎被折断的荷花。这组画的寓意是：十年浩劫，石头狮子也未能幸免，但沉痛的教训可以化为营养，只要有藕，不染之花仍会开放。

1978年9月，日本松山芭蕾舞团再次访华。不久，人民美术出版社接到一项任务，与日本讲谈社合作出版五卷本彩色摄影画册《中国的旅行》。这一次又是邵宇亲自挂帅，用多半年的时间，完成了在全国二十八个省市约一百多个市县的拍摄采访工作。这套书1980年出版，先后再版四次，是我国改革开放之后出版界第一次与外方合作的项目成果。

邵宇自20世纪50年代就开始考虑出版《中国美术全集》的计划。这是一项重大的出版工程，将承载我们中华民族五千年灿烂辉煌的文化。1984年，在中宣部召集的四百多位专家学者参加的会议上，邵宇把拟定的《中国美术全集》出版大纲拿给大家讨论。经过多次讨论、修改、补充，出版大纲最终被敲定，邵宇任《中国美术全集》编辑出版领导小组成员和编辑委员会主任，具体负责主持和领导这项工程的进行。

《中国美术全集》共六十卷，包括绘画、雕塑、工艺美术、建筑艺术、书法篆刻五大门类，总共收集彩绘、彩印、图印一万三千余件，国内专家撰写的论文共计三百余万字，将其编辑出版是一项巨大的工程。参加这项工作的单位包括艺术院校、科研单位、文博部门、出版社、物质材料供应商、印刷厂、发行单位等，涉及学术研究的问题和组织协调的工作。为了

·果子
水彩
1934 年

·国清寺
水彩
1980 年

邵 宇

·印尼
水彩
1988 年

保证《中国美术全集》的学术性、权威性，编辑委员会抽调编辑、考证、摄影等方面的工作人员共计四百余人。为了使《中国美术全集》具有国际水准，邵宇多次召集会议讨论研究，并专程拜访专家讨教，对编辑体例、学术观点、内容取舍、装帧设计进行逐一研究和落实，甚至对有的卷本亲自审阅，重点把关。

《中国美术全集》六十卷最终于1989年全部出版。邵宇主持与中国台湾锦绣文化公司合作，将《中国美术全集》全部六十卷转为繁体字，在中国台湾发行三千套，这在当年是轰动出版界、文化界的大事，台湾出版界如此评价这部巨著："古今中外唯一最周全、最具代表性的中国美术权威套书！"

1988年，《中国美术全集》尚未全部出版之际，在中宣部的直接领导下，由邵宇任总编辑，主持《中国美术分类全集》（计划出版四百卷，后改为三百零四卷）这项出版工程的规划编辑工作。此书历时二十五年，至2012年时出版了三百零二卷，最后两卷《目录卷》于2013年出版。遗憾的是邵宇先生本人未能见到全书的出版。

四

邵宇是编辑家、出版家、美术事业的领导者，也是一位有个性的画家。他的笔触准确而又饱含深情，充满了力量。他早期的作品有《盲人》《乞丐》，主要反映旧社会中国农民的苦难，连环画《土地》则画出了农民在中国共产党领导下的抗争。

创作于1950年上半年的《上饶集中营》系列，是邵宇亲身经历了皖南事变的九死一生后，用心血画出来的，具有时代意义。作品中真实惨烈的画面令人震惊。比如《集中营的四周》，画面上树木被砍秃、草被拔光，因为国民党军队的宪兵怕新四军战士逃跑。《抗日囚徒》表现了被俘战士的愤怒。他们忍受饥饿，却丝毫不减英雄气概。邵宇倾尽心血，将人物刻画得十分传神，表达了自己对新四军战友的热爱与怀念。《不许你们有思想》表现的是国民党特务不许被俘战士有思想，没日没夜地让他们"跑步"。画面上一群战士在操场上跑步，传达出来的感觉却是类似挪威画家爱德华·蒙克的油画《呐喊》。邵宇曾被关在上饶集中营，有亲身的生活体验，因此，作品《上饶集中营》系列让人感到格外震撼。

1951年，邵宇创作了水墨画《万水千山》，表现了两个青年在抗日战争时期从国民党监狱逃出来，在奔赴敌后抗日根据地的途中所见。《万水千山》是叙事诗插图，曾发表于《新观察》杂志。这应当是《上饶集中营》的续篇，两个青年人物则是以当年逃出集中营的邵宇本人和赖少其为原型。这套画作1953年由人民美术出版社出版，与之前作品相比，画风更趋成熟，人物造型准确，在社会上引起较大反响。这两部作品不仅表现了邵宇纯熟的绘画技巧，表达出其强烈的思想感情，也是珍贵的文献资料。

诗配画《首都速写》大约创作于解放初期，作品洋溢着欢乐的情绪。新中国成立了，一切都有了新的变化。这一时期，《到天安门，看毛主席》是邵宇的代表作。画中描绘了一对夫妻带着孩子在观看毛主席像；天安门前，悬挂的毛主席像画得真实生动。诗文写道："毛主席，你让我们有了房子有了地。要不是住在乡下，我们天天来看你！"表达了老百姓翻身做主人的喜悦心情和真实感受。《儿童游戏场》充满了动感和欢乐，仿佛都能让读者听到儿童欢快的笑声。

· 集中营的四周
素描
1950 年

　　1953 年出版的《朝鲜战场素描集》，选用了邵宇的三幅作品，其中《炸不断的桥》是他的经典之作。邵宇能在炮火和硝烟中作画，表现出中国人民志愿军一往无前的勇敢精神。

　　从早年开始，速写一直是邵宇最擅长的表现手段，他出版了不少速写集，如《首都速写》《在我们的首都》《在祖国的边疆》《创业时代——大庆速写》《新疆行》《长江行》《在日本的日记》等多部速写集。

　　邓拓专为邵宇题写了一首诗："年年占得百花先，红满枝头态自妍。最是画坛春不老，岚光香雾绕窗前。"邓拓的这首原诗题为《题梅》，在为

· 守护与觅食
（《万水千山》组画）
水墨
1951年

邵宇题写时他将原诗的"江南"改为"画坛"，将"山前"改为"窗前"。

邵宇的中国画作品大多创作于国家改革开放后。此时的邵宇"醉心于寻求以民族绘画为基础与西画有益方面相融合，以求中国画的发展与创新"（《邵宇画集·作者后记》）。与大多数中国画家将速写的造型和线条融入画作的做法不同，邵宇始终在用速写线条表现对象，强化线条之美。这应该是艺术家另辟蹊径的探索。看邵宇的画作，总有大块的色彩扑面而来，而老到厚重的线条总能压住色块的恣肆和扩张。

邵宇的中国画庄重，有大家气派，如黄钟大吕。邵宇是从西洋画入手

远去的背影 名家艺术小传

· 红星高照

速写
1978 年

的，除了速写、素描功夫外，其水彩也有成就。他的水彩人物、风景都有很好的表达。在他早期的中国画中，有着水彩的透明轻快、准确的造型，也有中国画的线条；而晚年的作品，突出作品的厚重感，追求视觉的大效果，构图更为自由，线条简约。他强调物体的特征和细节，追求画面整体的意境和韵律，以此形成个人鲜明的绘画风格。

五

邵宇是画家，更是一位画家的伯乐。国家改革开放后，他力主建立人民美术出版社创作室。这个创作室与20世纪50年代人民美术出版社创作室不同，不再承担出版社下达的创作年画、连环画、宣传画的任务，而是近乎画院的创作任务。在人民美术出版社的品牌建设过程中，有《中国美术全集》等大型美术画册带来的好评，有美术教材带来的品牌认知，有多种美术、少儿期刊带来的社会影响，有年画、连环画、领袖像带来的普遍认同，再有就是人民美术出版社创作室。20世纪五六十年代创作室的画家给人民美术出版社带来了声誉，同样，80年代的创作室也给人民美术出版社带来了声誉。各地的画家朋友到北京，人民美术出版社创作室是必去的地方。他们说，这里的创作人员并不多，但人人都有个性，都是美术创作的领军人物。他们认为，人美社是美术新思潮的发源地之一。

邵宇在承担人民美术出版社编辑管理工作之外，还兼任中国美术家协会书记处书记、常务理事，曾参与组建中国书法家协会并任主席。他为美术界健康发展做了大量工作。1992年在深圳工作期间，邵宇因心脏病突发，不幸逝世。2011年，我去拜访《中国美术分类全集》总负责人许力以先生，谈起邵宇的心脏病，他说邵宇社会兼职太多，做事又认真，是累的。

邵宇在长达半个多世纪的工作生涯中，坚持百花齐放、百家争鸣的文艺方针，为新中国美术创作和美术出版事业鞠躬尽瘁，为打造人民美术出版社的金字招牌呕心沥血，做出了巨大的贡献。2009年，中国出版工作者协会和韬奋基金会授予邵宇"新中国60年百名优秀出版人物"称号。

北大荒版画的开拓者
——记张路

张路（1919—1977）

原名张学廉，浙江省绍兴上虞人。1943年至1947年曾就学于杭州英士大学艺术专修科和国立杭州艺术专科学校西画科，跟随潘天寿、倪贻德、谢海燕等先生学习。他在上海做过中学教员和小报编辑，发表过连环画和剪纸等作品。1950年调入北京，1951年参与《连环画报》的创刊和编辑工作，后任人民美术出版社连环画编辑室编辑，创作了大量连环画作品，同时开始从事木刻创作。1956年黑白木刻《青蛙绅士》参加第二届全国版画展览。1957年被错划为"右派"，次年下放到黑龙江垦区劳动，又从农场抽调到牡丹江农垦局北大荒画报社参加美术创作活动，成为"北大荒版画"的主要创作成员之一。1962年调入中国美术家协会黑龙江分会任创作员。作品部分收入《张路木刻集》《张路的黑白世界》。

中年张路，1964 年

一

张路，原名张学廉，1919 年出生于浙江上虞一个富裕家庭，父亲办私塾，任校长，张学廉就在父亲的学校里读书。他不喜欢算术，喜欢音乐和绘画。1937 年，他在浙江省上虞市中山小学任教，教音乐。

1943 年 10 月，张学廉考入杭州国立英士大学艺术专修科学习，跟随潘天寿、倪贻德、谢海燕等先生学习美术。国立英士大学原为浙江战时大学，后为纪念辛亥革命先烈陈英士，改称浙江省立英士大学，1943 年改称为国立英士大学。新中国成立后，英士大学部分科系并入复旦大学，其余师生部分转入浙江大学。

1945 年，国立英士大学艺术专修科举办成绩画展，西画部分主要有张学廉、陈沙兵、张怀江三人的作品。张学廉力求简约的画风受到老师的赞赏。同年，民国政府调整国立院校，国立英士大学艺术专修科停办，张学廉只好从学校肄业。

1946 年，张学廉在上海以画广告画为生，为继续深造筹集资金。同年，他考入国立杭州艺术专科学校西画科学习,1947 年,因个人原因肄业。先后在几所中学任教,还曾在国民政府的警察学校教过音乐,这也是他日后的一个"历史问题"。1949 年,张学廉回到浙江,在绍兴中学教授美术。

二

1950 年,张学廉到北京,改名张路,在北京新华书店总管理处美术室做设计员,他的领导是后来成为人民美术出版社副社长、副总编辑的邹雅。其间张路创作了《拥护和平》《建设新中国》《志愿参军》《拖拉机》等一批全新内容的剪纸作品。

1951 年 1 月,张路调入人民美术出版社筹备组,参与筹备《连环画报》创刊。1951 年 5 月,第一期《连环画报》创刊面世,邹雅任主编,张路等任编辑,张路的剪纸作品《红公鸡》发表在《连环画报》创刊号。

在《连环画报》工作期间,张路创作并发表了大量作品,既有剪纸,也有连环画,一些作品刊登在期刊封面或封底。如,《全世界人民要和平》作为封面发表在《连环画报》第七期,《天安门的早晨》作为封面发表在《连环画报》第二十五期。

连环画《宋春化改进造纸机》发表在《连环画报》第八期。根据《无名英雄墓》改编并绘制的连环画《米夏》共三十九幅,发表在《连环画报》第六十九期。

1954 年,张路参与绘制人民美术出版社发行的 1955 年《美术日记》中的插图。这本看似平常的笔记本,是当年的"奢侈品",许多画家都保留着它。六十年后的 2014 年,人民美术出版社再次出版《美术日记》,

保持原来的样貌，依然受到读者的青睐。

张路比较全面，还能画低幼类连环画，《狐狸搬家》《胖嫂回娘家》是他的代表作，先后发表在《连环画报》上。

1956 年，张路木刻《青蛙绅士》系列作品（共三件）参加第二届全国版画展览会，木刻作品《西游记》发表在《版画》杂志第五期，并作为封面；改编并木刻的《悟空怒打白骨精，八戒智激美猴王》发表在《连环画报》第十六期。木刻《猴子捡西瓜》发表在《人民日报》，这之后，陆续创作《采茶女》《采茶》《给妈妈帮忙》《青蛙与牛》等木刻作品。这些成功的木刻作品为日后在北大荒时期的创作奠定了良好的基础。

1957 年，张路被错划为"右派"分子，艺术创作被迫中止。

三

1958 年，张路下放黑龙江垦区牧场劳动。张作良回忆说："三十年前的北大荒，还是荒无人烟的地方。张路一到这里，就加入了垦荒的行列，拉犁、播豆、伐木……住在临时搭的马架子里，为了照顾体弱和有病的同志，他总是睡在大通铺上靠近门口的地方，早晨起来，从门缝灌进的雪把鞋都掩埋了。他以自己的辛勤劳作和一颗温热豁达的心，赢得了周围人们的尊敬和友情。"

年底，张路因绘画才能被抽调到牡丹江农垦局北大荒画报社，参加垦区美展的创作活动。《北大荒画报》创刊于 1959 年 3 月，负责人是爱才的张作良，他陆续调来张路、尹瘦石等。由于自然灾害，资金匮乏，该画报仅出版一期就停刊了。但它反映十万转业官兵开发北大荒的英雄业绩，培养和团结了一大批垦区的美术工作者。

1960年，张路与垦区美术工作者晁楣、张祯麒、徐介城、张钦若等人赴哈尔滨，为北方大厦创作了一批反映垦区题材的作品。这批作品参加了由中国美术家协会、牡丹江农垦局政治部联合主办的"北大荒美术作品展览"，在北京展出，张路创作的《满网》等十四幅作品参展。

这段时期，张路创作了大量的木刻作品。如套色木刻《小猪养护员》《洗衣》《小蘑菇》《高粱熟了》《伐木队来了小客人》《晨曦》等作品，还有黑白木刻《乡村的春天》《鸭子》《公鸡和母鸡》《母鸡孵蛋》等作品。

1961年，辽宁美术出版社发行张路创作的套色木刻作品《东方红》。同年8月，《早春》《雨后》《找缝插针》等十二幅作品参加中国美协、牡丹江农垦局联合主办的牡丹江垦区版画展。《找缝插针》等六幅作品被中国美术馆收藏。朵云轩出版套色木刻作品《虹》。

1962年，由中国美协组织，张路与晁楣、张祯麒、杜鸿年等人到新疆写生。在新疆期间张路广泛搜集素材，并创作了《颂歌》《花帽市场》等作品。同年，张路调入中国美协黑龙江分会创作室，任专职创作员。

1963年底，由中国美协主办的第五届全国版画展览同时在北京、上海、广州、重庆开幕，张路创作的《公社新村》(套色木刻)、《父女俩》参加展览。

1965年，张路随黑龙江省美协一批版画工作者赴大兴安岭铁道兵部队深入生活，并组织辅导美术学习班，至次年8月结束。创作《民兵考核》《新苗》《进得去、出不来》等套色木刻作品。

黄苗子在《张路木刻集》序言中说道："他爱上了北大荒，他那时并不是以一个艺术家身份到那儿的，可是他毫无怨言，就是由于祖国瑰丽的

·小鸭

套色木刻
1961年

·找缝插针

套色木刻
1962年

大自然使他陶醉，使他忘记了自己的一切。"

从1962年到"文革"前，也许是张路最愉快、创作欲望最强的一段时光，他在东北重新找到了爱巢。让他重新担任创作员，也是对他在政治上一定的承认。短短的四年里，不少高质量的文学作品插图和套色版画，在张路笔下相继问世。

四

1966年，张路的艺术创作再次被迫停止。1969年，张路被下放到哈尔滨阿城舍利公社农村插队落户。

据张路的夫人林永惠回忆："尽管当时的生活条件是那样的艰苦，心情又很压抑，但他总是把老乡们的冷暖疾苦放在心上。这三年期间，他几次帮助社员上市里联系看病、住院。对特别困难的，就接到我们家里来住。当时生产队的老乡们收入很少，他经常用自己的钱和粮票接济他们。劳动之余还经常帮助会计结账，给生产队会议室画宣传画和写美术字，给邻居的孩子辅导功课……他用自己的实际行动，赢得了老乡们对他的信任和爱戴，整个生产队一提起省美协的老张，没有不伸大拇指的。"

阿城县文化馆的领导，听说省里的一位版画家在下边插队落户，就专程来生产队请张路给他们讲课，办版画训练班。县城离生产队有三十多里路，张路经常步行去给他们辅导、讲课，指导学员进行版画创作。经过三年多的辛勤培育，学员的作品多次参加省和全国的美术展览并获奖，数名同志被吸收为省美术家协会会员。

1973年，张路结束为期三年的插队生活，从阿城农村回到哈尔滨家中，在自由被禁锢的几年间，他创作出了近百幅版画小品和中国画作品。

黑白木刻有《硕果累累》《猎雁者》《猪仔》《牛犊》《五朵花》《秋收》《锦鸡》《鸬鹚》，套色木刻有《鹿坊鸣笛》《海燕》《火红的乡村》等，中国画作品有《夏荷》《觅》《憩》《邻家小咪》《天鹅》《洛阳纸贵》《鸡雏》《早春三月》等。

1977年，就在"四人帮"倒台、艺术的春天来临之际，张路突然发病倒下。在生命的最后时刻，他对妻子一遍一遍地说："只要再给我两年时间……"他带着对艺术的无限眷恋，离开了人世，年仅五十八岁。第二年落实政策，张路被错划的"右派"得到纠正。

五

张路的艺术成就主要表现在连环画、版画，还有中国画等方面。

20世纪50年代初，张路在人民美术出版社期间，主要从事连环画的创作，更多的是在《连环画报》上发表作品。1955年发表在《连环画报》的作品《警惕》只有八幅，但通过他熟练的表现手法，还是准确地把握了角色的特点。比如：孙玉兰不仅警惕性高，而且机智灵活；特务张万禄也没有按脸谱化处理，而是以普通人的面目画出来；第四幅、第五幅，表现张万禄偷偷写字条怕被人知道时，张路设计了将一张纸遮住半个灯泡的细节，这个细节生动真实，让阅读者强烈感受到故事的真实性。

我对张路的低幼连环画《胖嫂回娘家》印象深刻。这篇作品最初发表在1955年的《连环画报》上，后来在人民美术出版社出版过小折页。小折页非常小，大概是一百二十八开，每个故事大约八幅，出版于20世纪60

年代初。我小时候看过这套小折页，爱不释手。这套丛书中的《胖嫂回娘家》，故事幽默风趣，张路的造型准确，画面简洁，让人印象深刻。

张路一生的艺术创作中，成就最高的当数版画。

日本美术评论家小野田耕三郎评价张路作品时说："无论在《放鹿场》还是《鸭雏》中，作者并没有机械地照搬自然形象，而是经过自己头脑的再创造，给自然形象以新的、生动的表现。这是由于作者有着卓越的造型能力，才能达到的高度。另外，作者融合了剪纸的特点，同时又使其特点得到一种新的面貌。尽管木刻和剪纸使用的材料、工具以及制作方法都不相同，然而它们不是没有可以互相融合的因素。同时剪纸本来就是中国农村妇女创造出来的艺术形式。巧妙地利用它的特点，对版画创作是大有益处的。"

在张路的刻刀下，多是大森林和北大荒的小动物们。其实，张路早在人民美术出版社工作时期就喜欢动物题材的创作。到了北大荒，那里的苍凉之美感动着他。他的木刻作品，动物题材偏多，也表现北大荒的花花草草，与大家的视野不同。在张路的内心里，在他的雕刻刀下，大自然所赋予的一切都是美好的，不论是山川草木，还是牛羊鸡鸭，都是在阳光下。这些景象就是他内心的童话世界，也是他的理想国。他真实地挥洒着对大自然的热爱。黄苗子说，张路心地善良，"他跟羔羊和小鹿一样，爱用天真的眼光去欣赏美……他爱上了北大荒"。

美是相通的。张路创作的版画被大家认同，良好的绘画基础和高超的绘画技巧，使他成为创作集体的核心人物。

张作良说："北大荒版画集群的主要特点，就是开创了大型多层次套色，色调浓重浑厚，刀法雄健奔放。这种艺术形式完全是源于那片土地上

远去的背影 | 名家艺术小传

张 路

·雨后

套色木刻
1961 年

大型农业机械作业和开垦荒原的宏伟气魄。张路在这个集群里，恰恰是一位独具风格和艺术个性的版画家。他另辟蹊径，走自己的路，用纯真稚趣的眼光欣赏大自然，追求那种内在的美的韵味。他的众多套色木刻和黑白木刻，都是巧妙地利用中国传统绘画表现形式，强调神似和装饰趣味，大胆采用变形、夸张、集中、概括的艺术处理方法，把生活中的美和情趣凝聚在小小的画幅之内。由此，张路的版画在北大荒版画中，确定了其独特的地位。"

张路的木刻，不论是黑白木刻，还是套色木刻，都有鲜明的个人风格特征。黑白木刻《晾粮》着意表现下面的粮垛与上面树的黑白呼应与反差，富有创意美；《长鼓舞》运用舞蹈者的裙身和鼓的形状的对比，生动有趣；《奔跑的小鹿》突出小鹿奔跑的动感；《雉鸡》则采用非常规的构图，强化雉鸡美丽的羽毛。套色木刻《猎人夜宿》《晨曦》着意强烈的黑白对比；《鸭雏》《小鸭》利用拓印的微妙，达到意外效果；《颂歌》线条粗犷有力，色彩单纯，表现新疆维吾尔族人民热爱音乐的场景。

《找缝插针》表现生活在北大荒的人们在山坡上种地，由于平地较少，他们见缝插针，利用各种地形种植，表现北大荒人积极开垦荒地，努力为国家多种粮食的精神。

黑白木刻《蛙》，创作于1976年。此时的张路思想开放，与前些年木刻创作思路不同，他开始注重装饰风格。蛙是真实再现，重在写实；而几片荷叶则夸张变形，强调装饰性。写实的蛙与装饰风格的荷遥相呼应，有着特别的美感和视觉冲击力。

套色木刻《小蘑菇》大约创作于1960年，是我喜爱的一幅作品。这幅作品并不复杂，但充分展示了张路在创作中的思考与实践，是一幅别具一格的木刻作品。《小蘑菇》是一个小姑娘采回小蘑菇的特写：她脸上洋溢着收获的喜悦，嘴里叼着一朵黄色的萱草花，手边的筐里放满了采来的小蘑菇。尤为精彩的是，张路注意拓印时的变化，将本来黑白分明的木刻油印效果处理成多种灰调，使物体的质感更加真实。小姑娘脸上的红晕自然生动，头发与衣服的灰调子过渡协调，充分显示了作者对色彩的把握能力和对木刻艺术的深刻理解。

六

在2014年全国美术家代表大会上，黑龙江美协秘书长赵丹琪找到我，她告诉我，有个叫张路的画家曾在人民美术出版社工作过。随着对张路的了解日渐增多，2014年底，我想试着写写张路，于是与赵丹琪联系，她发给我一些电子文件。

赵丹琪是张路的女儿，确切地说，张路是赵丹琪的继父。张路被打成"右派"后，1962年再次离婚。他后来在哈尔滨重组家庭。那时，赵丹琪很小，一直拒绝接受张路，但张路一直视她为己出，百般呵护。小丹琪胃不好，张路想方设法调剂饮食；她喜欢手风琴，张路毫不犹豫地用自己多年的积蓄为她买了一架。但赵丹琪多年来固执地只叫他为"叔叔"。

赵丹琪从心底接纳张路，是在1977年的夏天。"文革"后的全国美展在京举办，二十二岁的赵丹琪同张路一同到北京参观美展。妈妈说："这次出门，管你继父不要再叫叔叔了，叫爸爸。同行那么多人，别让人笑话。"赵丹琪试着叫了一声："爸爸！"她看见了张路的眼泪！

看到这段回忆，我的眼泪也差点出来。也正是看这行文字的这一刻，

· 杏园秋歌

黑白木刻
1975 年

张　路

·晾粮

黑白木刻
1975 年

赵丹琪打进一个电话。我以为，人生中，"这一刻"总是让人记忆深刻！

张路这次进京，拜访了许多老画家、老朋友。他有着良好的教育背景，有着与别人不一样的生活阅历，他是准备在美术界大展宏图的，然而，好日子刚刚开了个头，从北京回去十几天，他却突然辞世。

为了写张路的艺术小传，我走访了一些人民美术出版社的老领导，也翻看了50年代出版的每一期《连环画报》，看着他创作的那些连环画故事，我感慨万千。张路离开人民美术出版社，是人民美术出版社的损失；他去了北大荒，是北大荒的幸运。他创作的版画艺术在东北获得新生，他也成为北大荒版画的开拓者和领路者。

随心所欲可逾矩
——记易图境

易图境（1921—2022）

字森庭，湖南黔阳县（今洪江市）人。著名花鸟画家。曾任怀化学院教授，湖南师范大学艺术学院、湘潭师范学院、中南大学客座教授，湖南书画研究院特聘画师、湖南九歌书画研究会会长。易图境从事国画研究创作六十多年，大写意花鸟画笔墨雄浑，质朴自然。他以绚丽的色彩表现对象，走出了自己独特的艺术道路，创造了焦墨重彩画风。作品多次入选全国大展并到新加坡、美国、日本展出。作品被美术馆、博物馆收藏。出版有《易图境画集》《易图境中国画集》《易图境国画小品》等画册。2013年，出版《中国近现代名家画集——易图境》。

易图境在怀化师专，1974 年

一

易图境 1921 年生于湖南黔阳雪峰山下的洗马乡花柳坪村。小村庄四面环山，风景宜人。村里一条小溪，窄处有七八米，宽处有三十来米。溪水浅处及腿，深处没人，水里有鱼虾。易图境就是在这优美的环境里长大的。易图境五岁时母亲去世，是父亲将他抚养大。他父亲年轻时会武术，也喜爱画画，在农村给别人画点枕头、帐檐等。

受父亲的影响，易图境也喜爱画画，高小时遇到一位美术老师易舜尧，易舜尧教易图境一些花鸟画的技法。

1939 年，易图境到黔阳师范学习，开始临摹《芥子园画谱》。

易图境的叔叔反对他画画，认为没有前途。当年，许多长辈都因为这个原因反对自己的孩子学画。如果有人问易图境的父亲，孩子在学什么。叔叔会抢先说"学画把戏"，但开明的父亲会向客人解释说："不是画把戏，是在学艺术。"

毕业后，易图境回乡教书，家乡有位叫肖宗寅的画家，曾在上海开过画展。易图境喜欢他的画，于是学画了几张，挂在同学家。正巧肖宗寅在易图境同学家看到了，便问是谁画的？同学说是易图境画的，在小学教书。肖宗寅连说："可惜了，可惜了！"这句话传到易图境耳朵里，他暗下决心，一定要考美校。

1943年，易图境考上了华中高级艺术师范学校。在那里，他遇见了陈国钊、黄遐举，这两位老师对他影响很大。新中国成立，黄遐举将他介绍给张一尊，张一尊认为湖南有两个最有希望画出来的年轻画家，其中之一是易图境。

1947年，易图境毕业回乡。这时，齐白石三子齐子如看了他的画，邀请他到北京继续读书。易图境于是从湖南出发，路过武汉时去看望同学，同学都舍不得他，让他考武昌艺术专科学校。就这样，易图境考上了武昌艺专。武昌艺专与华艺完全不同，华艺有规矩，但不以规矩论；武昌艺专有规矩并以规矩论，要求技法丰富，笔笔变化。易图境在华艺时，画得很野逸，而在武昌艺专的训练中，则画得稳健许多。在武昌艺专，易图境打下了坚实的笔墨基础。

易图境临习的画是有选择的，他主要临习明末清初一些名家的画，如徐渭、八大山人、石涛、扬州八怪、吴昌硕、刘海粟、齐白石、黄宾虹、潘天寿等，许多画他只临局部。

二

新中国成立后，易图境回乡先后在溆浦龙潭横板桥中心学校和黔阳一中教书。1962年调到黔阳师范（今怀化学院）教书，直到1988年退休。

· 梅

写意花鸟
2006 年

易图境性格耿直真率，是非分明，不肯妥协，不向世俗社会低头，由于家庭出身不好，在那个时代，即使在工作中兢兢业业，也经常受到排挤。"文革"初，他被冠以各种莫须有的罪名，被批斗。1969 年，他被遣送回乡放牛。

　　回乡也许是一种另类的解脱。当他被遣返回老家花柳坪村时，大队书记说："你是什么地主分子？解放时，你还是个学生！"易图境的眼睛湿润了。

　　被遣送回乡的四年里，易图境当上了牛倌，一人放十二头牛。看着青山绿水，他的心情好了起来，他观察荷叶上跳跃的青蛙、充满生命力的小鸡。他画速写，画老农，甚至为农村舞台画布景。他认真地观察身边的一切，认真地画画，认真地生活，几年过后画艺大进！生活给他的绘画注入了新鲜的气息。他的作品中有"牧生"的署名，几年后，钱君匋老先生为他刻了一枚"老牧童"的闲章，这是他最喜爱的印章。

　　1973 年，易图境被落实政策，回到学校教书，此时的他，开始画大写意花鸟。

　　改革开放后，他有一种解放的感觉，在绘画上，他大胆泼墨。他当时的想法是：自由了！他画过一幅《出笼》，是一群幼鸡，鸡是不飞的，但他的笔下，笼门一开鸡都飞了出来，象征曾被桎梏的自己有了用武之地。这张画是在凌晨两点画的，意犹未尽，他又画了一张《狂舞》，表现鸬鹚下水的心情，舞翅高蹈，引颈长鸣。此时，他的心，他的思想全部自由了！他的画随着他的心奔放、自由、雄浑、大气！

　　易图境沉浸在艺术的海洋中，享受艺术带给他的快乐。但在他的家乡，有多少人能够真正领悟他的创新、他的艺术追求呢？改革开放，人们刚刚

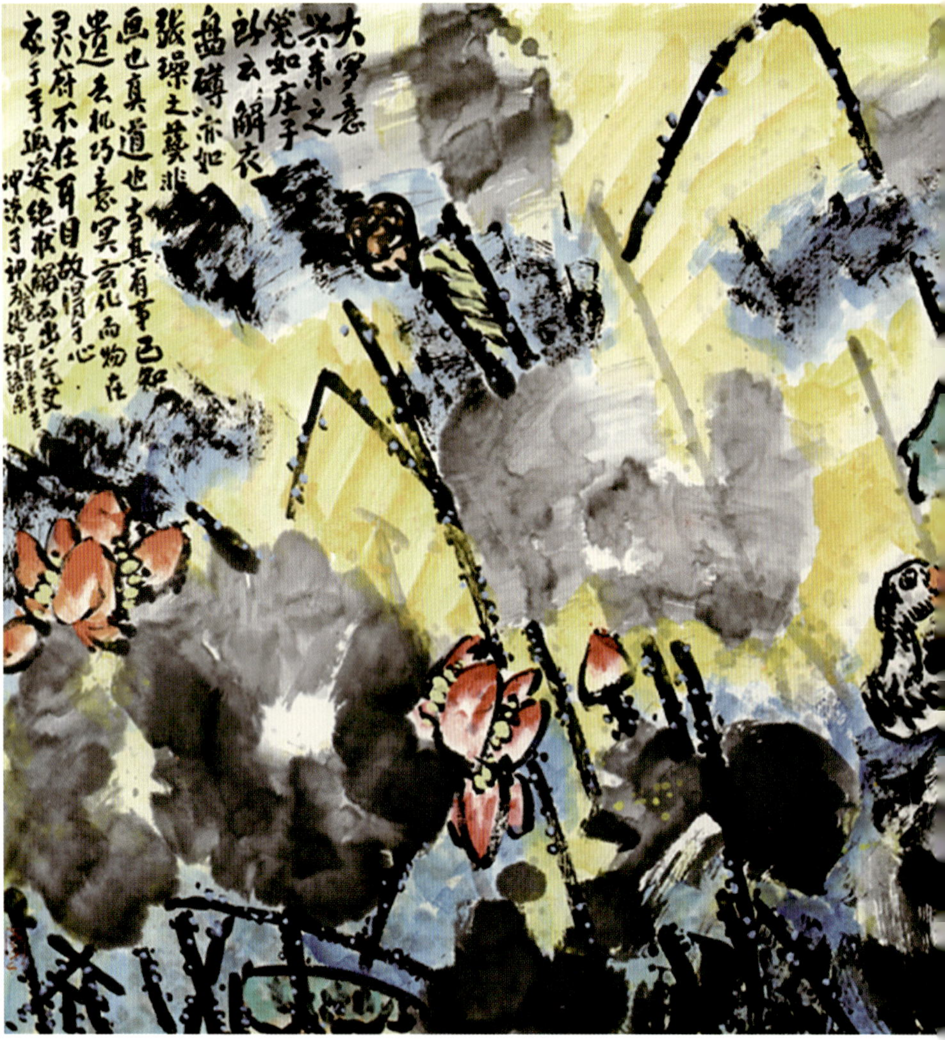

易 图 境

・明霞赋

写意花卉
2011 年

从艺术的废墟上苏醒，大家对易图境的创新不一定欣赏，这也是可以理解的。易图境的家乡，在那个特定的时代，能对他的绘画表现出宽容已是不易。

易图境一如既往地坚持自己，在生活中如是，在艺术上仍然如此。易图境认定的事，九头牛也拉不回，他这种执着到甚至有些偏执的性格带给艺术的是灿烂的阳光，在艺术上他屡战屡胜。

在易图境周围实际上有许多质疑之声。缺少知音也正是艺术家必须走的孤独之路，他的性格再次显现优势，想听的听，不想听的不听。仍然我行我素，继续创作。此时，他创作了大量的大写意花鸟作品。

1982年，易图境到杭州拜访画家卢坤峰。卢坤峰给他提了两点意见：一是没有风格；二是用色太过，大红大绿。这两句话如醍醐灌顶，使易图境觉悟：风格重要，用笔用墨向老师学，而构图、造型要向自然学习。这是易图境创作的重要转折时期。

这次杭州之旅，开启了易图境风格创新的自觉，他开始利用块面的大与小的对比、墨色浓与淡的变化、点与线与面的结合、色彩冷暖的搭配，把较焦较浓的墨与浓重的色彩结合起来，展现自己独特的雄强之风。

1999年，易图境在北京中国美术馆举办了《易图境画展》，观者如潮，受到北京美术理论界的好评。

时任中国美协副主席、中国画研究院院长刘勃舒给予高度评价："这几年在写意花鸟画方面，没有看到像易老这么好的画家，他是一个超越。"

三

创新是艺术的核心，没有创新，艺术就没有生命力！

古人说随心所欲不逾矩，而在易图境的世界里，艺术是随心所欲可逾矩。

石涛在评价徐渭时说："青藤笔墨人间宝，数十年来无此道。"徐渭以泼墨、水墨的灵活运用，以书法入画，创造出大写意法。

吴昌硕说"墨池点破秋溟溟，苦铁画气不画形"，也是大写意花鸟画的精髓，易图境喜爱这个状态，他觉得同乡齐白石老人表达的"似与不似之间"是艺术的真谛。

易图境一直在寻找自己的个人绘画语言，而他最终追求的是个性的简约风格——用墨丰富，用色简约，用线简约。

用墨丰富是他绘画的一大特点。中国传统文化中，尤其是中国画，喜爱以水墨表现，色彩也以淡雅为上，这个标准已经有千年了。但未来的中国画的标准是什么样的？会不会有所变化，我认为，一定会有变化。彩墨画的道路是否可以走下去？我们不应以传统的眼光看问题。石涛说："笔墨当随时代。"我以为，审美当随时代更为重要。

易图境在发现中国画轻视色彩后，又发现中国画焦墨也没有被充分利用。于是，他在大家忽视的地方下起了功夫，这是他"全面变法"的开始。1993 年，当易图境七十一岁时，创作出来第一张焦墨荷花，在 1999 年中国美术馆展览时，作品得到了大家的充分肯定。

易图境说："焦墨是一种表现方法，焦墨重彩、焦墨淡彩、焦墨泼彩是焦墨的发展，北京画展后的四年时间，我主要研究焦墨。我这个人不守成规，这就要想办法进步。焦墨结合色彩形成系列，是我以前没有的，也是别人没有的，也是缘于对焦墨的充分思考和充分使用而产生出来的……由焦墨而淡墨，我有意使其形成强烈对比，我觉得这样很美，这种美很明亮。焦墨显得苍老，淡墨显得明亮，这是另一种审美情趣。"

· 浓艳映日

写意花鸟
2000 年

易图境

·狂欢
写意花鸟
2001 年

他将焦墨重彩、焦墨淡彩、焦墨泼彩表现在荷花上，几乎随心所欲，接着，他又推广到芭蕉、南瓜、花叶上。

用色简约。易图境几乎想只用三原色表现物体和表达情绪。我在易图境的作品中常常看到的是红黄蓝三色，不同的是，他在看上去简单的三原色上，善于使用黑！更不同的是，他在善用色彩和黑之外，善用白！

敢用色彩、善用色彩是易图境绘画的一大特色。色彩在中国画中并不是主导地位，线条是传统中国画中的主体。色彩是西方绘画中绚烂的表现元素。中国的大多数画家在色彩的探讨上远不如对线条的探讨多，甚至对水墨的理解和掌握也超过对色彩的理解和运用。未来的中国画发展中，如何运用强烈的色彩是关键。

他认为自己是中国画的印象派。他以"笔底波澜"表现"胸中豪情"。

用线简约。当今许多年轻的探索者对传统中国画中的线用功不多，易图境的用线则不同。易图境是经过常年传统线描训练的，而且他的书法是极有功底的，深得颜体真传，中锋用笔，笔老慢行，他把书法节奏的变化用于画中，以书入画是他创作的一个特点。骨法用笔、以书入画，提高了易图境大写意花鸟画的艺术品格。他的用线还是中国传统的用线，劲健老辣，雄浑不羁，不同的是他追求用线概括形体，表达被描述对象的生命力。

易图境的大写意作品简约而不简单，他的画作非常丰富，他用一切手段表达自己的情感和意图。比如，他希望表现粗粝的感觉，于是弃用普通毛毡，而用毛毯的背面做铺垫，以增强宣纸画面上的质感，他用焦墨和浓墨画线，其他地方有多层次的淡墨和水。简约中有内容，简约中有内涵。

· 易图境印（左）、老牧童（右）

易图境常用印章（钱君匋治）
1995 年

　　大写意花鸟画发展到今天，谈突破是有一定难度的，从吴昌硕、齐白石、潘天寿到李苦禅等人，花鸟画形成了新的模式，如何打破这个模式和框框，需要画家有更大的勇气和更深的修养。没有勇气，没有创新，就没有艺术，而没有修养，就会停留在野狐禅的层面。修养成为艺术家手中的王牌。

我以为，也许年龄增长的缘故，易图境先生后期的创作日趋平和，他更注意一些细节的处理，画面在强调霸悍之余，也有柔和的元素。易图境先生的绘画至臻成熟。

易图境先生对书画艺术的贡献是双重的。一方面，他自己努力学习，不断变法创新，成功地创造了焦墨重彩、焦墨淡彩的笔墨语言，表现了一种既苦涩苍郁又美丽辉煌的风格，以其构图、色、墨融入山水画旋律而改变了中国花鸟画的格局。

另一方面，易图境先生倾心组织领导的湖南省九歌书画院，已历经三十八年，成为全国民办书画院的标杆。九歌书画院秉承专家治院、学术立院的宗旨，积极开展学术交流，采风写生、展览等，受到社会各界的好评。画院从最初九位艺术家不断发展壮大，现有艺术家九十多人，在长沙市中心还购置了办公场地，画院艺术家分布在全国各地，在各自的岗位创造了优异的成绩，这与易图境先生的贡献是分不开的。

易图境先生将传统的绘画与现代性结合起来，创造大写意花鸟新的笔墨形式！他创造了新的审美精神！

连环画泰斗
——记贺友直

贺友直（1922—2016）

出生于上海，祖籍宁波北仑新碶西街。著名连环画家。中国美术家协会第四届常务理事、中国美术家协会连环画艺术委员会主任、中国出版工作者协会连环画研究会副会长、上海美术家协会副主席，上海市文联委员。曾任上海人民美术出版社创作组的创作员，编审，1980年被借调中央美术学院任教授、研究生导师。作品《山乡巨变》在全国第一届连环画评奖中获一等奖；《白光》获第二届全国连环画评奖绘画一等奖；作品《十五贯》《朝阳沟》《皮九辣子》等均获全国奖；理论著作有《贺友直谈连环画创作》《连环画创作谈》等。2004年获文化部颁发的造型艺术成就奖，2010年，获首届中国美术奖终身成就奖。2014年获第六届上海文学艺术奖终身成就奖。

谈笑风生的贺友直，21世纪初

一

贺友直1922年11月出生于上海，五岁那年，母亲去世，父亲将他送到宁波乡下由姑妈抚养。姑妈家有一张老式床铺，床上描绘的戏文人物和雕刻的花鸟虫鱼，让贺友直百看不厌。八岁时，贺友直到设在破旧的关帝庙里的新碶小学上学。破庙里有个戏台，戏台四周枋上画的三国故事让贺友直非常痴迷，他天天细心地描摹，于是，他的美术课成绩非常突出。1937年，抗日战争爆发，他小学毕业。父亲因失业回到乡下避难，他也随之失学。

贺友直十六岁离开宁波乡下，到上海亲戚开的五金厂当小工，每天搓几十斤重的钢丝。每到发月规钱时，总是被一句"你是自己亲戚"为由打发。贺友直因"被照顾"而无奈。不久，他又去印刷厂当学徒。

那时，贺友直很羡慕到洋行里做高级职员，于是到中华职业学校上夜校学外语。交了学费就没了车费，从天平路的住处到雁荡路的学校之间只能靠步行。

当时上海霞飞路上有一家画廊，画廊橱窗里陈设着油画。贺友直路过时经常隔着玻璃欣赏。回厂后，他用印刷油墨当颜料在马粪纸上涂抹，以为这样画出来的就是油画了。他还经常路过上海美专，但这里学费高，没有高中文凭也考不进去，贺友直心里酸酸的。贺友直一直记得父亲在临终前对他的抱憾："我没让你读书。"

他在印刷厂干了一年。因为印刷厂老板经常给他们吃剩菜剩饭，贺友直一气之下，回老家做了农村小学教师。

最终，贺友直还是回到上海。这次，他努力找到了一家美术社，希望画画，一位叫陈在新的画师成为他的启蒙老师。

1949年9月，贺友直第一次接触连环画。通过贺友直夫人的亲戚介绍，贺友直画的第一部作品是赵树理的《福贵》。介绍人说，一本稿子的报酬是四担米。四担米在那个特殊时期是一笔巨大财富，这让贺友直怦然心动。贺友直租了一本连环画——连环画很小，贺友直不知道原稿是可以放大的——按照租的书尺寸大小，就画那么大，画了一百多张送去了。当贺友直索要稿酬时，介绍人说出书的老板到香港去了，就这样四担米泡了汤。

而这部不成熟的连环画最终锻炼了贺友直。做事认真的贺友直没有气馁，这之后，他画了一本又一本，进步很快。过了一年多，贺友直在上海连环画界开始小有名气，从此迈进了连环画的门槛。

1952年，贺友直参加上海连环画工作者学习班，之后到新美术出版社工作，这是一家专门出版连环画的出版社。1956年，新美术出版社并入上海人民美术出版社。贺友直是上海人民美术出版社的创作员，一直工作到退休。

二

新中国成立之初，北京和上海相继成立了人民美术出版社、上海人民美术出版社，基本上以年画、连环画、宣传画为主要作品。北京的连环画家主要有徐燕孙、刘继卣、王叔晖、任率英、卜孝怀等，而上海人民美术出版社有钱笑呆、赵宏本、顾炳鑫等连环画家。

贺友直学历不高，但他虚心求教，积极地向前辈和一些成名的画家学习。20世纪50年代，他先后创作了《坚持到明天》《火车上的战斗》《六千里寻母》《卓娅和舒拉》《连升三级》《孙中山伦敦蒙难》《杨根思》《送传单》和《新结识的伙伴》等作品，他的画风多变，勇于探索各种不同的艺术表现形式。

1962年，经过多年苦心钻研中国传统线描技法，尤其是临摹陈老莲的线描后，贺友直豁然开朗，他创作出艺术性较高、独具风貌的连环画作品《山乡巨变》。此书出版后，立刻获得了美术界的高度评价，《山乡巨变》被誉为中国连环画史上的里程碑。

1963年全国第一届连环画评奖，贺友直创作的连环画《山乡巨变》获得绘画一等奖。

可惜的是，不久"文革"就开始了，铺天盖地的大字报批判贺友直，他被剥夺了画连环画的资格。贺友直被审查了两年多，然后去了上海郊区的五七干校，直到1972年才调回上海人民美术出版社，恢复工作。其间竟然八年没拿画笔，再让他画，他不会了。这之后不久，他接到出版社的两个突击任务，画了《朝阳沟》和《十五贯》。这原本是两个电影，一个是昆曲的电影，一个是豫剧的电影。为了画好这两部作品，贺友直到河南林县（今林州市）红旗渠体验生活。《十五贯》和《朝阳沟》就是在这样的压力下，成为他的代表作。

1980年，中央美术学院成立连环画年画系，特聘贺友直兼任教授。

贺友直说："我对我的学生讲，我是1937届毕业的。他们都奇怪，我告诉他们，我是1937年小学毕业，他们都笑了。"在那个战乱频繁的年代，贺友直家境贫寒上不起学，他曾摸着上海美专的栏杆，心想要能进去学习该多好啊。如今，贺友直站在中央美院的讲台上给学生们上课了，这是他一生最为自豪的时刻。

三

贺友直在画《山乡巨变》时，构思及草稿曾经被推翻过两次。开始用的黑白明暗的方法，画出来黑的多，贺友直觉得与脚本提到的湖南资江边上清秀明丽的山水田地、村舍景物、男女老少不协调。连环画《山乡巨变》这套稿子，贺友直整整画了三年。

在长达三百九十六幅的《山乡巨变》中，场景不多，动感的场面也不多，这给连环画的创作带来相当的困难。贺友直以一位优秀导演的眼光调度场景，多角度、中远景的交替使用，加上人物刻画的细腻，使画面充满动感和变化，吸引人饶有兴味地看下去。最受大家赞誉的一段情节表现在第三册，从第五幅到第二十幅。这段文字表现"亭面糊"到富农龚子元家，动员龚子元入社，而社会阅历丰富的龚子元不但不答应，反而利用"亭面糊"爱喝酒的癖好，想从他嘴里套出一些消息。大段的文字描写与对白，场景只有一个，即龚子元家。贺友直在同一个场景中，利用人物的动作和

- 朝阳沟

黑白连环画
20世纪50年代

贺友直

· 山乡巨变

黑白连环画
1962 年

人物的增减，减少画面的重复感，着意刻画人物的心理变化、脸上的表情变化。场景从不动到角度的调动，贺友直独具匠心，妥帖安排。表现"亭面糊"喝高了，场景似乎也跟着晕眩起来，第二十幅，从场景的角度看，"亭面糊"已经彻底醉了。

贺友直创作时，主要在人物刻画上下功夫，而且注意环境背景的真实，并与之相配。贺友直认为：作为连环画家，一定要学会导演，学会"做戏"，一段普通的情节，经贺友直的揣摩，抓住人物性格特征，挖掘人物内心活动，通过画面，巧妙地、最大限度地向读者传达故事的内涵与精神。

人民美术出版社编审吴兆修评价贺友直是"会做戏的连环画家"。一句话概括了贺友直与一般连环画作者的不同之处。新中国成立之后，许多油画家、国画家都参与到连环画的创作中来，他们画技没问题，但对连环画的理解则不如贺友直。贺友直擅长用画面创造情节，创造细节。他说一画起连环画就觉得自己聪明起来，就是这个道理。

由于有生活基础，贺友直创作农村题材得心应手。他会"做戏"，连环画《李双双》中表现李双双和喜旺闹别扭，后又和好，为交代这个情节贺友直设计了几个细节。喜旺跟双双闹矛盾，离家一个多月回来了，觉得内疚，对不起老婆，于是在院子里劈柴，希望老婆原谅自己。双双回来后，看到这情景，知道喜旺是在认错。双双有一句口白："家不会开除你。"画面上，李双双让小孩将家门钥匙递给喜旺，一个动作，说明了李双双的内心世界，生动、传神。

我认为贺友直的连环画《十五贯》更有典型意义。我们知道，著名连环画家王弘力曾画过同名连环画，而且在连环画界享有极高的声誉。我就被王弘力刻画的娄阿鼠、尤葫芦所吸引。尤葫芦酒后的醉态、娄阿鼠刁钻的形象，让我认为这两个人物就该长得这个样子。一般情况下，画家是不愿意再碰同一个选题的。虽然是上海人民美术出版社将这套稿子安排给贺友直画，而贺友直为什么要接这个脚本则不得而知，但他敢于接受挑战，这个行为本身就很了不起。贺友直经过长时间的探讨，最后明确创作方向：不把它作为悲剧处理，强调要调查研究，然后才能下结论。

《十五贯》的开头是这样的：尤葫芦是开肉铺的，平常嗜酒贪杯。在贺友直的笔下，尤葫芦大肚子且笨拙地扑在肉案上挥扇轰赶围着猪头的苍蝇，苍蝇多，预示着猪头已经不新鲜了，侧面反映尤葫芦的生意并不好。另一边是托盘端酒的养女苏戌娟，两个人物一起出场。

王弘力的《十五贯》较为写实；而贺友直的《十五贯》反其道，采用幽默的笔法，简洁生动，轻松愉悦，创造了另一种新的氛围。

贺友直不仅创作出大量优秀的连环画，而且善于总结经验。他从《山乡巨变》的创作悟出三句话："从生活中捕捉感觉"，"从传统中寻找语言"，"从创作实践中发现自己"。他认为这三句话不能割裂，并认为，一个画家毕生追求的只有发现和区别。有发现，才有创作对象，有自己这条路，才能跟别人区别开来。

贺友直在接受《南方都市报》采访时说："我们下去体验生活，劳动，跟农民一起生活，是通过感觉的。眼睛看见的，并且是通过手的，全进入脑子里的。尤其画连环画的人，从开门到晚上熄灯，这一天的过程要全部了解。种水稻，怎么插秧，怎么耕地，怎么灌水，你都要懂。你知道割稻怎么割的，是这样拿刀子的，镰刀这样下去的，割了以后怎么放的。没有生活是画不出来的。"

贺友直的连环画作品曾到英、法等国展览，他还应邀在法国美术学院讲课，他的形象和代表作品中的人物，被制成地砖铺在法国昂古莱姆市图像中心的广场上。

《山乡巨变》之后，贺友直的连环画作品《白光》在第二届全国连环画评奖上获绘画一等奖，《十五贯》《朝阳沟》《皮九辣子》等均获全国奖，出版有《贺友直谈连环画创作》《贺友直短篇连环画选集》《贺友直画自己》《中国连环画名家经典——贺友直》等。

四

2013年1月6日，以贺友直连环画为主题的"文化列车"，在上海地铁2号线上线运营，为乘客呈现了一幅老上海市民的生活百态图。上海地铁将贺友直的《老上海三百六十行》系列连环画制作成了公益广告，在2号线的261号列车车厢内，以壁画和拉手的形式进行展示。这是连环画家在当今中国重要的文化活动中亮相。2002年，贺友直创作线描巨作《申江风情录》，描绘上海街头小景。2003年底，他根据儿时记忆，为家乡宁波创作了《新碶老街风情录》组画。有专家把他画的《老上海三百六十行》和《申江风情录》誉为"现当代的《清明上河图》"。

贺友直是位平民画家，他对社会底层的群众有天然的熟悉和同情，最擅长表现小人物。他以自己独特敏锐的眼光犀利地剖析生活，并将自己放低，用平民视角表现那些日复一日、年复一年的劳动者，表现他们酸甜苦辣的生活。而他画的《新碶老街风情录》组画，则饱含对家乡的热爱，像其中的《谢年》《拜会》，浓郁的乡村风情，栩栩如生的人物，一点一滴的生活细节，如同泉水汩汩而出，令今天的读者惊叹不已。

2010年1月，贺友直荣获首届中国美术奖终身成就奖。中国美术奖是中宣部批准设立，文化部、中国文联、中国美协主办，并由中国美协承办的国家级美术最高奖。

贺友直将他毕生创作的连环画作品原稿捐赠给上海美术馆。上海美术馆专厅陈列贺友直先生的作品和文献资料，这是我国国家美术馆首次为连环画家设立专门的展厅。上海美术馆收藏了他的代表作《山乡巨变》及其他三十四种代表作，除《山乡巨变》，还有《朝阳沟》《李双双》《白光》《小二黑结婚》《十五贯》《皮九辣子》等，总计原稿九百二十二幅，草图四百五十幅，速写三十八幅。

五

1963年，为配合纪念曹雪芹诞生二百周年，文化部调我父亲林锴与上海的贺友直、刘旦宅，共同绘制大型水墨组画《曹雪芹身世图》十二幅，参加展览。这是他们首次合作，他们同住、同吃、同绘，并从此结下了深厚的友谊。

几乎每次到上海，我都要到贺友直先生家探访。小心翼翼地沿着逼仄的木楼梯上去，楼上便是他的家。一位大名鼎鼎的画家，一直住着如此简陋的房屋。这是三十平方米的一居室，原是过街楼（上海搭在弄堂入口上方的阁楼），1955年贺友直搬进来后一直住在这里。他在房间里隔出一个五六平方米的工作室，放一张写字台、两个书柜，还有满处的书，再就没有什么地方了。

"文革"初期，我还在上小学，因为父亲画连环画，所以家中收着几本连环画。父亲对书很挑剔，一般的连环画是不存的，只有赵宏本、钱笑

· 十五贯

黑白连环画
1976 年

贺友直

·白光
水墨连环画
1981 年

呆的《三打白骨精》、刘继卣的《筋斗云》、王弘力的《十五贯》等不多的几本，其中就有贺友直的连环画《山乡巨变》。后来这些书都给了学画连环画的弟弟。那本连环画《山乡巨变》是横三十二开，很少见。我那时年龄小，也看不大懂，于是我得出结论，贺友直先生是画严肃连环画的。

贺友直

· 小街世象（《申江风情录》节选）
线描
2000 年

我从湖北干校回京，上初二。假期时到父亲单位玩，借来五六十年代的《连环画报》合订本，那时社会上书很少，因此看起来很过瘾，其中贺友直先生画的《连升三级》给我的印象很深，人物刻画活泼生动，让人感到轻松幽默。

贺友直先生长我父亲两岁，所以我称他贺伯伯，因为世交，贺友直伯伯对我爱护有加，也愿意和我讨论些问题。贺伯伯是典型的艺术家，即使没有大房子，依然满怀激情地创作。谈起问题，常常激动起来，像个热血青年。他后来画连环画，已经不是为钱，而是一种坚持，是一种责任。谈价钱，现在画连环画和画国画不能同日而语，他也不是不能画国画，他画鲁迅的《白光》，将中国画的技巧发挥到淋漓尽致，人物画得那样生动。他毫无保留地捐出了那么多珍贵的连环画原稿，如果为了钱，这些原稿可以拍卖出天价来。

无论是在北京还是在上海，无论是当面还是打电话，贺伯伯每次说话都一针见血。我们谈上海的文化建设，谈社会浮躁、贫富差距；我们谈动漫的影响，谈连环画的未来发展。每年春节他都要给我寄来贺卡、年历本，寄来数张他创造的连环画人物册页，这些都被我小心地珍藏着。贺伯伯那时毕竟九十多岁了，那几年我在春节期间常给他打电话拜年，听到他爽朗的笑声，我由衷地高兴。

2016年春节期间我和他通过电话拜年，他的声音依旧爽朗，谁知没过多久，就传来去世的噩耗。希望他在天堂依旧可以画他的连环画。

新连环画的开拓先锋
——记顾炳鑫

顾炳鑫（1923—2001）

上海人。著名连环画、版画、中国人物画家，美院教授。曾任上海人民美术出版社连环画创作室副主任，上海大学美术学院中国画系首任主任。中国美术家协会理事、上海美术家协会主席团委员、上海美协连环画艺委会主任、上海市文联委员。早年从事木刻版画和漫画创作，20世纪50年代开始创作新连环画，代表作《蓝壁毯》《渡江侦察记》《黎明的河边》《英雄小八路》《红岩》等受到读者的喜爱。从事连环画理论研究，组织和指导新连环画创作，撰写《怎样画连环画》一书，还搜集整理和研究中国古代明、清线装本木刻版画，致力于钻研传统白描并借鉴运用于人物绣像和新连环画创作及中国人物画创作。他创作的中国人物画《一切权力归农会》《对弈图》分别由中国革命历史博物馆和人民大会堂收藏。

晚年顾炳鑫，20 世纪 90 年代

一、自学成才

1923 年 10 月，顾炳鑫出生在上海闸北区梅园路。祖辈务农也做过工匠，因家境贫寒，他在五所小学断断续续念过书，仍未能毕业。1937 年，"八一三"淞沪抗战爆发，他随父母从闸北逃难到租界，被"难民收容所"收留，成为难民，靠拾荒捡垃圾度日。后来随父亲做竹匠、翻砂等临工。他从小就酷爱美术，经常临摹一些报纸上的图片、照片和广告画。

1940 年，他机缘巧合上了中华职业义务夜校（中共地下党创办）。参加夜校办的漫画木刻班遇到了一些曾经参加木刻讲习会的学生，木刻讲习会是鲁迅先生邀请日本内山完造、内山嘉吉兄弟办的。顾炳鑫在那里和学生们一起学习交流绘画创作。他常到街头去画速写，把写生的素材和见闻融入绘画创作，并开始投稿。

1941 年夏天，他投稿寄出的第一幅木刻版画《穷缝妇》意外地被《艺玖画报》发表了。之后他经常创作版画投稿发表，认识了内山完造、内山嘉吉兄弟。此后参加日本左翼反战人士和中共地下党组织的版画协会，并担任了版画协会的理事工作，在报纸杂志上创作发表了许多抗日的木刻版画和漫画作品。

1943 年，顾炳鑫结婚成家后，在地产公司当过绘图职员，到电车公司当过售票员，还与别人合伙摆摊修理自行车，但他仍坚持利用业余时间创作绘画投稿发表。1945 年，抗战胜利后，他创作的反内战漫画，在郑振铎主编的《民主》《周报》等刊物上发表。

1949 年，上海解放，他根据赵树理的短篇小说《小经理》，第一次编绘了短篇连环画《小经理》，被江丰、郑野夫主编的大众美术出版社采用出版，从此走上了连环画创作的道路。

二、开拓实践

上海是连环画的发源地和大本营，顾炳鑫因发表了一些现实题材的连环画作品而被关注，1950 年被邀请参加连环画联合书店设计委员会。1951 年，担任连环画研究班的辅导老师。

1952 年，他被调入刚成立的华东人民出版社（上海人民美术出版社的前身）美术创作室。除了连环画，还搞宣传画、年画和木刻版画及漫画创作。之后转为主要创作现实题材的连环画，并担任连环画组组长。

1953 年，抗美援朝取得胜利，他参加了北京召开的全国第二届文化艺术工作者代表大会，受到党和国家最高领导的接见。在国家最高领导对新连环画创作的无比重视和热情关怀的感召下，他的创作潜能和激情被全面调动起来，开始尝试针对不同题材、体裁的连环画作品采用不同的形式来表现。他用钢笔画创作了苏联民间故事《蓝壁毯》连环画。1954 年，他用铅笔素描创作了《渡江侦察记》连环画。1956 年，用黑白画形式创作了《黎明的河边》《小辫子哥和我》等大量的连环画作品。这些作品在20世纪50年代对连环画界产生了广泛的影响。

1956年，新美术出版社并入上海人民美术出版社，成立了连环画创作室，他被任命为主抓现实题材连环画创作的副主任。一次，文化部长茅盾由华君武陪同来上海召开美术界座谈会，会上谈到连环画创作时，茅盾部长提出了"南顾北刘"的说法。刘是刘继卣，顾自然是顾炳鑫。

1956年，他受美协版画组邀请，用木刻套色版画的形式，创作了鲁迅小说《药》的一套插图。1957年，他创作的木刻作品《大地上》在全国青年美展中获三等奖。1958年，他用木刻版画形式创作的鲁迅小说《阿Q正传》一套插图，入选社会主义国家造型艺术展览会。

1957年起，他开始接触中国古代版画，从专业出发，进行搜集整理和研究。进而对传统白描有了新的认识和兴趣。从追摹陈老莲、任渭长的白描，进而揣摩顾恺之、李公麟、武宗元的白描人物画。1959年，他画了小说《红旗谱》《新英雄谱》等人物白描绣像，受到美术界专业人士们的好评。

1958年，他撰写的《怎样画连环画》一书出版，成为全国各地美术爱好者们学习连环画创作的工具书。

1959年，他又开始了卷轴中国人物画的创作，为中国革命历史博物馆创作了《一切权力归农会》《汀泗桥》两幅大型中国人物画，又创作了《三女闹革新》（1960年）等作品，受到美术界的好评。

1960年，他又参加了北京召开的全国第三届文化艺术工作者代表大会，再次受到党和国家最高领导的接见。国家最高领导提出了新连环画走中国传统民族化的艺术创作道路，他深受鼓舞，全身心地投入到工作中。组织和指导重点精品白描连环画《山乡巨变》《铁道游击队》《三打白骨精》的

顾 炳 鑫

· 蓝壁毯

  钢笔连环画
  1953 年

· 渡江侦察记

  铅笔连环画
  1954 年

创作，在 1963 年全国第一届连环画评奖中这三个作品均获得创作一等奖，取得了新连环画艺术创作的辉煌成就。

1961 年，他用彩墨画的表现手法创作了《英雄小八路》连环画，因恰逢"三年严重困难"条件艰苦，无法用彩色印刷出版，而黑白印刷造成画面模糊，影响了出版效果。

1964 年，他又担任长篇白描连环画《红岩》和《红灯记》的创作组长，和几个同道一起创作，这些作品都获得广泛好评，连环画《红岩》获得第二届全国连环画绘画二等奖。

1969 年，他去了五七干校劳动改造，1970 年至 1972 年，他在干校组织集体创作了《列宁在十月》《列宁在一九一八年》两本白描连环画，获得广泛好评。

"文革"后期，他利用长期下放劳动生活在农村的条件，用速写和彩墨画肖像，大量收集素材。一面锻炼笔墨技巧，一面积累各种类型的人物形象，为进一步开拓人物画创作创造条件。并逐步形成了以长线条造型为主的画风特点。他画的白描人物画，有《农民英雄黄巢》《韩非造像》《红楼梦人物绣像》《三国人物笺》等。他在卷轴中国人物画方面，有历史人物《杜甫造像》《李白行吟图》《辛弃疾造像》《曹雪芹造像》等作品。其中一些作品被人民大会堂、博物馆等单位收藏。

1976 年，他用结构线描的形式创作了《向阳院的故事》连环画，获得广泛好评。

1983 年，他在上海中国画院举办了《顾炳鑫中国人物画观摩展》，获得广泛好评。

1984 年，上海大学美术学院建立，他被调任美院首任国画系主任，开始从事美术教学工作。在国画教学中，他从自身经历出发，为了能让学生打好扎实的基础，将来能适应社会的需要，把连环画列为必修课之一。

1984 年至 1985 年，他用彩墨人物画的形式创作了《玉泉》《小黄龙》两本连环画，获得广泛好评。

三、精进创新

顾炳鑫创作新连环画时富于开拓创新意识，在许多领域都做了大胆尝试，如传统单线白描、黑白画、钢笔画、铅笔画、彩墨画等，在连环画界产生极深刻的影响。

其中 1954 年创作的铅笔连环画《渡江侦察记》最为突出。1952 年，沈默君创作了电影《渡江侦察记》文学剧本，表现 1949 年春天解放军渡江作战前夕，一队侦察兵巧渡长江，在当地游击队和群众的协助下，完成侦察任务，为渡江战役取得胜利创造条件的故事。剧本情节生动，险情迭出，并成功塑造了李连长、吴老贵、刘四姐、敌情报处长等人物形象。

顾子易的连环画《渡江侦察记》创作始于 1953 年冬，他为了体验生活，两次到安徽省芜湖市境内的白马山和当年渡江登陆点三山的沿江一带实地写生。他还长期下连队，与侦察兵生活在一起，至今还有"吴老贵"的人物写生画稿。而刘四姐的形象，则是他以自己妻子的形象为原型设计的。由于连环画的创作在先，同年拍摄电影《渡江侦察记》的编导沈默君、汤晓丹与他多次交流，并以连环画作为选演员的参照和摄制影片的范本。

连环画《渡江侦察记》采用铅笔画，在渲染气氛、刻画人物、丰富层次等方面有特别的效果。许多画面中表现的是夜里的情景，如果用白描的方式

·《英雄小八路》封面

黑白连环画
1963 年

·列宁在一九一八年

黑白连环画
1972 年

就难表现黑夜,而用版画方式,又过于黑。他选用铅笔画,一方面铅笔的灰度能够表现更多的层次;另一方面,素描关系又利于刻画人物性格和场景气氛。

其中,刘四姐撑篙跃入小船的画面给人的印象最为深刻。连环画中共出现两幅刘四姐撑篙跃入小船的画面,一幅是少年刘四姐,一幅是成年刘四姐。文字几乎一样,"只见她两手平握竹篙,往前一跳,篙头插进水里,人像燕子似的轻轻落在船上"。画面的动感十足,自然生动。他为此在湖边反复练习,练会了撑篙跳船的动作。因此,他画的刘四姐飞跃上船的动作优美生动。前后画面的呼应,再次强化了这个动作,深深烙印在读者心中。

他在表现夜景中的人物活动时,采用了多种手段,包括各种光源的利用。读者一般关注情节的曲折,他巧妙地利用甚至不存在的光源,来表现人物特征。铅笔灰色的运用也十分到位,天空的涂抹、水面的交代、小路的坑洼不平,都让人如临其境。

连环画《渡江侦察记》不论是人物,还是毛驴、汽车、枪械等道具,都画得十分逼真,这对于读者来说,绝对是极其过瘾的视觉享受。他有大批拥趸,毫不奇怪。他能够在如此长篇的故事中,以写实的方式表现人物活动,精巧而又准确地素描,在 20 世纪 50 年代初,是极为少见的。为此,连环画界"南顾北刘"的说法,名副其实。

连环画《渡江侦察记》出版于 1955 年,是为纪念中国人民解放军建军二十八周年而作。此书一面世,即受到广大读者尤其是解放军官兵的欢迎和喜爱,1963 年在全国第一届连环画评奖中获得创作二等奖。

1961 年,他又尝试用水墨画来创作《英雄小八路》连环画。为了体验生活,他到福建前线当兵一个月。他回忆说:"那些天,炮弹天天在头上飞来飞去,不过我们也不怎么害怕。可终于有一次,炮弹在我身边炸开了。那天,我们正给从新兵连里选送来的绘画爱好者上课,露天的课堂,什么遮拦都没有。倒不是我们胆子大,对方的规律是每隔一天打几发炮弹,那天按理不打炮,偏偏他们胡乱出牌,一枚炮弹直飞过来……我们几个画画的没什么反应,倒是那些新兵,机灵地扑通、扑通全跳进交通沟里去了。"

之后,他又组织合作八册长篇白描连环画《红岩》。此时,他已经转向对单线白描的研究。创作《红岩》花了四年时间,他带队到重庆去了两次。画了许多场景和人物素描。由于稿子是集体创作,起草构图需要分别指定画场景和画人物的人,拷贝精稿后,作最后调整,再勾勒墨线完成正稿,整个创作过程复杂。他重点刻画塑造江姐、许云峰、双枪老太婆等主要人物的神态表情。《红岩》连环画出版后,受到读者的广泛好评。

四、卓越贡献

顾炳鑫的知己贺友直在写《说三道四话老顾》的文章中对他有很高的评价:

炳鑫早年从事木刻创作,建国初始投身革命文艺队伍,是新连环画开拓者之一,"南顾北刘",在连环画新兵的心目中被视作学习的楷模。当时,在上海掀起一阵"顾派旋风",我也是自动卷入的一个。之后,他忽然迷上了明清版画;四方搜罗,潜心研究,不仅著书立说,画风也随之大变,影响所及,我也从此知道陈老莲为何许人,《水浒叶子》是何种画了。

炳鑫同志的画确是老实并规矩。他的作品艺术特点是严谨中透露灵

顾炳鑫

·《药》插图

套色木刻
1973年

秀之气，写实中融入夸张手法，严肃中显现幽默情趣，平稳中暗含微妙变化；他画的仕女，工整典雅，丽而不俗；鲁达、李逵，粗犷而兼含妩媚。

他不仅创作了大量的连环画，还不遗余力地进行连环画的理论研究，宣传推广、普及连环画创作，对各地新兴的年轻的连环画家们给予热情的鼓励和指导及支持。当年连环画《枫》在《连环画报》出版后，引起各方的强烈反响，有支持的，也有反对的。他主动给《连环画报》写信，支持三位年轻画家：

收到画报，翻了一遍，就给《枫》这个连环画吸引住了。再读一遍，心里很激动，就想给你们写一点想法。

从《伤痕》到连环画《枫》这一系列好作品，都是敢于干预生活、敢于揭露、敢于闯禁区的。作者大都是年轻人，他们创作这些作品可能还存在一些这样那样的缺点和不足之处，但出发点是"补天"，不是翻天，是"补台"，不是"拆台"，矛头指向林彪、"四人帮"，也指向官僚主义、特权，立场观点、政治态度是鲜明的，是勇敢的闯将，文艺战线上的斗士，值得我们年老的作者同志向他们学习的。

……在这里我向《枫》的作者祝贺致敬！向连环画报编辑部祝贺致敬！希望你们创作出更多更好的作品，发表出更多爱好的作品来，为实现四化作出更大的贡献！

他还撰写了大量关于连环画创作的经验谈，他在 1986 年《连环画论丛》第四期登载文章，他说：

我对连环画这个普及通俗画种，思想上是重视热爱的，创作中常常想到自己的每个作品每一幅将会印成几万、几十万册，甚至百万册以上，而不能不增加责任感和使命感。……所以我把连环画创作看得很高，我把自己当作导演，来总体设计一个作品的基调，安排处理故事情节的轻重缓急；我把自己当作演员，来考虑每个人物的外貌、衣着、性格、特征和在规定情景中的反映、动态；我还把自己当作摄影师和布景、灯光设计师，来设计环境道具以辅助衬托情节的开展和人物的塑造，以及气氛意境的渲染。我认为连环画的连续性要从两条线来贯穿，一条是外在的表面的，是描绘故事情节的连续；一条是内含的精神的，要着重刻划人物性格心理，使每个人物的情绪反应和动作细节顺理成章又贯穿始终，因而给读者以具有生命的可信的形象而不是符号，所以在创作中更要求发挥视觉形象的再创作，突破原著和脚本的限制，如动作细节的重新设计，人物情绪的把握，画面的节奏调度处理等等。……尽管我在创作中想法很多，创作态度也比较认真，但限于自己的底子薄水平低，所画出来的作品质量不很高，特别是按今天整个水平来看更是这样。不过如果从个人的创作顺序来看，往往后一个作品比前一个能有些进步和变化，并且还能经常在创作中作一些新的尝试和摸索，曾经对当年的连环画创作起过一点微小的作用，为整个新连环画事业前进的道路，作了一颗铺路的石子。

他晚年秉持着对中国传统绘画艺术一贯的追求老实和惟专故精、惟变故神的理念，创作了大量的历史人文题材的中国人物画。他善于把握塑造人物

· 白居易问诗图

山水人物
1983 年

顾 炳 鑫

· 对弈图

山水人物
1989 年

的性格特征、内心活动、精神面貌,所以他笔下的人物形象个性鲜明、神情生动。他的构思和构图富有诗意境界、情趣含蓄、内涵丰富。他擅用长线条描绘结合泼墨淡雅素彩。他的线条组织讲究结构关系结合装饰,赋予线条唯美的节奏感、韵律感,流畅凝练、飘逸潇洒、功夫老到。他的敷色雅致,浓淡相宜、柔和协调。他创作的中国人物画偏重传统写实结合装饰写意。他塑造的历史人物儒雅、端庄、灵秀、传神,赋予人文精神和现实意义。他的作品既格调典雅又贴近大众的审美,深受读者的喜爱。

顾炳鑫是新中国连环画的开拓先锋,为中国连环画事业的发展做出了卓越的贡献。

诗书画印全能
——记林锴

林锴（1924—2006）

福建福州人。国家一级画师，中国美术家协会会员，中国书法家协会会员，中华诗词学会会员。高中毕业后考入福建省师范专科学校，1947年又考入杭州国立艺专，1950年毕业。1951年入人民美术出版社工作。初从事连环画创作，后专攻国画，兼及书法、篆刻与古诗文。1994年7月被聘任为中央文史研究馆馆员。出版有书画集《林锴书画》、《林锴书画集》（中国台湾繁体版），文集《墨花集》，诗集《苔纹集》等。

林锴在家中，20 世纪 90 年代

一

林锴的曾祖父是林雨藩，原籍河南。林雨藩是个孤儿，靠百家饭长大，后考中进士，官至江西学政，晚年寓居福州三坊七巷杨桥巷北边的总督府后。因为自小贫穷，清末他辞官办学馆后，对一些穷人家的孩子不收钱。

林锴的父亲林达文在北京海军机构做秘书，二十多岁时死于伤寒。林锴随母亲寄居在舅舅家。

林锴从小就喜欢画画，但家里没有学画的环境，长辈中没有擅长画画的。他那时才几岁，正读小学，邻居有个高中生会画画，受高中生的影响，林锴到户外画水彩。国画就买点宣纸在家里画，那时一张宣纸二十几个铜板，每天家长只给三个铜板的零花钱，他把三个铜板攒下来，攒一段时间，才能买一张纸。他喜欢画大画，一张宣纸几笔下来就没了，画完之后很后悔，为什么不裁小一点呢？但是下回再画的时候还是画大的。

林锴高中毕业后考上了福建省师范专科学校的艺术科，接受谢投八、林子白诸老师指导，学画才算步入正轨。他对中西画都具有浓厚的兴趣，学习很认真，又时常去拜访福州老画家陈子奋先生。陈老诗书画印全能，林锴颇受教益。在师范学校里，国画、西画、图案、金工、木工都要学，他不喜欢这样，就想报考杭州国立艺专。

1947年林锴去报考国立艺专，当时艺专分四科——国画、西画、图案、雕塑。考试的难度较大，但他如愿考取。

第一年学基础课，第二年由潘天寿、吴茀之、诸乐三、黄宾虹、郑午昌几位大教授授课。第三年解放了，他们都改画了西画，而且经常下乡体验生活——这也是不错的，转变了他们的世界观和人生观，而且学习到了一些其他的知识，对国画学习是一个很好的补充。

当时国画分两个教室，一个是山水教室，一个是花鸟教室。林锴当时学山水，每周有四个上午学山水，另外两个上午学花鸟。因为山水画中也需要花鸟的内容，学花鸟的开课和学山水的开课正好相反，是两个上午学山水，四个上午学花鸟。这六天的课要由这几位老师轮流上，吴茀之、诸乐三教花鸟，黄宾虹、郑午昌教山水，潘天寿是山水、花鸟都教。

林锴主攻山水专业。开始临摹古法，以元四家、明四家、清四王为主攻方向，重在娴熟古人的笔墨变化，旁及四僧、八怪，旨在领会其奇情逸趣，也兼向近现代吴昌硕、齐白石、黄宾虹、潘天寿诸家的作品中汲取营养。林锴感到传统方法太陈旧，若要加以改进，就必须汲取其他画种的长处。因此他课余往往跟随西画教室的同学外出作西画写生。每周除专业技法外，还设有书法、篆刻、诗学、美术史及各门理论课。林锴自幼练过颜真卿、柳公权、苏东坡等人的字帖，书法有点基础。林锴开始迷恋过赵之谦，继而学习魏碑。学魏碑《张猛龙碑》方笔，进而爱好《中岳嵩高灵庙碑》、大小《爨》；圆笔则喜《石门铭》《瘗鹤铭》，取其拙朴古厚之神味。对篆刻的兴趣也始于此。林锴曾把积攒下的一百多首旧体诗送请潘天寿先生批改，受到赞扬和鼓励。有一首七言古诗，潘先生认为最好，批道："此诗通首灵活，一气呵成，有大珠小珠落玉盘之妙，可喜、可喜！"

从学校毕业之后，基本上没有人再画国画了，因为没有画国画的位置。林锴毕业之后服从分配到当时的辽西省康平县当美术教师，他在一所初中教了一年美术。那地方连电灯都没有，冬天风沙极大，厉害的时候，人走不动，沙粒打到脸上很疼，林锴生活很不习惯，就想回到南方。在暑假教学结束后，他就离开康平到了北京。原本只想在北京逗留几天，但那时刚刚解放，到处都缺人才，他的老校长江丰（时任中央美术学院院长）就将他推荐到人民美术出版社。

二

1951年，林锴进入人民美术出版社任专职画家。林锴以美术创作为主，也做一部分编辑工作。由于受过院校的绘画训练，他很快脱颖而出，创作了大量连环画、年画、插图、宣传画，重点是连环画。1954年《连环画报》上刊载的连环画《妇女主任》，是林锴早期的一部重要作品。创造主要的人物形象准确生动，被认为刻画人物性格比较成功的作品。1955年，他又创作了《翠岗红旗》《界碑》等较有影响的作品。

1957年，林锴创作了彩墨连环画《三岔口》。《三岔口》是一出著名的京剧，为了创作这套连环画，林锴反复观摩京剧，晚上天天打太极拳，体会艺术的相通之处。彩墨连环画《三岔口》有两种开本，以工笔、写意

林　锴

· 妇女主任
　黑白连环画
　1954 年

· 甲午海战
　黑白连环画
　1963 年

相结合的笔法,将惊险的武打故事用彩墨画再现出来,打斗场面用淡淡的墨色来烘托人物,具有相当高的艺术品位,在连环画界引起了不小的影响。

林锴整整画了三年的连环画《甲午海战》,于1963年问世。为了表现这一历史重大事件,他多次到山东威海等地写生、体验生活,几易其稿。这部连环画充分展现了他的传统笔墨的功力。《甲午海战》是林锴连环画创作的一个高峰,在1963年全国首届连环画创作评奖中获二等奖。

1964年问世的《夺印》,是一部表现农村现实题材的作品(蒋淑均改编),林锴常年在农村体验生活,画起来得心应手,所以作品富于浓郁的生活气息,是林锴的又一代表作。这部作品与《甲午海战》时隔一年,表现手段却迥然不同,体现了林锴全面的素养。

"文革"中,林锴受到迫害,被非法关押八个月。1969年夏天,林锴戴着"现行反革命"的帽子去了湖北咸宁文化部五七干校。

三

"文革"之后,林锴转向中国画的创作。早在20世纪50年代,林锴在创作大量连环画的同时,一直坚持国画创作。1956年,他创作的《牲口评价大会》(现藏于中国美术馆),获北京市青年美展国画一等奖。水粉画《读书》,1956年由国家选送参加东欧青年画展。1957年为中国军事革命博物馆绘制抗日题材《鬼子的汽艇又来了》,1959年为中国革命博物馆绘制大型历史画《捻军大败僧格林沁》。1963年为配合纪念曹雪芹诞生二百周年,与刘旦宅、贺友直共同绘制大型水墨组画《曹雪芹身世图》十二幅,参加展览。

林　锴

· 只履西归

写意人物
1993 年

· 久旱得霖

写意花鸟
1994 年

他的创作还是以人物画开始的，比如在人民美术出版社与日本讲谈社合作出版《中国的旅行》中，他画的怀素。以及在北京展览中的《女娲补天》《钟馗》等，怀素、钟馗等人物造型洗练，线条坚实富有弹性。金石味道的用线方式早在他创作连环画时已经实践过了，比如连环画《甲午海战》的毛笔用线方式，采用小写意的方式，与众不同。也许创作连环画时考虑群众的欣赏水平不够周到，但在国画创作中，恰恰是艺术创新的优势。《女娲补天》体现了他对新的手段的兴趣，用的是没骨画法，当时他与李世南经常在没骨画法上研究，但他最终认识到，用线是自己的长项。

"文革"结束，人民美术出版社成立了新的创作室。创作室没有创作连环画、年画、宣传画的任务，可以自主地进行美术创作。创作员创作激情空前高涨，创作风格各异，这也是当年人民美术出版社创作室能与北京画院等创作单位相媲美的原因。几年后，解放前成名的老画家，像刘继卣、王叔晖、任率英等人陆续退休，林锴成为创作室中年龄最长的一位。

此时林锴的中国画创作已从人物画渐渐向花鸟画、山水画全面铺开。人民美术出版社创作室组织去山东大渔岛写生，回来后，林锴出了一本《林锴画选》。

书法是林锴的一大特长，小时候老师教他打一桶清水，拿大毛笔在一尺见方的方砖上写大字，以练笔力气势，那时虽然也写颜柳、苏东坡，但写得不太规范，进入艺专以后，他由写帖改成了写碑，他对《张猛龙碑》、二《爨》以及《中岳嵩高灵庙碑》《石门铭》《龙门二十品》有深入的研究，也大量临摹。帖学方面他比较喜欢黄道周、倪云璐、张瑞图、沈寐叟，喜欢他们字中碑的味道。

他认为，完全写帖很难跳出来，因为帖学最终的根源都要追溯到二王，

林 锴

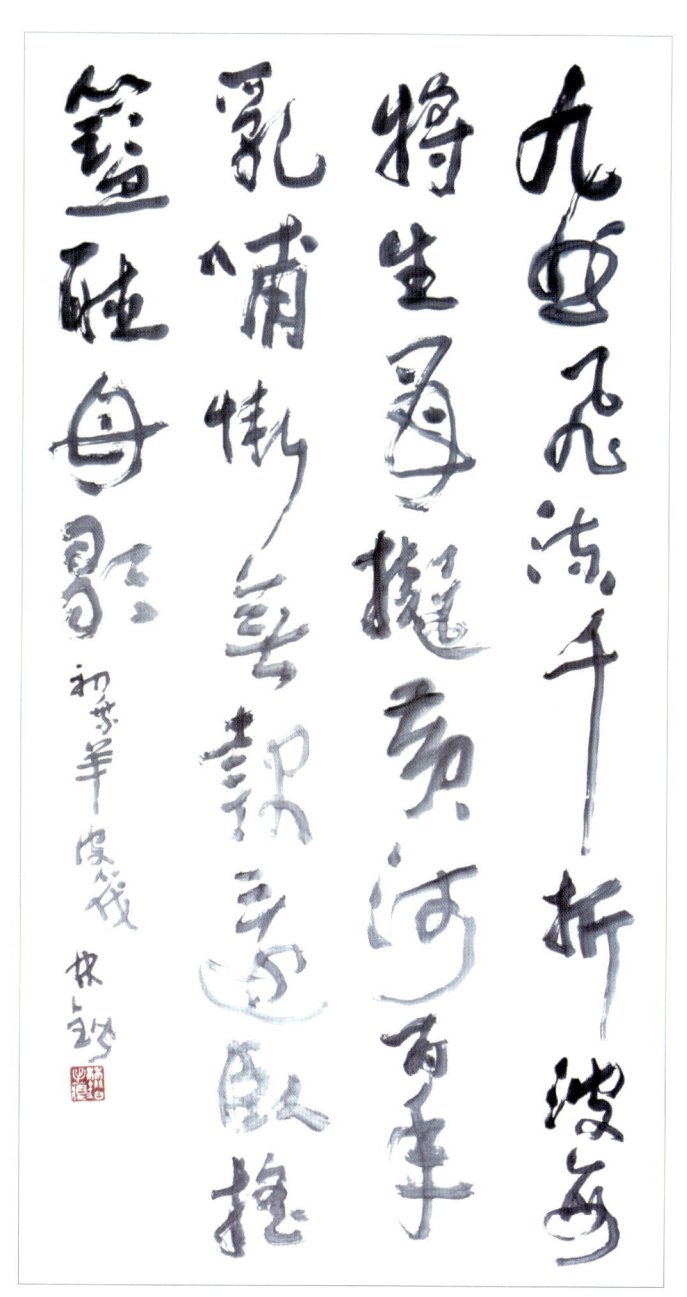

・初乘羊皮筏

诗作书法
2001 年

容易写得千人一面；完全写碑也不行，碑是刻出来的，用毛笔去追求碑刻的效果不现实，比如《爨宝子碑》就很难写。潘天寿的一个老师叫经亨颐，他就用圆笔中锋写《爨宝子碑》，潘天寿也在一定程度上受经亨颐的影响，字形中时常流露出《爨宝子碑》的意思。林锴将碑帖掺在一起，放笔随形，一笔写出像碑就是碑，像帖就是帖。

四

林锴认为："诗、书、画、印全面铺开，有利于从多种角度、几个侧面了解祖国古代的文化，此其一；其次也有利于加强作品的文化含量。诗、书、画、印都是我国传统文化的精髓，而诗，又是精髓之精髓，画中增添文化含量，即古人所谓画有书卷气也。现代作画人多不读诗文，是个很大的憾事。诗、书、画、印四门，原是姐妹艺术，彼此相互渗透，相辅相成，本是很自然的事。书与画本来一家，书画同源嘛，说到绘画的骨法用笔，应有书法筑基，一幅画也可看作笔笔是书，而书法的结体与分行布白又可参考画法的构图。篆刻的布局、刀法又能影响书画，增强线条的全面韵味。诗与画更不可分，诗画结合，诗多画意，画有诗境，画能有书卷气，乃为艺林所重。可见，诗、书、画、印四者应以诗为纲，出来的作品品位才高，这从历来有名望的大画家作品中，可以得到验证。"

林先生在"诗书画印"四方面齐头并进，我们可以称他为画家，也可以称他为诗人、书法家、篆刻家。涵养于诗、书、画、印所代表的中国传统文化，使他的作品内涵丰富，耐于咀嚼，也可以说他的作品是以绘画为平台的中国文化的一个多方位展示。在谈到中国画的发展方向时，不善言

林 锴

· 打钉铁
篆刻印章
1993 年

· 丹青痼癖
篆刻印章
20 世纪 90 年代

· 万象在旁
篆刻印章
20 世纪 90 年代

林锴和儿孙们，2001 年

谈的林先生却颇有些滔滔不绝，让人切切实实地感到了他那热爱中华文化、热爱中国画的一颗热诚的心。

　　林锴自 1988 年退休以来，虽身患痼疾，但仍旧工作不辍，1994 年 7 月被聘任为中央文史研究馆馆员。在五十多年艺术实践过程中，他的作品经常参加国内外展出，发表在报纸杂志上的诗、书、画、印及文章不计其数，且多次获奖。2006 年 5 月 24 日上午 9 时 20 分，林锴因病医治无效在北京逝世，享年八十三岁。5 月 24 日上午，遗体告别仪式在顺义潮白陵园举行，二百余名生前友好参加了告别仪式。他的著作有《林锴画选》（1982 年）、《林锴书画》（1988 年）、《林锴书画集》（1990 年中国台湾繁体版）以及诗集《苔纹集》（1988 年）等。旧体诗自 1992 年至 1995 年连续四次获国家级诗词大奖赛大奖。

与连环画同呼吸、共命运
—— 记姜维朴

姜维朴（1926—2019）

山东龙口人。中国连环画研究会会长、中国美术家协会第四届理事、第八届全国政协委员。1944年参加革命，山东解放区山东大学文艺系肄业。曾任上海《华东画报》主编，1953年起任人民美术出版社连环画册编辑室副主任、主任，人民美术出版社副总编辑。1985年，创建中国连环画出版社，任总编辑。连环画脚本《穷棒子扭转乾坤》获第一届连环画评奖文学脚本一等奖。主持编辑出版《水浒》《岳飞传》《志愿军英雄画谱》《地球的红飘带》等连环画。长期从事连环画的编辑、出版、理论研究及组织工作，创立中国连环画研究会，为新中国连环画事业的领军人物。著有《鲁迅论连环画》《新中国连环画60年》等。2009年，入选"新中国60年百名优秀出版人物"，2004年被中国美术家协会授予"卓有成就的美术史论家"荣誉。

在《华东画报》工作时的姜维朴，1950 年

一

姜维朴，1926 年生于山东省黄县妙果村，幼年丧父。姜维朴幼时聪颖，喜爱读书，上小学时年年都是全校考试前三名。

抗战爆发，姜维朴因家庭贫困辍学。原来的老师看到好学生不能继续读书，天天下田务农，心里痛惜，就让他回母校当小先生，教低年级的学生。姜维朴一边做小先生，一边读了许多图书，有父亲留下的《水浒传》《三国演义》《说岳全传》等名著，有茅盾的《家》、丁玲的《丁玲选集》、郭沫若的《女神》等，也有故事性强的《施公案》《三侠五义》等公案侠义小说。叔叔送的 1936 年版的《鲁迅选集》，他一直保存着。这套书中的《"连环图画"辩护》，竟与他未来的连环画事业结下了一辈子因缘。

1941 年，姜维朴到青岛讨生活，受尽了业主的盘剥。在日资洋行打工，被耀武扬威的日本人欺负。1942 年他凭实力考上了免费的北京电气通讯学院，却还是被日本人欺辱。

1944 年毕业后，姜维朴返回家乡。村里小学的乔校长听说他回乡，喜出望外，让他到小学校任教。这时的村子虽然表面是日伪政权，但实际上已属共产党领导。不久，姜维朴义无反顾地参加了八路军。1945年，姜维朴从部队考取了山东大学文艺系。当时山东大学在临沂，是山东解放区首创的高等学府。没有教室，只能在露天里上课；没有宿舍，只能借住民房。但是大家学习热情高涨。在文艺系，姜维朴认识了后来相伴一生的爱人——王素，他们是同班同学。

1948年，姜维朴被派往华东画报社，开始了记者生涯。来画报前，他从没摸过相机，但他刻苦学习，很快就掌握了拍摄和洗印技术。他拍摄过不少具有重大历史意义的照片，比如拍摄王耀武等被俘的国民党高级将领在解放区教导团的学习活动，拍摄铁路工人冒雪抢修胶济铁路济潍工程时的热火朝天劳动场面，拍摄山东民工把弹药送向淮海前线等感人场面。其间，他撰写了五十多篇报告文学、诗歌及唱词等通俗文艺作品。姜维朴曾经在张富贵的村子里生活了一个多月。后来由他写诗、赵延年绘的《劳动英雄张富贵》连环画，是他的第一部连环画作品。

二

1953年，《华东画报》改为《工农兵画报》，所有记者调往北京。这年2月，姜维朴调到人民美术出版社，被任命为连环画册编辑室副主任，主持连环画册编辑室工作，后任室主任。在他的主持下，先后出版了《水浒》《岳飞传》《杨家将》《志愿军英雄画库》《我要读书》《穷棒子扭转乾坤》《王贵与李香香》《漳河水》《英雄村》《青年近卫军》《钢铁是怎样炼成的》等深受广大群众喜爱的作品。

姜维朴在人民美术出版社旧址门前，1953 年

《水浒》连环画册从 50 年代初到 60 年代初，先后出版二十六集。姜维朴注意导向，在文字脚本着手改编时，要求遵循"取其精华，去其糟粕"的原则，对一些不适合青少年儿童阅读的部分做以删节。比如血溅鸳鸯楼，武松一怒之下杀了几十口平民，脚本文字都做了删改。从 1955 年到 1960 年，《水浒》连环画册再版十六次，总印数约一千五百万册。连环画套书《岳飞传》，从 1958 年到 1984 年，十五集共印六千七百余万册。《杨家将》，从 1958 年到 1981 年，五集共印一千三百五十余万册。1957 年到 1960 年出版《中国戏曲故事》画库，印了六十万册。此外还有《我要读书》《穷棒子扭转乾坤》《钢铁是怎样炼成的》《志愿军英雄传画库》《青年近卫军》等一大批优秀的连环画册。自 1953 年成立连环画册编辑室，到 1962 年共出版连环画册一千四百余种，印刷一亿余册。这些连环画作

品影响了新中国整整一代人。

"文革"开始后,姜维朴成为被批斗的对象。两年后被"解放",再次回到连环画工作岗位。

1971年,周恩来总理主持召开出版工作会议,姜维朴参加大会。周总理说:"现在孩子们没有书看,任务紧急啊!你们不干,谁干?"姜维朴感到身上的担子很重。

1973年10月《连环画报》复刊,姜维朴主持《连环画报》的编辑部工作,这一年编绘出版了一批以现代京剧为题材的连环画如《红灯记》《智取威虎山》等作品。

"文革"后,姜维朴被任命为人民美术出版社副总编辑,分管连环画册编辑室和《连环画报》编辑部,创办了全国唯一的连环画理论刊物《连环画论丛》。1983年,他创办中国连环画研究会。如果说,新中国的连环画曾创造出无数次辉煌,那么,可以这样说,这一次次辉煌几乎都与姜维朴这个名字联系在一起。

改革开放后,被誉为文艺界轻骑兵的连环画被广泛关注,受到社会各阶层读者的欢迎。20世纪80年代初,《连环画报》成为全国十大畅销刊物,印数最高时,每期发行量达到一百二十万册。

70年代人民美术出版社出版的连环画册印数空前,华三川绘制的《青年近卫军》1977年第一次印刷一百二十万册;《三国故事》《水浒故事》,1980年第一次印刷三百五十万册。这里都有姜维朴辛勤的汗水。

80年代初,他主持的《连环画报》发表了一系列震撼人心的连环画作品,其中尤以《枫》《人到中年》最具影响。当时上大学的我曾将那两期《连环画报》拿到大学校园,引起轰动,大家纷纷传阅。然而,当时

"文革"余毒尚存,少数"极左"思潮的领导下令停止《连环画报》的发售,并予以销毁。姜维朴等同志冒着被撤职、被迫害的危险,据理力争,终于使《连环画报》顺利发行。

姜维朴先生是新中国连环画的奠基人之一。

三

姜维朴在几十年的实践中,深感连环画对广大群众和青少年人生观、思想品德的养成起着重要的作用。为了使连环画事业沿着健康方向发展,他认为很有必要建立一个专门出版连环画的机构。他以中国连环画研究会会长的名义,执笔上书时任总书记的胡耀邦同志。胡耀邦同志很快于当年的11月作出批示,交由文化部出版局经办。1985年3月14日,中国连环画出版社成立,姜维朴被任命为总编辑。

为尽快开创连环画出版工作新局面,姜维朴组织编绘出版了《保边疆献青春英模连环画库》《革命战争连环画》以及歌颂长征史诗的《地球的红飘带》等重要作品。并编辑出版了《第二次世界大战连环画库》(与云南人民出版社合作)以及《革命领袖丛书》《古典文学彩色连环画库》等精品。

1988年,姜维朴先后在北京、上海举办了中国连环画原作展。在京展出期间,时任中央书记处书记的芮杏文、杨成武将军以及各界知名人士参观了展览。

1995年,姜维朴从中国连环画出版社总编辑的岗位上退休,可他还在中国出版协会连环画艺术委员会主任的岗位上工作,他是中国出版协会担任时间最长、最年长的主任。他用了近五年时间,于2010年出版了皇皇巨著《新中国连环画60年》，这是为新中国成立60周年献礼的书。时任中央政治局委员、中央书记处书记、中宣部部长的刘云山为此书批示："健康有益、生动形象的连环画是老少咸宜的'大众食粮'。我们许多人都是看着新中国的连环画成长的。推动连环画的繁荣发展，最重要的是适应时代要求，勇于超越创新。宣传文化部门要支持连环画的创作出版和发行，使连环画成为永葆生机活力的中国特色的文化艺术之花。感谢为新中国连环画事业作出贡献的姜维朴同志，感谢所有为我国连环画事业辛勤耕耘的美术工作者、出版工作者。"

2012年1月29日，时任中宣部副部长蔡名照给姜维朴写信说："连环画是我国独具魅力的传统艺术样式，一直受到广大人民群众的欢迎。您长期致力于推动我国连环画出版事业的繁荣发展，年近九旬，仍倾心关注，精神品格令人敬佩。"

四

作为新中国第一代连环画工作者，姜维朴呼吁全社会都关注连环画事业，关注连环画文学脚本的创作。他认为，连环画脚本是连环画成败的关键。他身体力行，编创了《穷棒子扭转乾坤》连环画文学脚本。

在新中国成立后不久，全国农村展开了合作化运动。毛泽东主席说："遵化县的合作化运动中，有一个王国藩合作社，二十三户贫农只有三条驴，被人称'穷棒子'社。他们用自己的努力，在三年内，'从山上取来了'大批的生产资料，使得有些参观的人感动得下泪。"

巧的是，姜维朴此时正带队和刘继卣、王角等人下放到河北遵化县大

·《新中国连环画 60 年》（上、下）
学术著作
2010 年

寨乡劳动锻炼，王国藩合作社与大寨乡只有一山之隔。此时，姜维朴创作了《王国藩与建明社》连环画脚本，由刘继卣和王角绘画，先在《连环画报》以彩色版发表，后出单行本，很受欢迎。

1959 年，结束下放锻炼后，姜维朴觉得当时挤时间写的《王国藩与建明社》还不够理想，于是与刘继卣商量，把这个选题当作出版社重点选题，他重写，由刘继卣重画，这个想法与刘继卣不谋而合。于是，他们又进行了二度创作。初稿完成后，他们回到建明人民公社征求意见，反复认真修改。

书名改为《穷棒子扭转乾坤》，根据真实事迹编绘，但有的情节在真

104 会上,王国藩正传达县委的指示。他说:"咱們办社,就是咱穷苦人在党的领导下团结起来,彻底鬧翻身,我們二十三戶算开了个头,还要大伙跟上来。……"王老厚越听越觉得句句话往心眼里钻。

· 穷棒子扭转乾坤
姜维朴编文、刘继卣绘
1963 年

人真事的基础上做了艺术加工。书中人物王国藩、杜奎、佟启都用真名,其他人物有的名字略作改动,有的则是几个人物事迹合成。

这部连环画于 1963 年在人民美术出版社出版,《北京日报》《解放军报》连载,北京幻灯厂制作了幻灯……此书连续三次印刷,印数超过一百万册,1963 年分获第一届全国连环画脚本和绘画创作评奖一等奖。

反映长征史诗的《地球的红飘带》是一部长篇连环画,是中国连环画出版社重点选题之一。这也是 1985 年以后,中国连环画走入低谷时的一部力作。

《地球的红飘带》共五集,是王素根据魏巍的同名小说改编,沈尧伊

·《地球的红飘带》（连环画）
王素编文、沈尧伊绘
20 世纪 90 年代

绘制的。1987年开始编绘，历时六年出齐。连环画《地球的红飘带》先后获第七届全国美展金奖、庆祝建党七十周年全国美展金奖、第四届全国连环画评奖中绘画一等奖和脚本二等奖、全国美术图书评奖金奖等四项金奖。

1990年底，姜维朴去东北出差，从黑龙江回京，突然大面积脑出血，生命垂危。医生几次通知家属做好准备，但姜维朴却在昏迷后醒过来。就像连环画这种极富生命力的载体一样，姜维朴奇迹般地摆脱了死神的威胁。在医院，他仍念念不忘连环画的发展，关心连环画《地球的红飘带》的出版。这时，正逢《地球的红飘带》第三集需要审稿。病榻上的姜维朴，坚持亲自终审画稿。因为病中不能抬头，便让夫人王素把画稿图片一幅幅举着给他看。王素回忆说:"当时他身体十分虚弱,每看一会儿便大汗淋漓,呼吸困难,只得停下来吸一会氧气,待精力稍恢复,又继续看。这集画稿共二百二十六幅,每天这样时断时续,一直坚持看了四五天,边看边提意见。"

1993年,时任美协副主席的华君武致信姜维朴:"这五册连环画应该说是有中国连环画以来的巨作,在思想上、艺术上都是一流水平,可惜现在的舆论,都热衷去捧臭脚,好的作品反而被冷落了,这实在是一种可悲的现象。谢谢沈尧伊同志和脚本作者王素同志,也谢谢你,连环画的保护神姜维朴。"

五

我第一次听说姜维朴的名字,是在读大学的时候。有一次,我拿着父亲单位发的电影票去看电影,意外地看见同系不同班的一位女同学,打过招呼之后,再一细问,知道她的父亲也是人民美术出版社的,叫姜维朴。但我无论如何也没有想到,日后我会成为她父亲的下属,并且与他毕生追求的连环画事业紧密地联系在一起。

1986年,我调入中国连环画出版社,姜维朴先生是总编辑,我对他很敬重。90年代,中国连环画出版社在他的主持下出版了一系列优秀的连环画精品。最为著名的是王素根据魏巍同名长篇小说改编、沈尧伊用六年时间绘制的五卷本大型连环画《地球的红飘带》,获得了四项国家级金奖。当时,中国连环画出版社经济较为困难,有些同志发牢骚,说不应该出版《地球的红飘带》,因为它不可能带来可观的经济效益。1990年,我负责连环画册编辑室时,承担着这套书后几本的编辑出版,也承担了一定的经济压力。但我始终认为姜维朴先生做得对。一套规模适当的好书不会将一个出版社推向沼泽，相反，它会成为出版社的标志性读物，会提升一个出版社的形象和品牌。事实证明，这套书出版了包括韩文版的多种版本，给出版社带来很好的社会效益和经济效益。

在不同的场合，我曾多次感叹：姜维朴先生实在是我的榜样！一般人进入五十岁的行列，很难舍弃原有的地位再次创业，而姜维朴却在自己五十九岁那年，义无反顾地投入创立中国连环画出版社的工作，其胆识、魄力，都是常人难以达到的。这同样源于他对连环画事业的执着和热爱。

1985年，对于姜维朴先生来说，既是非常高兴的一年，又是忧心忡忡的一年。他亲手创建了梦寐以求的中国连环画出版社；然而，也正是这一年，传统连环画由高峰猛然跌入低谷，中国传统连环画的印数由原来的动辄几百万急剧下降到几万册。从感情上讲，姜维朴先生希望这只是一个暂时现象，是出版社重复出版、粗制滥造的武打题材连环画造成的，如果规范出版，重新举起严肃创作的大旗，连环画定能重现辉煌。但从理智上看，姜维朴先生非常清楚，问题绝非这样简单。

1989年，不知深浅的我，向前辈们提出挑战，写下了《中国连环画将走向何处？》，提出如果中国连环画走出低谷的话，一定要借鉴欧美、日本以及港台地区的连环画、漫画。我在文章中明确地说，传统连环画将风光不再。这篇文章是我看到中国连环画总在原地徘徊，各地美术出版社裁撤连环画编辑室，连环画期刊也失去了往日的辉煌，尤其是社里连环画册编辑室开始亏损的现象后，经过认真思考提出的一种新思路。当时，负责《连环画艺术》的白宇先生将它定为重点稿，准备放在理论探索的栏目的第一篇。几天后，我得知稿子依然上，只是由重点稿变为一般稿件，原因是文章的提法不是主流意见。我知道这是姜维朴先生的意见，他搞了一辈子连环画，当然不愿意听对连环画不利的意见，况且问题提得很尖锐，他感情上一定难以接受，能让刊登已是不易。

文章如期发表了。不可思议的是，两个月后，姜维朴先生找我谈话，让我接手连环画册编辑室。我猜测，他很可能是在感情上不接受我的观点，但理智上认同我的意见，觉得我或许可能闯出一条新路。

其实，姜维朴先生不仅能够任用持不同意见的同志，更可贵的，为了连环画事业，他可以不计个人恩怨，大胆使用曾对自己有过伤害的同志。"文革"期间，姜维朴先生曾受到一些造反派的打骂，其中，原中国连环画出版社的一位同志就曾在"文革"中打过他。但姜维朴先生深知这是一个时代的悲剧，不是哪一个人的过错，因此，他宽容地对待曾经伤害过自己的同志，为了连环画事业，他坚持调入那位同志并加以重用。

1990年前后，日本漫画大举进入中国图书市场，到1993年、1994年间，正版、盗版的日本漫画已占中国连环画市场的百分之九十五以上。社会上的许多有识之士指出，这是日本的文化侵略，姜维朴先生一直关注这些反常现象，写了一系列文章，多次在全国政协会议上呼吁，希望这种现象引起中央领导的重视。他支持中宣部、新闻出版署联合启动的中国动画"5155工程"，将自己1985年亲手创办的期刊《连环画艺术》改为丛书，刊号用于《少年漫画》，发展我们自己的连环漫画。

姜维朴先生深知，连环画事业的成败，取决于人的素质，因此，他早在1988年就清醒地看到培养人的紧迫性，一方面，他对调入出版社的人严加把关；另一方面，他鼓励社里的人去闯、去干，并提供各种机会。他允许各编辑室打破出书范围的界限，建立自办发行办公室，让各个部门的

姜维朴在伏案写作，21世纪初

同志兼职，既补充了人员的不足，又锻炼、培养了一批有经营意识的中层干部。

  姜维朴先生虽早已从领导岗位上退了下来，但年近九十岁的他仍然关注连环画的发展，每次有关连环画的活动基本上都能看到他的身影，他仍然在为连环画的发展大声疾呼。他还在撰写有关连环画的文章和评论，撰写可供今天借鉴的连环画往事。

  2019年，姜维朴先生因病在北京去世。

  姜维朴先生与连环画同呼吸、共命运，将有限的生命与无限的连环画事业紧紧地维系在一起。

东北连环画的旗帜
——记王弘力

王弘力（1927—2019）

生于天津。连环画家。中国美术家协会会员、中国民族古文字研究会会员、沈阳文史馆馆员、中国民主促进会会员。自1949年至1986年，历任《辽西画报》《辽西文艺》《辽宁画报》编辑、创作员，辽宁美术出版社编审。为中国历史博物馆创作大型历史画《牧野之战》；先后编著《黑白画理》《模特儿史话》，编译《人体速写技巧》等，发表连环画《十五贯》《天仙配》《梦狼》《杨志卖刀》及《聊斋短篇六十则》《钟馗百图》《古代风俗百图》等作品。在古代文字研究方面，著有《契丹小字墓志研究》《契丹小字宫殿考》等论文；1997年编注《古篆释源》，2013年修订再版，为梳理汉字源流方面做出了贡献。连环画《十五贯》荣获全国连环画评奖一等奖。

王弘力在谈创作，2012 年

一

王弘力，1927 年生于天津，祖籍山东蓬莱，出身于医生家庭，幼年酷爱绘画。父亲看他喜爱绘画，也给他买来一些参考书。他对世界书局出版的《连环图画岳传》最感兴趣。他对骑马打仗的场面百看不厌，并不断临摹，受到老师的赞赏。小学毕业后，王弘力考入北平辅仁大学附属中学。他刻苦学习英语，这为他以后的翻译工作打下了坚实的基础。在校期间，他受著名画家陈缘督启蒙，研习绘画。

1945 年，国民革命军第五十四师路过天津，它的前身是浙江陆军第十师，在 1937 年忻口战役中浴血奋战，赢得"抗日铁军"称号。王弘力参加部队，被编入演剧队。辽沈战役前，他离开部队。1948 年，考入解放区晋冀热辽联合大学历史系学习。1949 年，调入辽西省文工团，担任美术创作员。

王弘力的第一部作品《小游击队员》于 1951 年 8 月在《东北日报》连载发表。接着，他又创作连环画《解仇合密》，他曾将几幅作品寄给人民美术出版社创作员林锴，林锴将这几幅给创作室的刘继卣和王叔晖看，刘继卣非常赞赏。单行本《解仇合密》出版后，引起美术界的重视。

1951年起，王弘力调到《辽西文艺》做美编，1954年，调入东北画报社（辽宁美术出版社前身）担任连环画创作员、美编、编审。到"文革"前，王弘力画出了代表作连环画《十五贯》，还有《天仙配》《王者》《梦狼》《种梨》等优秀连环画作品。

1955年，《天仙配》由辽宁画报社出版，这是他的成名作。《天仙配》描绘了神话爱情故事，王弘力形象地将自己的情感注入到作品中，细腻地表现了人物特征。《天仙配》出版后获得了辽宁省青年美展一等奖，被译成多国文字对外发行。

1957年，"反右"运动开始，创作室被取消，但王弘力仍然创作了大量的连环画，如《乡邮员》《秋翻地》《人民公社好》《为了六十一个阶级弟兄》等作品。1959年，王弘力被下放到农场劳动了五年。1964年调到一家县印刷厂，但仍然没有躲过"文革"对他的批判，终因莫须有的罪名被关了十个月。接着下放到五七干校，1973年调到建平县印刷厂做设计工作，直到1979年才回到辽宁美术出版社。

二

说起新中国连环画，王弘力创作的连环画《十五贯》是一个热门话题。连环画《十五贯》根据同名昆曲改编。昆曲《十五贯》源于明代冯梦龙的《醒世恒言》和清代戏曲家朱素臣的传奇，1956年由浙江昆苏剧团首演。讲述的是明代无锡开肉铺的尤葫芦被人杀害，并丢了十五贯钱。邻人发现他的女儿苏戌娟和客商熊友兰私奔,熊友兰恰巧也带着十五贯钱,这个案子经知县过于执主观判案,判定苏、熊是凶手,定了两个人的死罪。处斩时,苏州知府况钟发现此案有疑点,他经过认真调查,终于捉到真凶。

连环画《十五贯》创作于 1956 年,1957 年由《辽宁画报》出版。这部连环画作品只有五十四幅图,但王弘力成功地塑造了况钟、尤葫芦父女、娄阿鼠、过于执等人物。连环画家戴敦邦曾评价王弘力"在塑造刻画人物上逾越了其他任何姐妹艺术","为其他美术人物画种所瞠目","成为创下历史纪录的艺术高度","成为可望而不可即的艺术巅峰"。

王弘力是做编辑出身,因而对读者的需求十分重视,读者喜爱什么样的造型、什么样的细节,他比一般连环画画家感触深刻,他通过艺术实践达到创作作品雅俗共赏。他认为,应"从现实生活中汲取所需要的典型形象"。在创作过程中,"过去的生活积累,好像一座无形的仓库,打开它的大门,那些活生生的人物形象成群出现在眼前,能回忆起许多故事、情节"。他在下笔之前,反复研究"怎样掌握人的外貌与其个性的有机联系,以及如何把现实人物分析成若干脸谱类型等等问题",最后得出结论,"人心不同,有如其面"。

《十五贯》的人物不多,王弘力抓住典型人物进行创作。在他的笔下,况钟长髯剑眉、刚直不阿,过于执大腹便便、刚愎自用,尤葫芦常常醉酒的样子都栩栩如生。尤其是娄阿鼠的刻画入木三分,外号与人物十分相配,让人看后过目不忘。

王弘力非常重视典型人物的衣冠服饰,其衣冠服饰为塑造典型人物起了很好的作用。比如,王弘力在《十五贯》中将过于执的乌纱翅变成向上

王 弘 力

· 十五贯

黑白连环画
1956 年

· 吐银记

彩色连环画
1958 年

微翘的歪桃子形，配合他酸腐傲慢的神态；况钟的乌纱翅放大成长方形，与他的严谨公正相吻合。在实物的基础上加以改造的绘画符号，应用巧妙，符合人物性格气质。

有趣的是，当年王弘力只用一晚的时间看《十五贯》的剧本，甚至没有看过戏剧。他一边构思脚本一边画，画完去看演出才发现剧中的娄阿鼠是有胡子的，这也成为一时笑谈。更有趣的是，据说连环画《十五贯》出版后，昆曲《十五贯》的服饰设计反而汲取了王弘力的灵感。

戴敦邦评价说："王弘力的《十五贯》似乎已成为可望而不可跨越的艺术巅峰……大凡林林总总的作品和作者的涌现，总是后浪推前浪。青出于蓝的。但唯独王弘力的《十五贯》至今依然稳坐于这迅驰发展着的艺术舞台。愚见将为绝唱了。"

令人感叹的是，1981年第二届全国连环画评奖时，辽宁美术出版社并未推送王弘力的《十五贯》去评奖。评委小组的李殿忠等人力推王弘力的《十五贯》，让辽宁美术出版社补报。评委丁永道发现，王弘力的《十五贯》曾在第一届全国连环画评奖时送评过，但因为王弘力曾经在国民革命军第五十四师演剧队待过而被临时撤掉。

在第二届全国连环画评奖中，有两部《十五贯》同时获奖。王弘力创作的《十五贯》荣获一等奖，著名连环画家贺友直的作品获二等奖。这是两套风格完全不同的连环画作品。王弘力创作在先，曾有极大的影响，因而获得一等奖是专家投票的结果，更是读者的肯定！

· 杨志卖刀

彩色连环画
1982 年

三

连环画是平面作品，是静止的作品，尤其多幅对一个场景的表现，很难让读者兴奋起来。如何让读者在阅读过程中始终处于有兴趣的状态，需要作者在绘制形象和构图中下功夫，也是考验作者对动势的理解和把握。

王弘力对连环画的把握不仅如此，他尤其擅长对人物的刻画，他谈道："我体会，性格的显露多在姿态动作，重点在于手势上；感情的变化多在面目，重点在眼神。"况钟、尤葫芦父女、娄阿鼠、过于执以及《天仙配》中的董永、七仙女，人物典型生动，每个人都有自己的性格特征。

王弘力爱好京剧。他对京剧有深入的研究，他曾与名武生周少楼合写过京剧脚本《太平天国》，还登台串演大花脸。他将对京剧的理解转为创作连环画中的人物。比如娄阿鼠的形象，既吸收京剧中的丑角脸谱元素，又能将其生活化，还原生活本质，让人读起来既有生动传神的生活气息，又能感受到艺术的真实。

我认为，王弘力还擅长对氛围的渲染，这是他另一个强有力的表现形式。我最喜爱他的《王者》。我在20世纪60年代看过这本连环画，那时年龄还小，但对其中的画面情节印象深刻。那个妃子一夜之间成了光头，那惊恐的眼睛，光的运用，气氛诡异恐怖。王弘力营造气氛的能力的确超人一等。

王弘力除《十五贯》《天仙配》外，还创作了许多聊斋故事连环画，如《王者》《崂山道士》《梦狼》等。王弘力表示喜爱自己创作的《王者》，喜爱《聊斋志异》故事。尤其经历过"文革"，他对这类题材甚至有偏好。他认为，《聊斋志异》的作者蒲松龄看上去写花妖狐魅故事，其实针砭时弊，鞭挞黑暗，歌颂光明。

20世纪80年代，天津人民美术出版社计划出版六十册系列连环画《聊斋志异》，请王弘力画《青梅》，王弘力欣然接受，《聊斋志异》再次触动了王弘力。

王弘力开始创作《聊斋短篇六十则》。起初并不顺利，终于画出了《药僧》，并以此一口气画出了二十则。之后，又增绘四十则，完成了《聊斋短篇六十则》。

上海的画家贺友直用画连环画的方法画上海，画风俗画，他画的《老上海360行》系列连环画被制作成了公益广告，在上海地铁车厢内进行展示。我认为，王弘力在北方与他遥遥呼应，他以传统线描手法画《古代风俗百图》等作品，也在画风俗画，让我们在欣赏和回忆曾经的风土人情同时，继续享受大师的生花妙笔。

四

王弘力在为《于亚平国画作品》写的序中曾这样说："道以艺为形，艺以道为神。艺术界都有一种通识，艺术修养越高，其审美追求的层次与情趣自然越高，艺术家在不断磨练表现技巧之同时，也不断展现出他对大自然的关注和他理想的精神世界。"

王弘力恰恰是一位学者型画家，当年在辅仁中学养成的学习习惯，使他终身受益。他博学多才，在历史、文物、服饰、少数民族文字及地方民俗都有独特的建树。他编著有《宗教美术丛话》《历代服饰资料》《黑白画理》《中外文学艺术名人肖像（首卷）》等书，编译有《包装外文美术字》

《人体速写技巧》等。《黑白画理》一书，多次再版，成为艺术院校学生的必读书。

从 1959 年开始，王弘力在古代文字研究方面做了许多努力，曾发表《契丹小字墓志研究》《契丹小字宫殿考》《契丹小字中之契丹》等论文，这些论文填补了国内在这些方面研究的空白。

2014 年初，王弘力托人带来一部厚厚的《古篆释源》，我知道王弘力先生的篆书功夫了得，但没想到他对古篆的研究有如此之深。《古篆释源》是一部梳理和探讨汉字源流的参考书。在 20 世纪 90 年代，年近七十岁的王弘力开始学习和运用电脑，用电脑写出《古篆释源》，他在《古篆释源》中纠正了包括《说文解字》在内的对几百个篆字的错误解释，引用了古文字源流的大量专业书。这部一千多页的巨著，于 1997 年出版后竟一版再版。

五

王弘力与我父亲林锴相识于 1950 年，王弘力小几岁。那年，林锴从国立杭州艺专毕业，分配到辽宁一个县里中学教美术。林锴曾向王弘力所在的《辽西画报》投稿，是记录农村动员农民参加抗美援朝志愿军故事的连环画。王弘力认为这套稿子"农村生活气息浓厚，人物形象也十分生动，只是过于写实，将农村贫穷破旧的情状，画得十分真切；农民不脱鞋即蹲在炕上开会，因为土炕上没有炕席；农民身上的衣裳补丁摞补丁，破烂不堪"。王弘力回信说："画，必须表现事务的实质——农民的生活有所提高。不然，这样破烂的穷家与翻身胜利的果实很不相称，提出'保家卫国'的口号岂不矛盾？"林锴表示赞同。到了年底，林锴要回南方，临行前去看望王弘力。林锴到了北京，调入人民美术出版社。他们一直有朋友间的友好联系。"文革"期间，王弘力被下放到县工厂。"文革"结束后，林锴立即写信，推荐再版《十五贯》并担任责编。这是雪中送炭，王弘力立即着手重新设计封面，这个封面获得专家的一致好评。连环画《十五贯》再次成为群众热捧的图书。

几年前，我出差去沈阳，拜访了王弘力先生。老先生八十多岁，仍然精神矍铄，思维清晰缜密。他让我看了一部分新作，张张精彩。不幸的是，王弘力先生患了腿疾，行动不方便；幸运的是，他更多的时候伏案作画，为社会、为我们不断地创作出新的优秀的作品来。

2019年，王弘力先生因病在沈阳去世，但他的绘画艺术，影响着一代又一代人。

连环画是他的终生事业
——记费声福

费声福（1927—2009）

浙江慈溪人。著名连环画家，曾任中国美协连环画艺委会副主任兼秘书长。1944年在上海张充仁画室学画，1952年中央美术学院油画系毕业。历任人民美术出版社创作员，《连环画报》美术组组长，中国连环画出版社《中国连环画》编辑部主任、编审，《中国美术分类全集·连环画》卷副主编，作品有《神火》《停战以后》《涿鹿之战》《仙画》《游赤壁》等。连环画《风暴》获第一届全国连环画评奖脚本一等奖、绘画二等奖。

费声福与夫人汤其娴，1956 年

一

费声福于 1927 年出生在浙江慈溪一户富裕的家庭，后来家庭衰败，分户到了上海。他从小喜爱画画，但为了生计，在上海一家基督教青年会工作，一方面用于生活开支，另一方面，用来交在张充仁画室学画的费用。

1944 年，费声福到上海名画家张充仁画室习画。比利时畅销全球的漫画《丁丁历险记》系列之《蓝莲花》中的张，原型就是张充仁。张充仁是中国上海青年，曾在比利时布鲁塞尔皇家艺术学院留学，他才华横溢，后来是雕塑大师。

费声福考入北平国立艺专油画系（中央美术学院前身），1952 年从中央美术学院油画系毕业，是新中国成立后第一批中央美术学院毕业的高才生。他原来的志向是做中国的柯勒惠支，但由于工作需要，被分配到人民美术出版社，而且做连环画工作。连环画原本不是费声福追求的目标，但他干一行爱一行，兢兢业业，一干就是四十年，成为中国连环画界不可或

张充仁（左一）、费声福在上海街头写生，1945年

缺的风云人物。他的基本功扎实，人民美术出版社分派任务的时候，常常让他画现实题材，尤其是工业题材。为了体验生活，他几乎跑遍了当时中国重要的工业基地，如大庆油田、石景山钢铁厂、长辛店机车制造厂、抚顺煤矿、开滦煤矿、江岸铁路工厂等地。他下工厂不是走马观花地看看，而是身体力行，主动参加劳动，和工人打成一片。常年的体验生活，使他画起工业题材得心应手。20世纪五六十年代，他创作了大量的连环画作品，如《红旗》《铁水奔流》《停战之后》《乘风破浪》等。他的画风受西方绘画，尤其是柯勒惠支的影响，线条粗犷有力。他画的工人质朴而有力量，形式和内容配合得当，非常贴切。

连环画《风暴》是他成名作，也是他连环画创作的第一个高峰。

二

费声福不仅连环画画得好，而且擅长合作，性格豁达。这对于一个画家来说，并非易事。作为画家，需要保持自己的个性，没有个性就没有自己的特点，而一般有个性的人又都难于沟通和合作。

为了真实反映"二七"大罢工的场景，对《风暴》中人物有更准确的把握，费声福深入到江岸车站，到铁路工人中去参加劳动，体验生活，因此，创作出的作品有强烈的生活气息和艺术感染力。这部书作为新中国成立十年大庆的献礼书，受到领导的重视。

在连环画《风暴》中，费声福以粗犷的笔触表现大革命时代，贴切自然。他善用黑白，表现劳苦大众时，多用线描及灰色；而表现反面角色时，衣服多用黑色，以黑色暗喻反面角色的阴暗狠毒，这个基调贯穿全书。他表现施洋大律师时，线条简洁有力，突出他的坚决不妥协的态度，给人以力量感。费声福在这套连环画中也充分展示了他对人物造型的熟练把握，体现了科班出身的基本功。

费声福大部分连环画作品都是自编自绘的，这部连环画《风暴》也是他根据话剧《红色风暴》编绘的。

《风暴》全部完成时，领导并不满意，认为文字还有修改的空间，可以找文字编辑共同创作。费声福看到文编吴兆修在文字上比自己更有能力时，便毫不犹豫地请吴兆修改编。吴兆修对原脚本进行了大刀阔斧的修改和再创作，将这部连环画提升了一个层次，使之成为连环画的经典之作。《风暴》是合作成功的一个范例。文图各展其长，珠联璧合，交相辉映，得到了连环画界的一片喝彩。当时的文编曹作锐专门为该脚本写了评介文章，发表在1980年《连环画论丛》创刊号上。

由姜维朴主持，将连环画脚本的前后不同版本印成了内部参考资料，在社内外引起了不小的影响。

·风暴

黑白连环画
1962年

    连环画《风暴》获得第一届全国连环画评奖脚本一等奖（与吴兆修合作），绘画二等奖。

    1963年，毛泽东主席为雷锋题字后，全国掀起学雷锋的热潮，人民美术出版社随即为连环画《雷锋》组织了创作队伍。连环画《雷锋》由人民美术出版社集体创作，而首功是费声福。费声福构图快，他负责先打草稿，由于他的积极参与，仅仅二十多天，稿子就创作出来。这部连环画于1963年3月初版，到1964年11月，已再版八次，印刷发行一百零六万册，直到今天仍在印刷。

三

20世纪70年代末80年代初,是中国传统连环画发展的高峰期,一些画家一夜成名,可能就是因为一套连环画在《连环画报》发表。作为连环画的重要阵地,《连环画报》是许多画家希望发表稿件的地方。作为《连环画报》的美术组长,费声福坚持稿件质量第一,发现、挖掘、培养了许多原本不知名的画家,他们为此而感激他。

《中国连环画》原副主编庞邦本回忆起往事,感慨颇深。在20世纪50年代,庞邦本被错划成"右派",直到70年代末才被平反。在此期间没有工作,他试着画了一套连环画《我的叔叔于勒》。他的朋友丁聪和曹辛之告诉他,投稿要有介绍信,要先和主编打招呼。庞邦本揣着他们写的介绍信,来到人民美术出版社传达室。费声福出来接待,他看了稿子,当即表示留下备用。庞邦本说还有介绍信,费声福说不用拿出来了。几个月后,《我的叔叔于勒》在《连环画报》刊出,庞邦本被约请画重点稿件《伊利亚特》。庞邦本认为,自己画连环画就是因为费声福的引路。几十年来,有许多像庞邦本这样的连环画家受惠于费声福,比如尤劲东、何多苓、沈尧伊等人,我听到他们谈起费声福来都是充满敬意。

1985年,中国连环画出版社成立,五十八岁的费声福放弃了原有熟悉的《连环画报》,参与创办中国连环画出版社,主持《中国连环画》的创刊和管理工作。

费声福有很强的绘画功底,又具有独到的编辑慧眼,他当年主持《中国连环画》时,从浩如烟海的连环画作品中,选择和发现优秀的连环画刊载在刊物上。记得第六届全国美展上,获奖的连环画的作品中,绝大多数在《中国连环画》上刊载过。

《中国连环画》在当年同类的刊物中水平较高，这得益于掌门人费声福。他多次强调，一本刊物就像一桌酒席，如果配菜得当，效果事半功倍，读者会觉得这桌饭菜做得好，买得值。因此，一期刊物排什么样的稿子，要反复琢磨。什么菜不能少，什么菜应当具有什么样的味道，主编应当有一本清楚的账。

四

比较巧的是，1971年1月随父亲到湖北五七干校时，由于地方窄小，我同费声福先生恰好住一间小屋里。那时，我和他的大儿子费名浩是同学，一起上学。1972年下半年，我回到北京，不久，他们也回到了北京。放寒暑假或过节，我常去费先生家，他们一家住在中央音乐学院的一个大教室里。每次去，必有一顿丰盛的佳肴招待我，尤为难忘。

费声福的夫人是中央音乐学院的钢琴教授，《红色娘子军》中"快乐的女战士"的乐曲在他女儿的手指缝间自然而又流畅地泻出，在用柜子也无法隔开的高高的屋子里回旋。或者，留声机里放出的西方古典音乐，费声福告诉我这是《天方夜谭》，这段音乐是阿里巴巴来了，那是用低音表现他沉重脚步的，不知不觉中，我会产生一种奇妙的慵懒的感觉。也许在这时，我发现墙上的角落里有一幅油画——向日葵。我没见过这样表现向日葵的，虽然看上去创作时间很久远，画面上的颜色陈旧了，但那明黄色跳跃的、粗犷的笔触，一下子抓住我，我感到激动万分，我诧异，原来画也可以这样画。费声福漫不经心地告诉我，这是他以前上大学临摹的作品，是西方印象派大师凡·高的向日葵，此外没有更多的评价，仿佛那是很久远的事情。

20世纪70年代末，费声福用水粉画过一套彭荆风的《驿路梨花》，色彩依然是明快的，亮丽的，有典型的印象派痕迹。1982年，我在一所中学教语文，《驿路梨花》是其中一篇阅读课文，由于看过费声福的连环画，我满脑子充盈着粉色、白色那炫目的色彩，很有情感地讲读这篇课文。

五

费声福在艺术上受过高等教育，所以艺术观点比较开放。在连环画领域，他虽有自己的想法，但能够接纳不同的艺术观点和绘画风格。这是编辑必须具备的条件之一，而又不是每个编辑都能够做到的。

1985年，中国连环画出版社成立，费声福参与了组建的工作，担任《中国连环画》编辑部主任。1986年，我调到《中国连环画》做文编工作。记得在每期评稿的时候，大家各抒己见，只要有想法，都可以说出来。20世纪80年代中期正是连环画突然跌落低谷的时候。有的画家把连环画期刊当作展示个人才华的舞台，变形画的风气很浓。这样的连环画老百姓不愿看，纷纷提意见说看不懂。究竟把连环画期刊办成阳春白雪还是下里巴人，编辑部里众说纷纭。在一次小范围的讨论会上，我提出干脆办成高雅的连环画期刊，选择一些西方现代派的文学作品，配合变形夸张的画风，也会有读者。会上没有人同意，也没有人反对。后来我知道，这种认识是偏颇的，但作为室主任的费声福，没有直接提出批评，他是让我自己去领悟。

费声福讲原则，在是非面前不让步，但他从来对事不对人。有时因为一个小问题，同事之间争得面红耳赤，但争论过后，同事之间还是朋友，

费声福与夫人汤其娴在香港，1994 年

而且关系更为亲密。对事不对人的原则在编辑部中蔚然成风，对我的影响很大。

他有一句名言，对我触动最大。他与一位同事共事几十年，为了工作也争执了几十年。临近退休时，他对那位同事说："如果不是为了工作，我一天也不愿意和你在一起；但是因为工作，我一天也离不开你。"

六

了解费声福的人都知道他爱喝酒，他是那种会享受酒的人，爱喝，却并不贪杯。我从未见过他喝醉过，由此看来，他的自控能力很强。简约时，二两二锅头、几粒花生米可以喝一顿；奢侈时，一小瓶俄罗斯鱼子酱可以就着酒吃很长时间。费声福清楚地知道，人的一生并不能总是按照自己的想法度过,尤其是事业上,要有良好的大环境,要有机遇,身为编辑室主任,他面临的矛盾可能更多。喝酒,是费声福最愉快的时候,飘飘欲仙,忘记烦恼。酒和连环画,都是他无法割舍的。

费声福懂音乐,我印象最深的是他家里的电话号码都是用音符代替。三十多年过去,他家里的六位电话号码,我记得清清楚楚。我听过他组织会议时唱的歌曲,节奏极准,模仿得很像。他还擅长跳舞,作为同事,我多次领略到他的舞姿。他的舞姿初看上去一般,没有更多的花样,但由于他对舞曲理解的深度,对于不同情感、不同情绪有着准确的把握,因此常常能够和舞曲融为一体,这正是他的高明之处。

"文革"之后,费声福的画风有所改变,这是他基于长时间的思考做出的改变。他一直在考虑关于连环画民族性的问题。他在五十岁前后,注重从传统的绘画中借鉴和汲取营养,开始画古典连环画。也许是从汉像砖或敦煌飞天得到的灵感,这时的古典连环画,像《涿鹿之战》《挂剑》《游赤壁》作品等,线条优美洗练,每一个飞扬飘逸的线条,或沉郁,或抒情,或浪漫,或激昂,都充满了节奏感、韵律感。这时的风格不再力求写实,而是追求一种意境,探索诗意的表达。他晚年的古典连环画充满了诗意和音乐感,与他的审美和音乐素养有着不可分割的联系。

费声福是新中国连环画事业的直接参与者和推动者,是新中国连环画发展的见证人。20 世纪 50 年代到 60 年代,他是连环画的创作者和编辑者;70 年代和 80 年代,他是连环画期刊的组织者;80 年代到 90 年代他又策划和组织了一系列连环画的评奖、展览和各种座谈会。20 世纪 80 年代中国连环画艺术委员会成立,他先后任副秘书长、秘书长,工作极其繁重。他懂得管理,懂得安排,他知道这时不能再事无巨细地干,于是将工

·春秋霸主齐桓公

黑白连环画
1984年

·江南小景

速写
年代不详

作分解，信任具体办事的同志。比如他请一位同志组织举办连环画展览的工作；请另一位同志来做会议请媒体、选择地点的工作。他只是讲，这些事你们干得更好，拜托了。最典型的是一个百余人的大型连环画会议，许多单位办会都是一个强有力的班子，他却将会务工作交给当时在行政处工作的沈行止同志。订票、接待、住宿、吃饭，事情多而杂，并不好处理，比如那时车票很难买，有的同志买到了又要求退，或改成另一个车次等等。沈行止出色地完成了任务，得到与会人员的一致好评。多少年过去，我们才发现，费声福看人是如此准，用人的技巧如此高超。

费声福严以律己，考虑问题有大局观，常常站在对方的立场上，替对方着想。比如，在担任连环画艺术委员会秘书长的时候要参与评奖工作，出于公心，他声明自己的作品不参加评奖活动。以他的绘画水准和在连环画界的声望，获二等奖以上应不成问题，但他偏偏坚持自己做人的原则，自己是评委，自己的作品不参评。由于费声福对连环画的杰出贡献，在1991年第四届全国连环画评奖中，他获得连环画工作荣誉奖及优秀编辑荣誉奖。

2000年，费声福被突如其来的病魔击倒，一直躺在病榻上养病。连环画出版社准备再版他的连环画作品《风暴》，我和编辑到他的家里拿原稿。这时，费声福已经在病榻上，但他考虑的是这本书会不会有利润，会不会给社里带来经济压力，并表示稿费可以少些。这种站在出版社立场想问题的思考方式让编辑很感动。他虽然不能行动，但回忆起连环画过去的辉煌却如数家珍，他坚信并希望连环画在新世纪有更大的作为。

费声福，连环画是他的终生事业，他是连环画的开路先锋。

童心未泯的艺术家
——记杨永青

杨永青（1927—2011）

上海人。著名儿童画画家、国画家。曾任中国美术家协会儿童美术艺术委员会主任，中国版画家协会第一届理事等。早年师从上海著名人物画家谢闲鸥先生。1952年至1987年，历任中国青年出版社、中国少年儿童出版社美术编辑、编审。创作大量儿童图书如《神笔马良》《半夜鸡叫》以及大量的插图。二十余种儿童画册以多种文字在海外出版发行。《神笔马良》等作品获全国少年儿童图书评奖美术一等奖等多项国家级奖项。获得国际安徒生奖提名。他还擅长版画，发表版画百余幅，获中国版画家协会鲁迅奖章，《高小毕业生》《前哨》等作品收入《中国新兴版画五十年选集》等多种大型画册，作品被中国美术馆等多家收藏。

杨永青在创作，2011 年

一

杨永青 1927 年出生于上海浦东郊区的农家，家境贫寒。父亲年轻时在上海替人做些杂工，因为聪明善良，获得了上海一位富家女孩的芳心。她突破了传统的礼教束缚，不惜和家庭决裂，坚决要和杨永青父亲结婚。在杨永青家乡，小小的村庄，那是一场惊天动地的爱情故事。然而悲剧的是，婚后各种矛盾迭出，杨永青的母亲不得不离家出走，回到了上海。杨永青在家乡长大，对妈妈没有记忆，他曾有一张画作，是儿时的他趴在梳妆镜前照镜子，镜子里的他双眼皮、大眼睛，那是乡里人们常说的，"这孩子长得像他的妈妈"。

杨永青自幼酷爱绘画。父亲很开明，省吃俭用给儿子买来图画书，使他画家的种子得以发芽和成长。后来，杨永青有机会拜师上海著名人物画家谢闲鸥先生，学习传统中国画，尤其是中国画中的线描，从此打下了坚实的中国画基础。后来，他当了小学美术教师，同时参加新民主主义青年团，用画笔配合当时的乡村运动。1949 年以后，他的连环画开始在上海的报刊发表。

1950年，杨永青作为上海浦东川沙县新民主主义青年团县委的干部，开始画速写和连环画，受到县委的支持。华东青年出版社成立时，他被调到上海。

1953年，他调到北京。在调到北京之前，他的外婆找到他，说他的母亲想见见他。从小被伤害极深的杨永青一口回绝，不见。

杨永青先后在中国青年出版社、中国少年儿童出版社当美术编辑。此时，他画了几本连环画和儿童图书插图。

1952年抗美援朝，杨永青将连环画《女拖拉机手》所得稿酬中的一百万元（相当一百元）捐献出来，支援国家购买飞机大炮。杨先生对在抗美援朝中献金之事一直低调，直到80年代才被前来采访的记者挖掘出来。

1953年，人民美术出版社向他约稿，这是令他兴奋的事，毕竟是代表国家美术出版最高水平的出版社呀！他接受根据巴金的童话《长生塔》改编的连环画脚本。虽然有五十幅之多，但他还是很快画了出来。这部连环画出版后，得到了社会的广泛好评。人民美术出版社为此在《美术书刊介绍》上做图文评论，时任人民美术出版社连环画编辑室主任姜维朴评价这部作品："由于刻画的众多人物形象有鲜明的特点，受到广泛欢迎，突破了当时连环画创作形象雷同化、概念化的不良倾向。"《长生塔》其中的一幅画刊登在《美术书刊介绍》封面，这是极为难得的荣誉。评介文章中多次提到作者，称其为画家，这也是杨永青第一次听到的称谓，心里非常高兴。

然而也正是因为"画家"的称谓，杨永青感受到了单位同事的"白眼"。正是这本小书的出版，使得杨永青不断做检讨，也使得他远离人民

远去的背影 | 名家艺术小传

· 澜沧江畔

套色木刻
1959 年

・孔子的故事

彩色连环画
1984 年

美术出版社的稿约，直到 1979 年再次投稿到人民美术出版社。

在中国青年出版社、中国少年儿童出版社当美术编辑期间，杨永青创作了大量的儿童画，像小英雄《刘文学》《刘胡兰》《王二小》《高玉宝》等，还有《大灰狼》《马兰花》《小燕子万里飞行记》等，得到了广大读者的赞赏。值得一提的是，杨永青的美术作品《大灰狼》与刘继卣的《鸡毛信》在当年全国儿童文艺作品复评中并列一等奖，后因出版社内部非议较多，认为他在外社发表作品太多等原因，才未获奖。

正当杨永青忙于创作之时，"意外"出现了。

事情缘起于 1955 年，杨永青为《农村青年》杂志创刊画了三张插图，内容讲的是台湾人民起义的故事。样书出版后，按当时的规定，需送到有关领导处审稿后方可发行。谁知那位领导看后，竟看出一个国民党警察画得有点像毛主席。这在当年是重大"反革命"事件，刊物做了撕页处理。编辑部报送此案，公安部门作为"现行反革命"案件处理，杨永青为此被关押近两年。1957年"反右运动"开始，杨永青看着出版社同事纷纷被打成"右派"，而他不幸之中竟躲过了一劫。

1966年，杨永青重新被打成"现行反革命"。家被抄了，多年创作的版画作品和习作也一并被抄走。杨永青被下放到五七干校劳动。

二

"文革"结束，杨永青抖擞精神，重拾画笔，自编自画了连环画《红娘子》。他将画稿送到人民美术出版社的编辑张平良面前，张平良很惊讶。"文革"似乎没有磨灭杨永青对艺术的感觉，张连声叫好，并提议出版。杨永青认为自己还戴着"反革命"帽子，怕给编辑惹麻烦。张平良是出了名的侠女编辑，说："书我们出定了！估计书出来，你的问题也能解决了。"《红娘子》于1979年出版。不久，杨永青果然得到平反，《红娘子》出版对他的平反有间接的帮助。

从"文革"前的儿童画、连环画到今天的卡通、动漫，画种的定义在几十年中一直有变化，杨永青的画属于儿童画还是连环画，也非一句话就可以概括。他的画贴近儿童，他的读者对象是儿童，他对少儿美术创作的贡献最大，他几十年如一日为儿童作画。据粗略统计，他所创作的黑白及彩色儿童画作达二百二十余本，木刻画及插图等达两万余幅。我认为，杨永青先生是新中国成立以来儿童画最重要的奠基人。

・神笔马良

彩色连环画
1984年

三

杨永青画了大量的儿童画，发行量巨大，如《雷锋小时候的故事》发行近二百万册，《神笔马良》《马兰花》《大灰狼》《王二小放牛郎》《司马光》等发行量也是天文数字。这些作品之所以能受到小读者的欢迎，首先是因为他喜爱儿童，其次才是他高超的表现技巧。杨永青说："当这些小画印成了书，送到小读者手中，他们的笑脸，就是给我的最高奖赏……使我忘却了一切坎坷与创伤。"

杨永青的连环画以准确舒展的线描独立于世。杨永青早年学习传统线描技法，为他后来的创作打下了坚实基础。

20世纪50年代，印刷以铅印为主，插图多为铜、锌制版。印刷品难以真实反映作者创作的作品。我听到一些外地老人讲，一辈子画画，来到北京后参观故宫，看到古代原作大为惊奇，发现与自己看到的书籍有很大差距。这就是当年印刷品的局限。

铅字印刷，如果表现绘画，工稳的线条最适合。杨永青工稳的线条体现了优势，他的连环画、插图以及木刻《五彩路》《大灰狼》《傣家风情》等获得读者欢迎。由于有着坚实的速写功底，杨永青的线条坚实，一笔到位，绝不拖沓。在他的连环画中，人物面目有着工笔画的柔美和弹性，衣纹等线条充分体现毛笔的柔韧和力度。

艺术源于生活，杨永青创作这么多脍炙人口的连环画作品，是与他认真观察生活、体验生活分不开的。杨永青曾为一部描写西双版纳的长诗配图，为了准确地表现生活场景，出版社领导批准杨永青去体验生活。杨永青到达西双版纳后立刻被那里的风景和人文风情吸引了，他立刻拿出速写本，忘我地记录所见所闻。那时，西双版纳交通不便，他便一路走下去，边走边画。回社报销时，会计发现花了非常少的钱，都感觉奇怪。可这就是杨永青，一旦进入到写生或创作状态，便废寝忘食，投入到工作中去。

除了钻研绘画技巧，杨永青在创作中也充满了对少年儿童的热爱。杨永青曾说："为孩子们画画既要有严肃认真的创作态度，又要有孩子般的天真和幽默，而两者的统一是很不容易的。"在他眼里，爱不仅是一种动力，"重要的是了解他们，了解儿童的心理特点，那是一门科学。做不到这一点，很难为孩子们画好画"。

杨永青的画，之所以受到少年儿童的广泛欢迎，是因为他的童心，有了童心，他的创作才可能体现出童趣。他笔下的老人，看上去更像老顽童；他笔下的动物，也像生活中的儿童。他的创作，与儿童心理没有距离，因此，他的作品广受好评。

四

杨永青在创作连环画时，倾尽了心血。他创作的连环画故事充满了童趣。

如杨永青绘制的连环画《曹冲称象》第十二幅，画面表现小曹冲站在大象面前，向大家说自己有个办法。他背后有半个大象的身影。大象两个前腿并拢，略有弯曲，象牙因角度又不显得强壮，大象的眼睛中流露出钦佩的目光，这完全是拟人的方法。

第一幅，表现曹操带领群臣同去看大象的情景，人物众多。为了突出曹操和曹冲，杨永青将前面几个人物重点描述，墨色和色彩都强烈些，其他次要人物色彩淡些，曹操的伟岸和曹冲的灵秀是杨永青主要刻画的对象。

第十五幅，文字是这样的："河里停着一条大船。曹冲叫人把大象牵到船上。"这里，文字提供的只是"牵"。然而画家展开了想象，他不是简单地画一个人牵着大象上船，而是让他骑在大象背上，手里拿着长杆，杆子上拴一串香蕉，放在大象面前，引着大象上船。今天，我们看到的一些出版社的文字仍然如此，可以想象到，原本文字脚本中是没有用香蕉引大象的情节的。这是画家在画连环画时的再创作，画外功。

连环画《区寄杀贼》的第三幅，文字是这样的："邻居家有一个小朋友，和区寄很要好。一天，他被人贩子拐走了，全家人哭得十分悲惨。区寄也非常难过。"杨永青的画面是区寄倚在一棵树旁暗暗抽泣。画面的右上部分，是他朋友一家痛哭不已。右下角是一只大母鸡和四只小鸡，其中两只小鸡在争一条蚯蚓。这两只小鸡相争取材自齐白石老人的一幅画，画面也是两只小鸡争一条蚯蚓，齐白石老人的题款是"他日相呼"，以此暗喻，区寄和他好朋友的友情。

第十六幅，那个坏蛋没有杀区寄，在黑夜中，押着区寄在密林中行走。杨永青以他擅长的木刻手法表现这个场景，画面简约而又富有神秘感。

五

1980年，冰心因病住院，《儿童文学》杂志派人送去一幅贺寿的画。这幅画就出自与冰心从未谋面的杨永青之手。冰心对这幅画非常赏识，她说："画上是一个挽着丫角，系着大红兜肚，背着两个带着绿叶的大红桃子的胖娃娃。这娃娃画得十分传神可爱。那微微张开的笑口，那因用力而凸出的胸腹，和那两只稍稍分开而挺立的胖腿，都充分地表现出他乐于背负的两个大桃子是太大太重了！这只有对于小孩子的负重动作，有很细腻深入的观察的画家才画得出来！这娃娃在我医院病榻旁陪了我半年，给我以很大的安慰和快乐。"

1989年，我策划了生平第一套书《幼儿故事精选20种》，选了二十个故事，每个故事十一幅图。当时，社会上正流行单线平涂的跑马书，或是造型怪异的图画书，在约绘画作者时，我强调非常喜欢杨永青式的风格。于是，一天晚上，我和美编去杨永青先生家里约稿，题材是他熟悉的《小羊和狼》。几天后他便让我们取稿子。这套稿子画得写实、精美、耐看，一气呵成。我将他绘制的小羊和狼的形象用在书盒上，生动醒目。这套书一炮打响，当时在北京一个书店曾月销一千套，共发行四十多万套，取得了骄人的成绩。

六

离休后，杨永青主要从事中国画创作，以传统线描人物画为主。代表作有《屈原九歌长卷》《观音造像》等，出版有《杨永青观音造像》。

晚年的杨永青转向新的创作方向——以观音为题的画作。但杨永青笔下的观音与众不同，更人性化。在他的《白描观音画谱自序》中写道："我是个写实派，并不相信神仙。我画观音是心有所寄，把想对人们说的话，把内心的感情，都寄托在这尊菩萨身上了。用宗教的眼光看，我的观音画可能不标准。她是中国式的'圣母'，她无所不能，是我心中救苦救难的菩萨。"

他曾就观音题材的作品向五台山老方丈请教，方丈说："你画的观音不是神坛的佛，而是心中的佛，你的心已结善缘，心即是佛。"杨永青还说："人到晚年，尤其喜爱儿童，菩萨也就特别和娃娃们亲近，这和个人的经历和感情有关。"我看了杨永青创作的这么多观音，发现一部分观音是传统观音的标准样式，童子也如是。但他另一部分观音显然更接近我日常生活所见的女性，并不是纯粹意义上的观音，似乎更像一位母亲，那童子或卧或坐，或躺在观音腿上读书，或在她身边酣睡，观音与童子，更像是母子关系。

- 观音

  工笔重彩
  1999 年

· 八仙过海

彩色连环画
2000 年

    也许这观音就是他梦中的母亲,他幼时母亲就离家出走,没有再见面,甚至连照片都没有看见过。以前他可能还恨母亲,恨母亲为什么那么狠心,一去多年丢下自己不管,但随着时光的逝去,他的恨意转化为思念。20世纪50年代,他的事业兴旺,家庭幸福,他的夫人曾小心地对他说,要不要和他的母亲联系一下,他斩钉截铁地回绝,从此,大家便不再提及。80年代的一天,他忽然问年老的父亲,母亲现在怎么样了?父亲告诉他,他的母亲十几年前已经去世了。他为此痛心和自责不已。我认为,他笔下的观音就是他的母亲，他在用毛笔纪念母亲，怀念母亲。所以我们可以这样理解，观音身边的童子既是他自己，也是人世间的儿童。他的观音画远远超出了宗教的范畴。

因为在儿童美术教育方面的成就，杨永青被国务院妇女儿童协调委员会评为有突出贡献的儿童工作者，被关心下一代工作委员会评为先进个人。

1997年中国美术家协会主办"为了未来——杨永青画展"，中国美术家协会在贺信中说："杨永青先生是我国著名美术家，毕生执着追求艺术创作和儿童美术教育事业，在美术创作、美术出版、美术教育等多方面取得了令人瞩目的成就，为我国美术事业做出了重要的贡献。"

杨永青先生以其非凡的艺术才华和坚持不懈的努力，取得了连环画、儿童画、版画、插图、国画等画种全方位高品质的创作成就，为我们留下的丰厚的文化遗产。

传统山水画的坚守者
——记刘松岩

刘松岩（1927—2020）

原名寿安，字松岩，以字行世。祖籍河北抚宁，生于吉林永吉（现吉林市）。著名山水画家、美术教育家、美术理论家。北京市文史研究馆馆员。20世纪40年代先后就读于国立北平艺术专科学校和中国大学，1951年毕业于北京大学，毕业后被分配到海淀区人民政府工作，"文革"结束后调到东城区少年宫做书画教师，退休后在中国书画函授大学和几所老年大学又任教了近二十年。著有《画长城学山水》《明清十六家山水画技法图解》以及《刘松岩教山水——历代传世名作步骤解析》（全四册）等。

刘松岩在示范山水画技法，2017 年

一

刘松岩，1927 年 10 月出生于书香之家。"九一八"事变发生，刘松岩随全家迁至天津，后迁至北平。他自幼受传统文化熏陶，并对绘画产生兴趣。1940 年在北京育英中学（现北京市第二十五中学）学习时，喜爱国画、书法，经人介绍到贾羲民先生门下开蒙。贾羲民先生传统功力深厚，能讲解各流派的不同画法，还讲画理、诗文。在随贾老师学习的同时，他也到溥松窗先生家馆听讲。贾老师年迈多病，将他介绍给吴镜汀先生。吴镜汀先生教学不用范画，只凭记忆就可以把历代名画的技法一一示范，这给刘松岩留下深刻印象。从此刘松岩专攻山水，兼学书法、诗文。

1945 年抗战胜利，刘松岩考入教育部特设北平临时大学第八分班（即国立北平艺术专科学校）。在艺专时受到吴镜汀、黄宾虹、秦仲文、胡佩衡、田世光、李智超诸位先生的教导。又在雪庐画社和四友画社学山水、人物、花鸟、动物等。

刘松岩和艺专同学组织研社（启功先生赐名，"研"与"砚"字同），自1946年开始，连续三年开办纪念"八一五"抗战胜利画展。1947年，当时的《新民报》以"研社筹备二次画展"为题，发布了展讯："研社课余书画研究会为北平青年画家之最大集团，去秋胜利周年曾作大规模之展览，后又参加本报冬令济贫美展，不但捐赠了大批国画，而且全体到会帮忙，服务精神至足钦佩。现该会准备在胜利二周年举行第二次画展，预料八月稷园，将有一番盛况。"

刘松岩曾在北平《纪事报》发表《研社二届画展宣言》，他在文章中写道："中国画固然需要改革，但是'改革'并不是让我们把几千年来先贤的心血向外国投降，中国自有崇高的文化，唯有她才能代表民族精神……"

刘松岩还在1946年3月29日的《大同民报》发表题为《为艺术学府同学向中华全国美术会说几句话》的文章，呼吁重视艺术院校的学生。

北平临时大学结束，刘松岩先后考入中国大学、北京大学。毕业后参加中共华北局组织五省二市大学生在行政学院的培训，分配到海淀区人民政府工作。1957年"大鸣大放"，徐燕孙、王雪涛等六位老画家邀请北京国画界人士在荣宝斋座谈，刘松岩是其中最年轻的。他的发言内容是呼吁有关部门重视传统国画，并为画传统国画的老师们不受重视而鸣不平。其后，他又参加了文化部召开的在京美术家座谈，发言反对中央美院取消国画系（发言摘要刊登在1957年6月号《美术》杂志上）。不久，徐燕孙被戴上国画界"画霸"的帽子，启功被划为"右派分子"，刘松岩被点名为徐燕孙、启功的"爪牙"。直到"文革"中，单位还有人提起此事，给刘松岩贴大字报，说他是"漏网右派"。

刘松岩业余坚持随老师继续学习传统书画，即使在"文革"中，只要条件允许，也坚持去看望各位老师。当时秦仲文老师被抄家，住在废弃的

研社画展，右三为刘松岩，1946 年

刘松岩在辅导小学生，约 1980 年

马棚中,他多次去看望老师,让孩子给秦先生送去止疼药。吴镜汀老师在"文革"中病逝,他随画院送到八宝山。

启功先生早于他在贾羲民先生和吴镜汀先生门下,是他的师兄。"文革"中,他更是启功先生家的常客,当时启功先生的书架还被红卫兵贴着封条,家中也没有几位来客,刘松岩经常向先生讨教,听先生天南地北,谈古论今,聊做人、聊书画、聊京剧。与先生的交谈使他受益匪浅,体会到"功夫在画外"的真谛。

"文革"结束后,刘松岩调到东城区少年宫做了十三年书画教师,辅导学生及进修的美术老师。退休后,他在中国书画函授大学和几所老年大学任教,又教了十九年,直到八十岁。他全身心投入中国传统书画的教学、创作及著书中。还到大、中、小学和中直单位、行政事业单位、企业、社团、军队讲课,辅导过上百位海外华人及外国友人学习中国传统书画。

二

刘松岩在大学学的是政治经济学、政治学,毕业后在政府从事行政工作,但他始终不忘传统书画,"文革"前后多次向单位申请回到书画队伍中来,单位人事科告诉他"这样调动等于降职",但刘松岩坚持到与绘画更近的专业去,经过不懈努力,他终于调到东城区少年宫教书画。

他在少年宫分别开办了小学生、中学生、中小学美术书法教师书法班、国画班。他白天上课,晚上画范画、编教材,同时为退休后出版传统书画技法书积累了素材。当时中小学缺少美术教师,参加师资班的教师认为刘老师教的内容实用,他们说:"我们跟刘老师学的,回学校就能教学生。"

少年宫对刘松岩很信任，无论排课、教学内容一律不干涉，这让他很感谢。他常说，当一个人能实现多年的愿望时就会不知累，只要能画、能讲，得天下英才而教育之，就是乐事！因在教学上的突出成绩，他被北京市政府授予"北京市优秀校外辅导员"光荣称号。

在山水画教学上，刘松岩摸索出一套循序渐进的教学方法。为辅导学生和进修老师，刘松岩研究了"四步骤教学法"，即把一幅范画，按作画的顺序分为四个步骤：一勾、二皴擦、三点染、四设色。他讲课时把宣纸贴在黑板上，按步骤示范，边画边讲。

教学相长，刘松岩在教学的同时，也收集资料、认真读书、做卡片、记笔记，不断充实自己。由此也开始了编写传统书画技法教材的历程，并一发而不可收。

到少年宫后不久，刘松岩编了《少年书法入门》。此书全部按传统讲理法，讲结构，并以古人的字为范本，书中兼有范字和写字方法。

退休后，刘松岩被中国书画函授大学聘为教授，授课十九年，共为九期学员授过课，主要教授山水画。他七十岁起就提出过不再教书，因校领导的挽留和舍不得离开同学，一直坚持讲课到八十岁。其间，还与女儿刘黛琳一起为人民美术出版社编写中学美术教材。

到函大任教之后，为了教好学生，他和侯长春（已故）、女儿刘黛琳，共同编写了《国画知识与技法》。此时，《书画函授报》约他写《画论释词》，这个任务看上去平常，其实很艰巨，几乎是《中国古代画论类编》的续编。每一个词条都牵涉古今画家、作品及历史背景，要查各种文献、辞书，做卡片，摘抄条目。刘松岩数遍精读古代画论、书论、文论。一篇释词不过几百字，却要查阅几万字资料。刘松岩十几年间共写出了四十八条释词，陆续刊载在《书画函授报》上，这些词条被报刊转载甚至被中国台湾出版物转载。刘松岩还写了《传统书画，风雨百年》，这篇文章梳理了百年中国画发展的进程，将各种观点用最简洁的语言表述，是一篇难得的文献性资料。刘松岩写《画论释词》《传统书画，风雨百年》的过程，也是他理论思考进入高层次的过程，他更加坚信，传统山水画的前景是光明的，是一条创作山水画的正道。

与刘松岩先生神交，应当是2005年。那年，我提出将图书市场调研机构的开卷统计系统引入出版社。我发现，人民美术出版社登上畅销书榜的书经常有两本，一本是《唐宋元十六家山水画技法图解》（1998年）；一本是《中国传统山水画技法解析——历代传世名作步骤图》（2006年）。作者都是刘松岩。后者在编辑过程中，社里曾有不同意见，我告诉责任编辑郝丽丽，这个选题好，一定是畅销书。前者则已经加印二十余次。书看上去并不起眼，设计及纸张材料也不突出，但都排在销售排行榜前列。因为书中讲授的山水技法简捷实用，适于初学者使用，其传统教法与社会上广大教师观念相近，价格适中。再如《芥子园画传山水实用教材》《案头画范：刘松岩画山水》等，在人民美术出版社出版的刘松岩著作竟有十几种之多，这也是不多见的现象。一方面说明刘松岩对出版社的信任，一方面说明出版社对刘松岩先生的重视。以美术技法图书发行量来说，称刘松岩为杰出的美术教育家也许更合适。

三

刘松岩的祖籍在河北抚宁牛头崖村，紧邻山海关。学生时代他曾登上山海关长城，极目远眺，长城与天地之间的恢宏气势使他激情澎湃，从那时起，他就期望有一天用自己的画笔描绘长城。长城绵延万里，横跨十六个省，所经山势林地，各有不同，风晴雨雪，呈现出丰富的面貌。退休后，刘松岩遍访名山，为长城写生、拍照，对长城各关隘尤为注意，可谓"搜尽奇峰打草稿"。当积累了大量素材，收集了许多相关书籍资料后，他开始构思以传统山水技法表现长城。

经过多年的尝试、探索，多套长城组画得以问世。

《长城万里祖国同春——刘松岩用十二家法写景》组画，画法仿照自五代至现代十二位最有影响的山水大师的不同画风，有五代时荆浩的细笔画法，董源、巨然的披麻皴画法，北宋范宽的雨点皴法，李成、郭熙的卷云皴法，南宋马远、夏圭的斧劈皴法，明代唐寅的乱麻皴法，戴进的乱柴皴法，蓝瑛和清代石涛多变的皴法，张大千的泼彩画法，吴镜汀晚年的写实画法。石涛是刘松岩尊敬的画家。石涛认为："古人虽善一家，不知临摹皆备，不然，何有法度渊源？"这幅作品展现了刘松岩对中国画前辈的尊重和对传统中国山水画技法的娴熟把握。

2002年，他七十五岁时，根据数十年积累的写生稿，用整卷皮纸创作完成了一幅长十四米的《万里长城长卷》。起稿时把关隘加多，仍然采用传统的山水画技法，展示了万里长城的雄姿。此作于北京市文史研究馆成立五十周年馆庆时，在中国历史博物馆展出。书法家贾诚隽看后曾作诗一首："三不老翁意纵横，凌云健笔写居庸。愤然尽扫狂与怪，腕底风云气势雄。""三不老"指当时刘松岩居住的三不老胡同。

他继续构思新的创作，完成了四十米长卷《中国万里长城全景图卷》，包含三十组景点，并涉及季节变化、天气变化、地质、地貌变化。用三十张四尺整宣纸横幅，每张构图既与相邻的前后两张衔接，又可以独立成幅，每幅都有单独题跋。

至2008年重阳，八十岁的他将《万里长城全卷》完稿，终于实现儿时的夙愿。

2014年8月，为纪念邓小平"爱我中华，修我长城"题词三十周年，由中国长城学会主办的"长城笔墨情——刘松岩长城山水画展"在中国长城艺术馆开幕，此次画展集中展示刘松岩七十余年来探索用传统山水画技法展现长城之美的精品力作。

几乎同时，他为钓鱼台国宾馆、国务院机关事务管理局等国家机构作画，参加联合国世界和平美术大展并获银奖。

刘松岩先生是传统山水画的坚守者，同时也是创新者。他非常清楚，创新是艺术的生命。他认为黄宾虹在六十岁以后的作品，画面趋向朦胧浑厚，有人把黄宾虹看成是"中国的印象派"，而黄宾虹始终坚持在传统基础上创新的路子，他的画是地道的中国画。潘天寿在《听天阁画谈随笔》中说："有常必有变。常，承也；变，革也。承易而变难，然，常从非常来；变从有常起，非一朝一夕偶然得之。"刘松岩赞同此观点，他认为变革比继承难，但变革要从继承中来。

启功先生称赞刘松岩的山水画是"古不乖时，今不同弊"。他的画作既有前人的笔墨，又有浑厚华滋、自然天成的独特个人印记。

刘松岩的艺术追求影响了一家人，1999年，刘松岩先生与夫人孙文秀（当年北平艺专的同学）率女刘黛琳、子刘志奇在琉璃厂瑞成画廊举办书画印展，轰动一时，传为佳话。

2011年9月，北京市文史研究馆等单位在中国美术馆主办了"长城

・一片孤城万仞山

写意山水
1988 年

刘松岩

·万里长城第一山
金碧山水
2007年

万里祖国同春——刘松岩从艺七十年传统山水画展"。这个展览以长城为主题,以传统笔墨描述北方峰峦之雄浑、南方山岭之峻秀,更有水墨、焦墨、泼墨、浅绛、青绿、金碧、泼彩等多种表现形式。此次展览深受观众好评,展出期间,有些观众几乎每天都来。

刘松岩一生尊重老师、尊重传统,为弘扬传统国画身体力行。他晚年仍然在写文章,回忆老师,回忆老画友,在不同的报刊上发表了《北平艺专轶事》(回忆任教的老师),以及《回忆贾羲民、吴镜汀老师》《回忆田世光老师二三事》《张大千与春华楼白掌柜的书画情谊及题外趣闻》《从书法的刀锋笔锋说到启功先生》《怀念副社长徐北汀先生》《王温良和他

刘 松 岩

·长城晚霞

泼墨山水
2011 年

的〈中国山水画百图〉》《大好人侯长春》《忆老画友吴文彬、孙家勤和李大成》等。

2013年春节，我到刘松岩家中，给老先生拜年。谈话中，发现刘松岩先生还有许多想法，已经出版的图书完全可以重新设计出书。当时聊出几个新选题，请刘松岩老先生承担，比如《明清十六家山水画技法图解》可与《唐宋元十六家山水画技法图解》成为姊妹篇，《明清山水扇画技法图解》有市场，市面是空白，可以出版。

如今，人民美术出版社将刘松岩的几部著作重新设计编排，采用新型的材料，以更好的印刷技术呈现其风貌。2014年，《刘松岩教山水——

历代传世名作步骤解析》（全四册）出版；2018年，《明清十六家山水画技法图解》出版；2022年，《明清山水扇画技法图解》出版。可惜的是，2020年刘松岩先生去世，未能见到该书的出版。由于新冠疫情，我未能再送刘松岩先生一程，深以为憾。

　　刘松岩，中国传统山水画的坚守者、践行者、传播者！

编创双楫 诗书论道
——记沈鹏

沈鹏（1931—2023）

别署介居主，1931年出生于江苏江阴一个教师家庭。著名书法家、诗人、美术评论家、编辑出版家，首批国务院有突出贡献专家。先后就读于江阴城南小学、南菁中学。十五岁时发起创办进步文学刊物《曙光》。大学时投身爱国学生运动，后考入新华社新闻训练班。十九岁起，从事美术编辑出版工作。历任人民美术出版社副总编、编审委员会主任，中国书法家协会副主席、代主席、主席。全国政协委员（第八至十二届）、中国文联副主席。中央文史馆馆员、中国书法家协会名誉主席、中华诗词学会名誉会长、中国国家画院书法篆刻院院长、中国美术出版总社顾问，并兼任多种社会职务。荣获卓有成就的美术史论家、造型艺术成就奖、中国书法兰亭奖终身成就奖、全国第三届华夏诗词奖荣誉奖、中华艺文奖终身成就奖、中华诗词荣誉奖、联合国Academy世界和平艺术大奖等。

沈鹏在创作，约 2018 年

一

沈鹏，1931年出生于江苏省江阴市。父亲沈雨祥是中学教师，母亲也曾任教。六岁前，沈鹏先生生活在外婆家。他外公名叫王逸旦，曾变卖家产创办当地最早的江阴城南小学并任校长。外公的弟弟做过江阴唯一的高级中学南菁中学的校长。幼时的沈鹏先生得过严重的百日咳、麻疹等，那时吃的中药，看上去是补身体，但并不对症。沈鹏先生天天被汤药折磨，身体极度不适。后来回忆起童年，他的感觉仍是苦涩的。

1936年至1937年，沈鹏入城南小学读书。与大家一样，少年的沈鹏也喜爱运动，打乒乓球、踢足球，但稍一投入，便受到幼时药物的"报复"，总感觉力不从心。于是他读小说、散文、诗歌，学书法、绘画、乐器来充实自己。他喜欢画画，临习过《芥子园画谱》。

1943年，十二岁的沈鹏入读南菁中学。中学期间，父亲从上海给他带来的《观察》《文萃》等刊物对他影响很大。喜爱文学的他，在此期间发表过二十余篇文章。高中时期，他和同学顾明远等组织进步文艺社团曙光文艺社，用课余时间编刊物，创办了进步刊物《曙光》，还出过单行本，封面使用李桦的木刻《怒吼吧，中国》。这个阶段，沈鹏课余向章松庵（举人）、曹竹筠等先生学习古文和诗词。

1948年，十七岁的沈鹏考入当时的国立中正大学（今江西师范大学）攻读文学，其间，翻译英文小说《穷饿临门》。上大学一年级的时候，他由于思想进步，引起了当时中共地下党的关注，一位同学将一些图书送给沈鹏先生。沈鹏先生回忆说："我们并不认识，他把一本牛皮纸包着的毛边纸装订的小册子悄悄地塞进我的口袋。我的心怦怦直跳，赶紧走到学校旁没有人的小山坡上，打开一看，是毛泽东的《新民主主义论》。就是这样，我陆续读了《在延安文艺座谈会上的讲话》、艾青的诗、赵树理的小说等一些进步书籍，这些书在我的面前展开了一片新天地。"

二

1949年，沈鹏以大学毕业的同等学力考入新华社新闻干训班——北京新闻学校。学校的同学张瑶均几十年后回忆说："沈鹏在同学中被公认学习上很钻研。休息时大家说说笑笑，他却坐在床上靠着壁角或坐在马扎上看书看报，帽檐都快触到书报上，好沉静。"

1950年，沈鹏任人民画报社资料室负责人。1951年，沈鹏调入人民美术出版社，那年他正好二十岁。新中国成立之初，《人民画报》归人民美术出版社管理。《人民日报》上刊登人民美术出版社成立于1951年9月14日，实际上，1950年以人民美术出版社名号出版的年画、宣传画、连环画已经很多了。

新中国成立初期的人民美术出版社，是一个全新的出版单位，大家都在学习中工作。沈鹏开始在社长室工作，后来也在总编室工作过。处理读者来信，接待访客，需要相当多的时间。另外，帮领导起草文件也是一项经常性的工作。

由于出版社是新建，沈鹏参与了人民美术出版社许多规章制度的制定，人民美术出版社最初的稿酬支付办法就是沈鹏起草的。1956年，国家制定了《全国农业发展纲要四十条》，大力发展生产力，人民美术出版社也相应制定了发展规划，这个规划也是沈鹏先生起草的。那时，沈鹏虽然只有二十几岁，但他虚心向老前辈、老领导请教，发展规划涉及人民美术出版社即将系列出版中国古代美术丛书等内容。在20世纪60年代时，他已经开始考虑策划出版《中国美术全集》等工作。

沈鹏一边做好本职工作，一边学习，他研读了大量的哲学、美学著作，还有中国画论、文论、书论、诗论等，又努力撰写了许多文章，成为人民美术出版社的"笔杆子"。仅1949年到1966年间，他就发表了约八十篇文章，散见于《人民日报》《美术》《文艺报》等重要报刊。

1958年至1959年，沈鹏先生被下放到江苏高邮农村劳动。劳动之余，参加创办高邮、扬州两地艺校，培养当地的文化馆美术骨干。"文革"期间，沈鹏下放到国务院石家庄干校劳动。

编辑工作是为人作嫁衣。改革开放后，沈鹏在出版社编辑和审读了大量的美术类书刊。1979年，沈鹏被新闻出版署任命为人民美术出版社副总编辑，同年创办并主编八开本期刊《中国书画》，他很好地把握了期刊的定位，从栏目设置到印刷装订，都有很高的质量要求。《中国书画》在20世纪80年代的美术界影响巨大，许多画家以在这个刊物上刊载作品为荣。

1980 年，沈鹏主编的《中国石刻大观》（三十三册）由日本同朋舍出版，同年，他负责的《东汉碑刻的隶书》获全国书籍装帧优秀作品评比封面设计奖。1982 年、1983 年沈鹏先后创办并主编美术专业期刊《美术之友》《美术向导》。前者是美术出版界的刊物，这个刊物联合了多家美术出版社办刊；后者是普及类美术专业刊物，在美术工作者和爱好者中享有很高的声誉。

人民美术出版社在 80 年代后期，与几家出版社一起，出版了六十卷本大型画册《中国美术全集》，沈鹏先生在其中承担了部分重要工作。2015 年，人民美术出版社重新编校出版六十卷普及版《中国美术全集》，我翻阅沈鹏先生主编的《中国美术全集·宋金元书法》卷，仍对他当年工作的激情与严谨满怀敬意。这套书获得中国图书奖荣誉奖。

1986 年，沈鹏先生任《中国艺术》主编，并参与主编了《中国历代绘画·故宫博物院藏画集》（八卷），此书 1993 年获第一届国家图书奖。1993 年，沈鹏先生被推举为第八届全国政协委员，连续五届，直至 2018 年退下来。离开出版社的工作岗位后，他仍然时时关注人民美术出版社的发展。

三

在当今市场经济中，尤其是书画市场最为繁荣的时候，沈鹏先生的书法作品最受好评。如今，沈鹏先生的行草书享誉天下，一纸难求。赵朴初先生赞赏他的书法"大作不让明贤，至所欣佩"。启功先生说："仆获交沈鹏先生逾三十载，观其美术评论之作，每有独到之处。"启功高度评价沈鹏先生"所作行草，无一旧时窠臼，艺贵创新，先生得之"。

沈鹏从少年时代就喜爱书法，到了工作岗位，仍然一有机会就用毛笔写书信、写文章，起草人民美术出版社的规章制度时，也常常用毛笔。

20世纪50年代初，沈鹏在总编室工作，许多文件需要他起草，到了成稿阶段，他用毛笔一丝不苟地书写。他之所以用毛笔写，是因为他认为："想使工作做得更认真、更完美。不久，读到郭沫若的一次谈话，说练毛笔字可以培养细致与耐心，进而以此种精神待人。这是很正确的，实际上已接触到练字与美育的关系了。"

几年前，我陪人民美术出版社原副社长、副总编辑邹雅的夫人苏戈女士到沈鹏先生家，请沈鹏先生谈谈邹雅。沈鹏先生对邹雅先生很怀念，他在接受采访中回忆说，20世纪60年代初，邹雅先生将他叫到办公室，对他说，你这么喜欢书法，出版社这么多书法大家，你应当认真学习。从此，沈鹏先生将书法视为艺术并加强学习。

谈起当年的编辑工作，沈鹏先生告诉我，"文革"前，他在社办公室、总编室工作时，经常要写材料、开会、办学习班，许多时间就这样流逝了。而有的老同志告诉我，当时许多人在办学习班时打盹小睡，而沈鹏先生则不停地用手指在腿上画字。这让我想起许多古代艺术家正是由于痴迷艺术而忘我。

身为人民美术出版社的领导，经常与书画界的老先生交往，沈鹏获益良多。比如他回忆在与赵朴初先生的交往中，有一个小插曲："（那天）我从袖中取一本《书法选》向他求教。他把我在扉页写的上下款细细端详，没料到还用放大镜察看一番，我当时感到脸红。我早知赵老器重我的毛笔字，可这几个字却不是真毛笔所写，是我出门前匆忙用别人赠送的塑料仿制的'毛笔'写下来的，因此很不对味，自己也觉得不够严肃、郑重。自此以后，除了万不得已的签名之外，我再也不用塑料的'替代品'了。"

沈 鹏

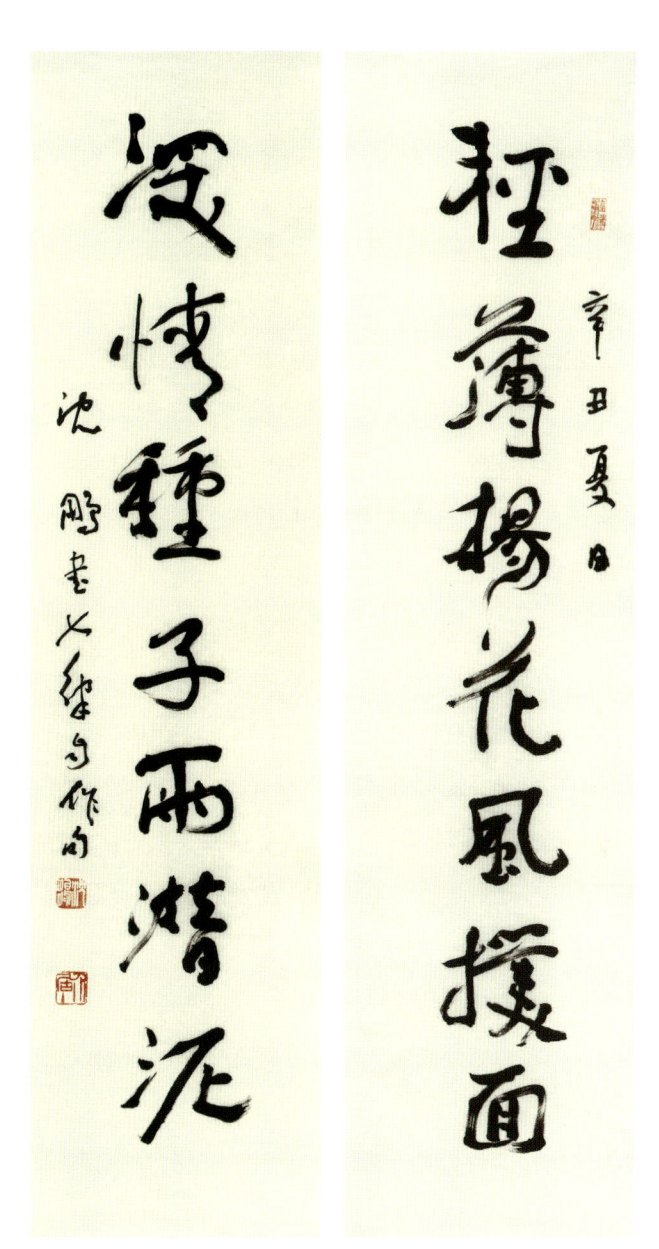

· 轻薄杨花风扑面，深情种子雨潜泥

书法对联
2021 年

赵朴初先生认真的态度感染了沈鹏。从此之后，他非常重视一般人不注意的细节。

沈鹏是编辑，有着极强的质量意识。对文字、对设计、对工作都很挑剔，追求完美，这对沈鹏先生的书法创作有很大的影响。比如，大家都熟悉的应酬字画，在行内是普遍现象，对此，沈鹏先生认为："古代杰出的书画家'酬''应'之作也不少，而终于传世，就因为他们在创作时超出了我们日常意义上的'应酬'二字。即便如此，古代杰出人物也因'应酬'多而留有败笔，后人评说是无情的。""就是应酬，我们也不能随便应付。书画家要有这种精神，每完成一幅作品就是创作。要有严肃认真的作风，不能随便写。"编辑工作的严谨对其书法创作态度的影响可见一斑。

编辑的职责是对稿不对人，不论作者是多么重要的权威，在书稿面前，编辑要敢于质疑。这也是为什么钱锺书佩服中华书局的编辑周振甫，愿意将他的书稿交给中华书局。编辑的这种职责与精神，在沈鹏书法中的体现，就是在敬畏艺术、敬畏古人创作的同时，敢于挑战古人，敢于独立思考，说出与众不同的话。他还有更高的追求，那就是创造出自己独特的精神风骨，建立属于自己的学术理论体系。

沈鹏多次谈到，楷书并不只是欧、柳、颜、赵，还有其他的楷书范本，每个人要根据自己的特点选择临习。大家经常谈到书法家郑板桥，沈鹏对此也直言不讳地提出自己的批评意见。

沈鹏已将古人书法的精髓融会贯通到自己的书法作品中，形成自己独特的风格。初学书法时，他认为在"打进去"的同时，要有"打出来"的意向；在"打出来"的同时，还要继续"打进去"，强化创造的根基。所谓"打进去"是刻苦临习，而"打出来"则是寻找自己的特点，逐渐形成个人风格。

　　沈鹏精通书法。在他的书法诸体中，我个人比较喜爱他的行楷，他的行楷中有楷书的笔意，又有一种灵动。二十年前，我在《北京日报》上看到一个行楷的标题，感觉那字具有强烈的美感，被深深地吸引。细看署名，才知道是沈鹏先生书写的。

　　在书法诸体中，沈鹏先生最大的贡献是草书，他的草书飘逸多姿，纵横跌宕，独具个性风格。自明清以来，王铎、黄道周、倪元璐等人，强调个性，将碑的线质融入帖法，创造出新的大草形式。我认为，沈鹏先生也是延续这条路线进行原创的探索的。沈鹏先生的大草是在帖法的基础上参以碑的雄强，以碑化帖，线条迟涩与飘逸相生，筋骨坚实健劲，结体灵活生动，章法汪洋恣肆。

　　如果用十六个字来评价沈鹏先生的书法，那便是：飘逸灵动，率真神飞，巧拙相生，人书俱老。沈鹏书法飘逸灵动，经常有人们想不到的笔触和结构，尤其是他的墨线，常常出乎意料，又在规矩之中。他的字很难仿，仿的人只知常规的临摹，却仿不出书家的内心感受。所以，仿造沈鹏先生的字很容易被辨认出。

　　沈鹏书法率真神飞。他的书法作品多是自己创作的格律诗，内容情感早已体味颇深。自书心志，不用一遍一遍地书写。他追求率意而为，天真烂漫，情趣横生。

　　沈鹏书法巧拙相生。沈鹏的青少年时代都生长在江南，江南的灵秀滋养着他，使他在书法上有天然的柔美。他后半生在北方度过，北方的雄浑，使得他的书法在灵巧中含着拙重，这是他与许多南方书家灵秀风格的最大不同。这种拙重使得他的书法线条在飘逸中不轻佻，而他的灵巧又使得他

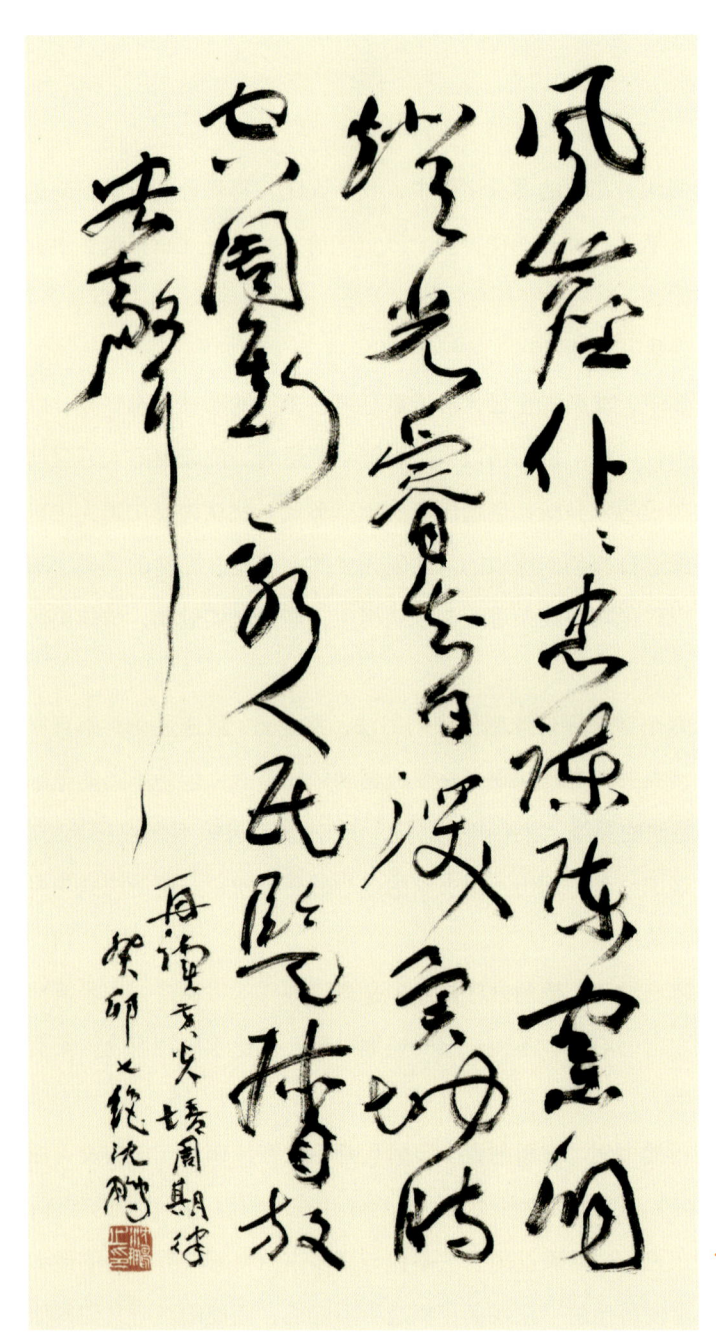

· 再读黄炎培周期律

书法诗作
2023年

的拙重不刻板。

沈鹏书法人书俱老，这是一种常人无法企及的境界。人老，不单指年龄大，还有学养的充实，品格的修炼，这时书法的"老"，已经是随心所欲而不逾矩的境界。可贵的是，这些年在沈鹏先生的书法中丝毫看不出体力的下降，仍然笔笔到位，挥洒自如。

沈鹏身为国家级美术出版社的领导，站在世界艺术之巅，遍览书画艺术，对书法艺术的全局有独到而又深刻的见解。但同时对各种艺术流派给予充分的理解与尊重。他的书法既遵循传统，又不囿于传统；敢于创新，又在符合审美规律的基础上进行开拓。

沈鹏对书法还有与众不同的理解，那就是对书法的布局，对每个字的结构有敏锐的感觉与独特的理解。沈鹏认为，唐代张怀瓘提到的"气通于隔行"有深刻的意义，但还未提到"列"的关系，"行"与"列"的关系在于打破。沈鹏对黑白灰的认识和对线条组成的大小空白，都有其独到的创意。比如，他在《书法，在比较中索解》中，谈到书法和绘画的相互影响："八大山人书法的中锋用笔，构图的空灵虚应，感情的冷峻超逸，很难说绘画与书法的相互影响从哪里开始，在哪里结束。我们甚至可以把八大的书法当作绘画欣赏，或者把绘画当书法欣赏。"

沈鹏先生取碑与帖，如篆——《虢季子白盘》《散氏盘》，隶——《阳泉使者舍熏炉铭》《石门颂》《礼器碑》，行草——《兰亭序》、王铎、傅山，楷——欧阳询、米芾等。我与沈鹏先生讨论汉碑时，他非常推崇《礼器碑》，他认为《礼器碑》既有严整的一面，又有灵动的一面，笔触常常有意想不到的妙处。明代郭宗昌在《金石史》中评《礼器碑》："其字画之妙，非笔非手，古雅无前，若得之神功，非由人造，所谓'星流电转，纤逾植发'尚未足形容也。汉诸碑结体命意，皆可仿佛，独此碑如河汉，可望不可即也。"这些评价，用来评价沈鹏的书法，我认为也是合适的。

沈鹏的书法堪为当代书坛的楷模！

四

沈鹏撰写的美术评论、书法评论约千篇。从 20 世纪 60 年代初始，曾为黄胄、刘文西、王朝闻、邵宇、蒋兆和、刘海粟、赵朴初、谢无量等大家的画册写前言或评论文章，言简意赅，散发着思想的光辉。

在收入的文章中，我认为，对画家的书法评论最有特点，分析角度新颖独特，发人深省。沈鹏对书法的认识远远超越了时代，超越了时空。他在《带着新鲜的感觉——〈装饰风景〉前言》中，是这样讨论中西方美学观点的：

> 把美和科学联系起来考察，在西方有长久的历史，公元前 6 世纪末的毕达哥拉斯学派，在"数的原则是一切事物的原则"的前提下，得出"美是和谐与比例"的命题，这里的"和谐与比例"便与数结下了不解之缘，17 世纪的莱布尼茨说过"音乐，就它的基础来说，是数学的；就它的出现来说，是直觉的"，直接把数学当作音乐的"基础"，中国古代书法理论中，"差之毫厘，失之千里""一笔两笔长尺二""一波三折"，等等，也都从数的角度谈论美与美感。

关于艺术中的"漂亮"和"美"的区别，艺术家都有不同的表述。吴冠中在法国留学时，拿作品给老师看，老师说："哼！漂亮啊！"吴冠中强烈感受到那不是表扬，而是一种讽刺，自此，他追求美而放弃漂亮。

沈鹏先生在收入《综合卷》的文章中多次提到清代画家戴熙的理论，也有类似的理论探讨。他说：

> 戴熙把"惊""喜""思"当作绘画审美中三个由低到高的审美层次。书法当然有它的特殊性，可是否也有类似的性质呢？作为审美对象的书法，从接受过程考察是否包含不同的层次呢？我以为是无疑义的。颜真卿的《祭侄稿》、苏东坡的《黄州寒食诗》被公认为划时代的书法杰作，因为他们进入了人们深层的审美意识，对观者的吸引力不是简单地停留在直观感受的阶段。虽然我们不可能要求所有的书法作品都包含多种审美层次，然而那些真正持久地激动人心的艺术品，总不是单一的，更不是浅薄的。

惊、喜、思艺术的三个境界，如同技、艺术、道。技，即功力，一目了然，令人惊叹，也是吴冠中先生所说的漂亮；艺术，也许不那么漂亮，但它直入人心，被感动；道，能让你几个月回味不已，那种似乎粗粝，却能反映艺术本真的东西，在心中久久徘徊。令人"思"，也是沈鹏先生书法的追求所在。

最近，张公者提出书法"合体"的题目，引起书法界的讨论。其实早在1982年，沈鹏先生的《画法关通书法津——〈张正宇作品选集〉序言》中就谈到了合体字问题：

一个书家由于掌握了多种书体，因而各体融合，可以看作是必然趋势。我以为更重要的是张正宇注重写心和追求气韵生动，就使得各种书体的融合带有自觉的性质，上述"四海翻腾云水怒，五洲震荡风雷激"以篆书为基础，兼取隶书与行草笔法，信笔所之，即他独具一格的"草篆"（或称之为"狂籀"）。这幅字如果按一般结体均匀、笔画整齐的篆书写来，肯定不会出现现在所能达到的效果，字形的改变，归根到底同作者书写意图分不开。

在沈鹏早年的美术理论文章中，有不少谈画家字的特点的，都将绘画与书法之间的关系谈得非常透彻。

沈鹏在谈到画家刘海粟的书法作品时说，"画法关通书法津"，作为画家兼书法家并且精通"六法"理论的刘海粟，在气韵生动、古法用笔、经营位置、传移模写诸方面，都能将书法与绘画的基本道理互相沟通、渗透。绘画滋养书法，书法给绘画的笔法、构图提供了基础。沈鹏谈起画家孙其峰的书法时说："与绘画密切相关的书法篆刻，在孙其峰也是长期锲而不舍地精益求精的。他的书法中的金石味同绘画的善于处理疾涩、迟速、行滞等对立统一因素有着明显的联系。"

沈鹏在评价画家林锴的书法时说："林锴饱含情感的造型语言，渗透着独特的诗魂。他的尚宗汉魏碑刻的书法，苍茫老辣，浑厚朴茂，用来题画，又用来作为绘画笔法的基础，便增添了艺术的特殊性格。当书法不是题在画上，而作为独立作品出现的时候，他那经过苦心构思写出的对联'麦翻风有态，莺老语无聊'，不无刻意经营的痕迹，但是仍保持着风格老辣、率真的一贯性……"

五

沈鹏先生在为人作嫁之余，喜爱中国传统文化，原喜爱新诗，四十岁后转攻旧体诗词，出版了《三馀吟草》《三馀续吟》《三馀再吟》《三馀诗词选》等诗词集。他欣赏三国时代董遇的名句："冬者，岁之馀；夜者，日之馀；阴雨者，晴之馀。"他有诗云："柱下倘能随老子，拼将岁岁赚三馀。"

陆游有诗句："诗为六艺一，岂用资狡狯？汝果欲学诗，工夫在诗外。"沈鹏先生正是运用诗外工夫，多重修养，诗书相与滋养，山巅互望。

在人美社成立五十周年庆典时，沈鹏书写了一副对联，我至今印象深刻："读书每责贪床晏，阅世未嫌闻道迟。"他利用三馀时间认真钻研古体诗、格律诗，终成诗坛大家。沈鹏的炼句已经炉火纯青，比如"一灯陪自读，百感警兼程"（《雨夜读》）；"不辞庾信文章老，但惜美人芳草迟"（《郊行》）；"凭高旷览无余事，鸟尽云闲万古山"（《敬亭山》）；"废纸三千犹恨少，新诗半句亦矜多"（对联）。这些联句发人深省，值得反复品味。

沈鹏的诗词内容丰富，无论景致变化，或是社会问题，都在他诗词表现的视野之内。文字精练，义涵深刻。不仅能给我们带来诗情画意的享受，也能给我们带来许多启迪。沈鹏在《读〈甲午殇思〉》中这样写道："新书莫作时装看，血火狼烟思国殇。历史老人开慧眼，狐群东海梦黄粱。地球虽小无宁息，周道维新待发扬。镜鉴春秋似椽笔，悲怆求索竞辉煌。"将他对历史的反思、对国家安康的忧念淋漓尽致地表现出来。

沈鹏的诗词从生活中来。20世纪70年代，他创作了《一剪梅》："一统楼居即大千。除却床沿，便是笺田。岁寒忽忽已穷年。俯仰其间，苦乐其间。心远如何地未偏，不见秋千，但见熏烟，门铃无计可催眠。过了冬天,又有春天。"诗中不仅抒发了对"冬天已经来了,春天还远吗"的期盼,也把平日生活细腻地表现出来。

北京前几年有雾霾。沈鹏先生绝句《有思》表现出对生态现状的关注:"推出尘封冻雨窗,四时最好在春光。阴云密布雾霾重,迷失花丛思故乡。"

《黄山"人"字瀑》是这样写的:"久雨初晴色色新,山光峦表逐层分。路回忽听风雷吼,百丈飞流大写'人'。"寓景于情,一语双关,将自己的寄托豪迈地表现出来。

沈鹏先生论书法诗直截了当:"明末清初傅山公,四宁四毋发奥旨。宁丑毋媚震聩聋,妩媚献媚皆奴婢。"(《辨丑歌》节选)。沈鹏先生喜爱傅山、王铎,我想,他对傅山的书法理论有更深的理解。他的《遣兴》直抒胸臆:"万画都从一画来,折钗屋漏草蛇灰。纵横开阖随情性,盘曲方圆散兴怀。才觉锺王肩可比,顿教回祝手中摧。雕虫不上凌烟阁,漫说争攀万岁台。"

沈鹏先生为怀念母亲而作的七律《小雪》情景交融,真真切切,感人至深。"告别慈容九阅年,至今一念一潸然。墓前小草春应发,枥下老骥宵未眠。家累何如安社稷?人和毋忘近研田。节逢小雪迎飞雪,点滴须能到地泉!"

2021年,中国美术馆举办"闻道未迟——沈鹏诗书作品展",展览的作品多是沈鹏先生的自作诗。一首小诗《逆行者》让观众驻足流连:"甘作逆行者,耻听顺耳风。逆行挺真理,顺耳不由衷。"其关切时事,一语中的,有诗圣杜甫之风。我曾跟沈鹏先生说,北方人对平水韵很难掌握,写格律诗还要看音韵书。沈先生表示,年轻时他也常带着音韵书,遇到一些问题时也要看书,直到今天也是这般。他还说,看音韵书对写诗也会有新的启发。阅读沈鹏先生的诗词,时时能够感受到他的诗情、诗性、诗感。

他的诗词题材开阔，内容具备相当的深度。在当今的诗词界，他的创作已经达到一个新的境界。

六

中国书法家协会成立四十年来，沈鹏一直参与和主持中国书法家协会的建设，尽心尽力，做了大量工作。1992 年，中国书法家协会主席邵宇在深圳因公去世，同年八月，沈鹏任中国书法家协会代主席，这一"代"就是八年。此时，沈鹏先生提出书法创作的"浮躁"问题，2000 年，沈鹏被推选为第四届中国书法家协会主席。在他担任中国书法家协会主席期间，主持制定了《中国书法发展纲要》，提出"书法可持续发展"的理念，对推动中国书法事业的良性发展、弘扬民族传统文化做出了重要贡献。

如今，沈鹏先生早已桃李遍天下，但他的学生各自有各自的面目特点。我认为，这和沈先生的书法理念有关。他认为，须以"原创性"作为书法创作和批评的主要标准，力主在继承传统的基础上，创造出具有时代特征的书法样式，进而形成符合个人精神特质的艺术风格。在中国国家画院沈鹏先生书法精英班，他拟定的教学方针："弘扬原创，尊重个性，书内书外，艺道并进。"他擅长将学生的长处和特点提炼出来，尊重其个性，再深入下去，加强原创，走自己的路。既强调继承，又要在当今的语境中创造属于自己的书法语言。

沈鹏先生重视青少年的书法教育，在不同的场合多次呼吁书法进入中小学课堂，弘扬民族优秀文化艺术传统。2014 年，教育部发布《中小学书法教育指导纲要》，规定书法教育将纳入中小学教学体系，学生将分年龄、分阶段修习硬笔和毛笔书法。沈鹏先生不顾年龄大、身体欠佳的实际情况，多次接受采访，希望书法进入中小学的课堂，普及书法知识，提高全民的审美素质。

沈鹏先生德艺双馨，2007年，国务院任命沈鹏先生为中央文史研究馆馆员。沈鹏先生参与了馆里大量的工作，多次在全国各地举办的资助希望工程、抗震救灾、公益扶贫等活动中，积极捐款、捐书、捐献书法作品。他将珍藏的齐白石、黄宾虹、康有为、郭沫若等名人字画捐给了母校南菁中学；将自己创作的书法作品分别捐给中国国家画院、中国美术馆等单位；他为人民美术出版社捐出百万元作为出版基金，为年轻的学者出版美术学术图书尽一份力量；同时，也在中国国家画院等五家单位设立书法基金，推动当代书法的发展。

2023年8月25日上午，沈鹏同志遗体告别仪式在北京八宝山殡仪馆大礼堂举行。文化界近千人前去吊唁，最后再送沈鹏先生一程。

随着九十二岁沈鹏先生的去世，随着启功、舒同、邵宇、欧阳中石、李铎、刘炳森等在20世纪80年代书坛叱咤风云的人物的离去，一个时代落幕了。

在沈鹏先生的追悼会上，我写下挽联以示悼念：

德艺馨隆，作嫁为人著述等身昭日曜
襟怀磊落，吟诗遣墨书坛圣手炳春秋

2023年9月初，我分别在荣宝斋在线直播间、《人民画报》直播间，讲述我与沈鹏先生的故事，表达我对沈先生的思念。

生命、力量、简约、平和、诗情和意境
——记姚奎

姚奎（1936—2007）

原名姚发奎，山西省垣曲县人。1950年参军，1952年参加抗美援朝，1957年考入中央工艺美术学院装饰绘画系壁画专业，1962年被分配到中国建筑研究院工作，1964年为桂林市展览馆设计大型陶瓷马赛克壁画《桂林山水歌》，1965年调入文化部出版局。1971年调入人民美术出版社，先后任《连环画报》美术编辑组组长、创作室主任、人民美术出版社总编辑助理、《中国美术分类全集》副总编辑。出版有《姚奎画集》，在世界各地多次举办个人画展。1990年赴加拿大讲学，后定居。2007年病逝于北京。

姚奎在人民美术出版社，1986年

一

姚奎，原名姚发奎，1936年生于山西省垣曲县。父亲姚骊祥是抗日爱国将领，曾任国民革命军陆军少将，1945年退役。姚奎从小喜欢画画，喜欢文艺，中学期间参加中学话剧社。

1949年11月，十四岁的姚奎在歌乐山上中学，遇重庆解放。1950年2月参军，加入中国人民解放军十一军三十二师。

1952年，作为中国人民志愿军步兵三十二师文工队战士，姚奎参加抗美援朝入朝作战。1954年获三等军功一次，1956年随部队回国，1957年3月获先进工作者称号（时在志愿军三二一部队）。

1957年，喜爱艺术的姚奎从部队考入中央工艺美术学院。

二

1957年秋，姚奎考入中央工艺美术学院装饰画系壁画专业。当时他并不理解何为"装饰性"。第一次水彩课,袁运甫老师摆放了一只花瓶和一个小配件,让他们做课堂写生练习,老师并没有对水彩画做更多讲解,也没有做示范。下课时,袁老师指着他的画说:"这张画得很有装饰性。"袁老师所指的装饰性,是指画面整体感,注意描绘造型的完整性和色彩的协调和谐,没有一般水彩画的随意和洒脱。姚奎之前没有受过水彩画的训练,完全凭直观和个人感受所做,是一种自然流露。

在上学期间,姚奎得到张光宇、张仃等老一辈装饰绘画艺术大师的亲自指导,这使他以后的艺术创作一直受到装饰绘画观念的影响。

姚奎长于控制自己的情绪,并将每天的学习安排得有条不紊。上学期间,他每天都有详细的时间计划表,学习、锻炼、工作都安排得很周密,并按照计划表执行,这在学艺术的同学中卓然不群。他对自己要求很高,非常勤奋,随时会画速写或构思,创作也比别人多,很少闲逛玩乐,同学们评价他是"劳劳结合"。在校四年,由于品学兼优,姚奎四年连任校学生会主席。

姚奎大学同班同学张世彦回忆,姚奎是班长,为人善良。在20世纪五六十年代"极左"思潮盛行的时期,姚奎始终尽力保护爱护同学,全校只有他们班里没有同学被错划为"右派"和"反革命"。

一次,姚奎带全班同学去给老师拜年,也去看望了被错划成"右派"的袁迈老师。回来后,他受到了学校的严厉批评,预备党员转正也被延长了一年。

毕业后,同学岳景融被划成"反革命分子",其女友去问姚奎怎么办。姚奎肯定地告诉她,岳景融不是反革命,这句坚定的话保全了这份恋情和婚姻。姚奎对这些事情有自己的看法,他曾对张世彦说:"斗来斗去,搞不好明天就斗到自己了。"

三

1962年，姚奎毕业分配到中国建筑科学研究院工作。

1964年，受桂林市委托，姚奎为桂林市展览馆休息厅设计壁画。这是1949年后国内第一幅大型陶瓷马赛克壁画。他游览了桂林山水，受其感染，跳跃出一个大胆的构思，要取桂林山水的精华部分作画。桂林山水的自然素材很多，但要将延绵数十公里的桂林山水浓缩在不到十二米的墙面上，还是要有取舍。姚奎在马赛克瓷片生产技术的局限中，最大程度地表现桂林山水的"仙境"。然而就是这样一幅曾被数种壁画论著选用为图例的杰作，在"文革"期间还是被认为有问题，幸亏有懂行的人冒着危险用泥土封盖住。

吴冠中先生在1976年看到了这幅壁画作品。他在文章中说："我在桂林展览馆看到一面镶嵌壁画，表现了漓江山水的俊俏与清新，石痕波纹间的线组织中穿流着青春的活力，令人立即联想到'江作青罗带，山如碧玉簪'的佳句。在'光''亮'的庸俗作风余毒犹在泛滥之际，居然能看到这样的壁画，惊喜之余有点不相信自己的眼睛了。原来，这画在十年动乱期间是被有心人将泥土封盖后侥幸存下来的，我看到时才刚刚'出土'。这出土作品的作者是谁？是姚发奎（那时还未改名），他是中央工艺美术学院1962年壁画专业的毕业生。长期受到张光宇、张仃及袁运甫等老师的教益，难怪我感到作者的风格是如此亲切熟悉。"

1965年，姚奎调入文化部出版局。同年，中共中央组织各级干部去农村参加"四清运动"。姚奎被分配去河南林县（今林州），那时是太行山区的一个贫苦县。山区缺水，历史上干旱之年曾渴死过人。2016年，我

姚奎

·桂林民居

水粉画
1964 年

第二次去林州，参观红旗渠纪念馆，看到了历史的干旱记录。林县县委书记杨贵带领几万农民劈山开路，通过几年的艰苦奋斗，引漳河水入林县，修建了名闻天下的红旗渠。1966年4月20日，红旗渠通水大典，姚奎见证了这一激动人心的时刻，他以速写记录了这一动人场景。

1969年，姚奎随文化部出版局下放到湖北咸宁五七干校，年轻的他任一连三排排长。在干校期间，除了到向阳湖插秧种田，业余时间，姚奎还不忘写生，记录生活。他的笔下不仅有劳动场面，还有许多人物速写，有同连队的战友，也有湖北当地老乡。同时，他也画了许多水粉画，主要内容是山水风景。

我也曾随父去干校，对那里很有感情。我注意到，画那里山水的人不是很多，而姚奎画了大量的作品，可见他对那里一草一木的热爱。向阳湖五七中学的同学非常喜爱他的作品，尤其是一张背景为五七中学的作品。自己动手盖的几间红瓦房，操场中间的旗杆，这场景让经历者回忆起许多往事。他们见到后，纷纷要求复制留念。

姚奎在干校期间办了一个小型个人画展。同样下放干校的人民美术出版社编辑徐振武（后改名徐希），回忆起此事时说，在1969年底看见一张"姚奎个人画展"的海报，这在干校是个稀罕事。徐希和张广和（后改名张广）在劳动收工回连队的路上，顺道去看了画展。在这个简易的画展中，他们初次相识。

之后，姚奎经常到人民美术出版社所在的二十五连，与年轻的画家一起交流。

四

1971年，许多干部回北京工作，姚奎如愿以偿地调到人民美术出版社。

1973年10月，《连环画报》在中央高度关注下复刊。不久，姚奎调到《连环画报》编辑部，并任美术编辑组组长。

那时的刊物不像今天这样多，而《连环画报》是少有的发行量很大的刊物，因而自然受到画家们的关注，程十发、陆俨少、范曾、陈逸飞等都画过连环画。1976年后，连环画更是迅速发展，许多新的画家涌现出来。

《连环画报》高峰时期，有十八位同志，各司其职。美术编辑组长需要承担相当的责任。姚奎一方面组织《连环画报》的编辑工作，向优秀的绘画作者约稿，一方面加强连环画的修养，并尝试创作连环画。

《连环画报》作为当时的重要刊物，配合形势，经常派出美术编辑或画家到油田、农村写生创作，姚奎也经常被派出去工作。

1976年，周恩来总理去世，从工厂到农村，全国人民都在怀念他。姚奎曾和张广等画家前往大庆油田、山西大寨采访写生。姚奎创作的《周总理和大庆工人在一起》，发表在《连环画报》1976年第12期。

1978年，姚奎自己编绘的连环画《绿色的宝库》发表在《连环画报》上。这部连环画作品展现了画家的文学功底和娴熟的绘画技巧。在传统连环画中，文字脚本作者和绘画作者一般是两个人，一个人自编自创比较少见。

与大家的想象不同，当年《连环画报》的约稿、编稿过程相当复杂。

首先是文字编辑提供选题，选题来源于作者投稿或者编辑通过大量阅读后提供。选题由编辑报给《连环画报》文字组组长，文字组组长审订，有时还需与编辑部主任或副主任商量，重大选题需讨论。选题通过后，由选题提供者编写文字脚本，也可能由编辑约作者。

连环画文字脚本编写完毕，由编辑一审，文字组组长二审，稿件发副主任或主任审订，转到美术组，由美术组组长分配美术编辑约请美术作者。编辑部的任何选题和稿件，均要按程序做。作为美术编辑组的组长也不例外。从经验上看，姚奎的选题是自己提出，并通过程序审批，最终自编自绘。

连环画《绿色的宝库》线条流畅，疏密得当，一方面展示了作者的写实功底，一方面强调了装饰性特点。风景、建筑和人物安排妥帖，近景、

·桂林山水歌

马赛克镶嵌壁画
1964年

中景、远景穿插使用,熟练地将连环画特点运用出来。

五

  20世纪70年代中期,人民美术出版社几位画家纷纷改名,将三个字的名字改为两个字,如徐振武改名徐希,张广和改名张广,姚发奎也改名姚奎。

  1979年初,邵宇认为姚奎有管理经验,而且有一定的创作能力,于是调姚奎任人民美术出版社创作室主任。

  张广认为:"邵宇建立人民美术出版社创作室,很开放,可以有绘画、书法、篆刻几方面的自由创作。姚奎很好地执行了邵宇的方针,使创作室

远去的背影 | 名家艺术小传

· 鼓浪洞天

写意山水
1984 年

一直有很好的创作氛围，大家友好坦荡、不讲资历、相互鼓励促进，没有画院存在的师承关系、论资排辈现象。创作方面既有继承，又注重自由创新，每个人有自己的风格、感受，又融合成一个和谐温暖的团体，为当时全国的画家们向往。在这个时期，人民美术出版社创作室在美术界，是一个很重要的国画创作阵地。"

姚奎在建设人民美术出版社创作室过程中做了许多努力。一方面他做好老先生、老画家的服务工作。随着时间推移，一两年后，王叔晖、任率英、刘继卣、李平凡相继退休，之后几年中，石虎、赵晓沫、许全群从其他编辑室陆续调入创作室。另一方面他勤奋创作，画出了大量美术作品，并努力探索自己的个人风格。

在人民美术出版社创作室有几位与姚奎年龄相仿又志同道合的画家——徐希、张广、石虎，这三位个性都非常鲜明。张广能纯熟地运用中国画传统笔墨，徐希借用版画效果画中国画，他们在国际上屡获大奖；石虎以西方色彩和大胆的造型在宣纸上惬意游走。姚奎应当如何走出自己的路呢？在工艺美院学习的装饰绘画风格成为他的不二选择。

六

1980年，姚奎创作的《傣家》面世。画面中，傣族同胞在热带雨林中盖起的竹楼，和大自然融为一体。这是姚奎中国画的代表作。色彩丰富，线条富有弹性，画面有强烈的装饰风格，并使用了宣纸晕染。前面重彩涂抹，后面浓墨衬托，有了新的水墨效果，这也是他水墨观的诞生，这张作品对他后来的创作有着引领的作用。1982年，他出版第一本画册，就选

用这张来做封面。

　　1982年,《运河系列》《北京系列》奠定了姚奎的绘画风格。这部分作品更注意创作,比如《禁城一瞥》和《岁月》,重叠的宫殿代表着皇室的宏伟,他为了表达心中的感受,突出强调红色门窗的整体性,以红色为主色调,把这一切融入黑色的夜空中,既是真实的,也是梦幻般的。

　　1988年绘制的《立体交叉》则轻快、令人愉悦,充分展示了姚奎构图上的能力。著名画家吴冠中评价这幅作品:"姚奎的这幅《立体交叉》就是用墨彩表现色彩斑斓、形线交错的尝试,效果甚好。究其因,作者首先把握了曲、直、回、旋之和谐构成,控制了多姿多态的身段美。直立的楼层与转动的道路间的拍合是画面结构中成败的关键,有心人、行家们当着眼于这曲与直相衔接的处理,那诚是差之毫厘失之千里的枢纽。众多的帮腔:楼房门窗的横线、小方块、碎点,它们溜到公路上,摇身一变而成奔驰的车辆、骑自行车的人群。设色无多,红黄蓝绿而已,这几种原色被

· 江作青罗带，山如碧玉簪
水粉画
1964 年

击碎，镶嵌似的散播于整幅画面，辉映成彩……"

1990年，姚奎到加拿大定居，这时的作品又有变化。《蒙特利尔之秋》《鬼节欢歌》在作品中宣泄激情，表现人们对大自然的亲近和对生活的热爱。他使用比原来更重的重彩，用更浓的墨色，在宣纸上挥洒，表现加拿大景色的艳丽，也融入画家对墨韵的喜爱和重视。

去到加拿大，姚奎见到更为发达的立体公路，他试图以水墨画表现更大规模的立体交通，命名为《大动脉》。加拿大一位美术评论家说："我们这里早已变成了娱乐场，远离祖先和诗歌，中国来的画家姚奎先生，在冰冷的水泥堆中发现了诗意。"

从1980年始，姚奎创作的《小鸟天堂》《泉州双塔》《鬼节》等五幅作品先后被中国美术馆收藏。

七

我与姚奎先生相识，是在人民美术出版社创作室。那时他还很年轻，每次见到他，都能感受到他的热情。他的作品面目清晰，一眼看上去就知道是他画的。当时感到他低调，不张扬。后来知道他出国，一直没有联系。直到 2007 年初的一天，他给我打来电话，告诉我他住在望京，可能想起在人民美术出版社的时光，没说几句他忽然哭起来。我安慰他说有时间去看看他。还没等去看他，便传来噩耗。去年才得知，那时他已经知道自己得了癌症，去日不多，可能想见见我。此事让我后悔不已。

去年，在一个朋友聚会的场合，见到姚奎的大公子姚庚，便有了写姚奎艺术小传的想法，因资料问题，拖了半年多时间。

姚奎的艺术座右铭是："生命、力量、简约、平和、诗情和意境。"这是他的艺术追求，是他性格所在。回归纯净，回归大自然，追求真情，他一辈子追求了，也用他的作品完美表达了。

名山峡江入画来
——记吴传麟

吴传麟（1939—2007）

山东淄博人，字于飞，笔名纪芳，堂号观波楼。中国画画家。中国美术家协会会员、中国书法家协会会员、中国工艺美术学会书画委员会理事；中国美术出版总社编审，曾任人民美术出版社现代美术编辑室副主任。1966年毕业于中央工艺美术学院（现为清华大学美术学院）。擅长中国画，兼善书法和工艺美术设计。1983年至1993年，在国内举办了六次个人书画展。出版有《吴传麟山水画选》《泉韵——吴传麟中国画作品》《现代书法》《百花图集》《中国当代名家画集·吴传麟》等书籍，作品入编《中国现代美术全集·中国画》。

吴传麟在济南电视台接受采访，2007 年

一

吴传麟 1939 年出生在济南市一个中医家庭，幼时喜爱画画。由于家庭兄弟姊妹多，经济拮据，吴传麟就去理发馆学理发，挣点钱买绘画用具。在艰难的学习环境里，他勤学苦练，并得到山东名家黑伯龙和中学美术老师刘鲁生等先生的指教。

1961 年吴传麟考入中央工艺美术学院染织系学习，他向李苦禅、郭味蕖等老前辈学习传统绘画。苦禅先生教导学生："做人要老实，画画不能老实。"这充满哲理的箴言，使吴传麟受益一生，激励他在艺术道路上不断创新。郭味蕖先生则强调，学习其他门类的知识也很重要，注意培养综合素质。

苦禅先生把白菜、鱼、鸟等画法手把手地教给了他。俞致贞先生传授工笔画时强调自然真实。一年冬天，创作要画月季花，当时找不到鲜花，俞先生亲手用纸制作了一朵月季花给他作示范。

毕业后，他被分配到京郊手套厂，在 20 世纪六七十年代的那些岁月中，他每天烧锅炉要铲几吨煤，但仍坚持画画临帖。李苦禅赞赏他的学习精神，点拨他的绘画，将自己多年的绘画经验传授给他，使他的作画水平迅速提高。1965 年，苦禅老人在赠给吴传麟的一幅扇面上题字："年余不动笔，书画一道，几近荒废，捡箱中故扇面，及时促就，以赠传麟弟，藏作纪念，今后老矣，尔将归息也！……"写毕老人感叹地对吴传麟说道："我的艺术有人理解、有人继承，死而无憾了！"

1966 年到 1976 年间，苦禅先生备受折磨，吴传麟始终陪伴在他身边，给了先生很大的精神安慰。"文革"结束后，苦禅先生对家人说："如果没有传麟陪着，不知能否坚持下来。"

二

吴传麟学的是工艺美术，但他对中国传统书画情有独钟。在大学期间，他便悉心研习，遍临名家作品。一次，他到故宫参观绘画馆收藏的古代书画珍品时，被清代画家石涛的一幅水墨荷花吸引住了。其博大精深的艺术境界，震撼了吴传麟先生的心灵。他找来《石涛画语录》，潜心研读。石涛认为："古人未立法之前，不知古人法何法？古人既立法之后，便不容今人出古法。千百年来，遂使今之人不能出一头地也。师古人之迹而不师古人之心，宜其不能一出头地也。"这种师古不泥古的艺术思想，对吴传麟先生的艺术创作产生了深刻的影响。

"外师造化，中得心源"是中国画的创作精髓。石涛说"搜尽奇峰打草稿"，也是强调写生的重要。1980 年，吴传麟调入人民美术出版社。在编辑组稿之余，他有机会遍览祖国的美丽山川。这期间，他抓紧一切时间在旅途中写生，积累学识。他怀着对艺术、生活的热爱，投入了艺术创作。

山水画是传统中国画中最具挑战性的画种。吴传麟知难而进，他的画作，特别是巨幅之作，生动地展示了泰山、黄山、庐山及江峡一带山水的磅礴气势和旖旎风光。如《观瀑》，整幅画面气势宏大，生机勃勃，气韵流畅。作者恰当地运用笔墨中的浓、淡、虚、实，表现了雨后的飞珠溅玉之状，树木岩石错落有致，疏密得当，描绘了山谷中空旷深远的意境。

他的大幅作品中多是三峡和黄山。《三峡即景》中，悬崖峭壁几乎占满了整个画面，岩壁上，点染着杂树丛林，云朵遮掩着几座房舍，岩壁下有待发的船只和片片帆影，这幅画兼工带写，是难得的佳作。《黄山烟云》中，画家则尝试着将墨汁直接泼洒到宣纸上，然后用大笔横扫。画面上云海茫茫，山峰耸峙，体现了黄山云的绝美。

吴传麟在漫游陕北黄土高原期间，完成了数百幅写生稿。回到北京画室创作时，他以自己独特的感受，描绘出高原动人的景色。这些作品生机勃发，有着强烈的个人感受和印记。

吴传麟笔下的江南风光又是一番景象，他将细致入微的笔触，把江南风光描绘得诗意盎然。从这些作品中可以看出作者对祖国山河的炽热情感和其独特的笔墨风格。

吴传麟的花鸟画也有自己的面目。他喜爱画白玉兰、百合花、玉簪花、水仙等等，他更爱画白荷。《薰风尽花乡》是他的代表作，以泼墨画荷叶，淡墨线条勾勒荷花，并敷以白粉，衬托出荷花的不染尘俗。他善于将描绘的形象化作自己情操的寄托。

"书至画为高度，画至书为极则。"对画理研究颇深的李苦禅先生有这样的认识。吴传麟深得李苦禅先生的真传，他不但善画，而且善书，深深理解书法的重要性，早年就苦练书法。他从"二王"入手，学黄庭坚而又参以篆隶，形成了具有自己独特风格的书风。

吴传麟是编辑，他认为编辑工作不仅不影响艺术创作，反而会促进创作。他认为，要提高作品的意境，画家不能封闭在一个艺术小圈子里面孤陋寡闻，要学习各种门类的知识，做到精与博的有机结合。

在从事编辑工作的过程中，吴传麟先生广泛接触了雕塑、工艺美术、青铜器等各种门类的艺术形式，这种广泛涉猎使他的艺术观念得到了升华。1981年，他编辑《中国工艺美术丛书》时，就得以了解中国少数民族生活习俗、音乐、绘画、图案等具有鲜明特色的民族艺术。之后，他又参与六十卷本《中国美术全集》中《民间年画》《原始社会至战国时期雕塑》《元明清雕塑》等卷的编辑工作。古代原始艺术中那种质朴的感情、简洁明了的线条等艺术表现形式，使他再次被中国传统艺术折服。

因此，吴传麟山水画的风格特点是多变而又统一、博大雄浑而又优美含蓄的。他的创作是从生活中来，从传统中探索而来。但他在绘画技巧上有一些创新，如他以草书笔法画树干、树枝，以散笔浓墨作松针，在色彩上汲取西画的调子来表现感情，他作画任意挥洒而不失法度，博大而精深。

三

1981年，时任人民美术出版社社长邵宇先生和出版社副总编沈鹏先生亲自安排将吴传麟调入人民美术出版社画册编辑室工作。吴传麟珍惜这份机会，并全身心地投入到美术编辑工作之中。第二年，为编辑本社与日本美乃美出版社合作出版的《广东黎族染织刺绣》一书，他赴海南岛组稿数月，并撰写散文《黎家风采》。此书获中国优秀美术图书奖银奖。

· 三峡即景

写意山水
1981 年

· 薰风尽花乡

写意花卉
1994 年

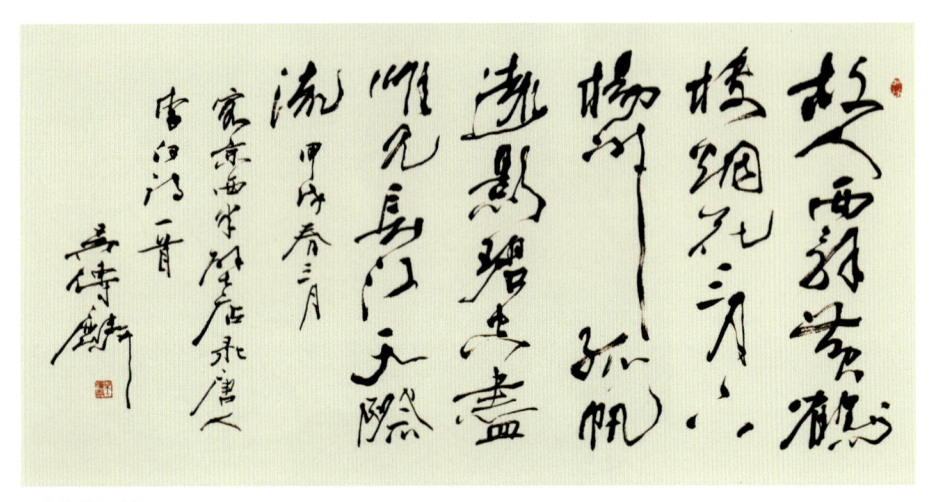

· 李白诗一首

纸本书法
1994 年

    吴传麟是人民美术出版社编审,他的职业是编辑,俗称"为他人作嫁衣"。做编辑容易,而要做个优秀的美术编辑却要付出比常人多出几倍的努力。1991年,由吴传麟参与责编的《中国美术全集》在新闻出版署第一届全国优秀美术图书评比中获特别金奖;由他参与编辑的《中国工艺美术丛书》"美术百图丛书"等也分别获得新闻出版署国家图书奖荣誉奖。他在职期间编辑出版了大量美术图书,并着重推出新人新作。即使在退休以后,他也仍然积极地为出版社推荐优秀作者,挖掘各类出版题材等,为国家美术事业的发展倾注心血。

    2012年2月,由中共中央宣传部、新闻出版总署联合为《中国美术分类全集》颁发了荣誉证书,吴传麟即为这份证书的获得者之一。

《中国美术分类全集》荣誉证书，2012 年

这份证书是对吴传麟编辑工作的肯定，然而这又是一份迟到的荣誉，因为五年前他就离开了这个他眷恋着的世界。

四

民进中央出版委员、人民美术出版社副编审王石之回忆中：

我与吴传麟先生都是中国民主促进会会员，同属于民进北京市委直属支部——民进中国美术出版总社支部，我是支部主任，吴传麟先生是我们支部宣传委员、民进优秀会员。

我国八个民主党派，成员各自涵盖不同领域的有识之士，民进则以教育和出版界为主。人美社有民进会员四十多人，一个单位有这么多民进会员，在全国也是少有的。所以人美社民进支部是民进直属支部。人美社民进会员代表人物有中国漫画先驱鲁少飞、书籍装帧泰斗曹辛之（中国现代文学史"九叶派"骨干诗人）、书画大家林锴、来自解放前上海老开明书店的资深出版家赵筠、画家石虎……以及众多老中青三代书画家、编辑出版家。人美社民进支部还包括故宫博物院、国家博物馆、紫禁城出版社、荣宝斋、中国连环画出版社的民进会员。吴传麟作为这样一个民主人士荟萃的艺术群体中的一员，不仅堪称佼佼者，而且做出了无私奉献。他十分支持热心组织、参与民进支部活动。在吴传麟的穿针引线下，我们参观天安门国旗班和三军仪仗队训练，到西郊八一射击场实弹射击，参观解放军装甲兵某部等等，民进会员们获益匪浅。

五

吴传麟先后出版了《吴传麟山水画选》《百花图集》《泉韵——吴传麟中国画作品》等书。中国美术馆分别于 1984 年和 1989 年收藏了他的山水画作品《江上春雨》《庐山》《漫天飞雪眩双眸》。人民大会堂、天安门管理处也收藏了他创作的巨幅山水画《忆江南》和《江南诗思入画图》。

1983 年至 1993 年，吴传麟在中国美术馆、中国人民革命军事博物馆、山东省美术馆等先后成功举办了六次个人书画展。1993 年 4 月 10 日，由人民美术出版社等单位主办的"吴传麟书画展"在中国人民革命军事博物馆开幕，舒同先生亲笔为画展题名，刘开渠先生亲为画展撰写前言。1997 年，吴传麟的作品入编《中国现代美术全集·中国画》。

· 江上春雨

写意山水
1982 年

吴传麟在王府井书店举办的名人大讲堂主讲山水画，2007年

1990年11月20日，中国援藏基金会在吴传麟、崔豫章和著名藏族画家尼玛泽仁的大力倡议下，在人民大会堂成功举办了"援藏捐献书画活动暨笔会"。刘开渠、邵宇、启功、黄胄、关山月、亚明、刘文西等许多全国著名书画家皆慷慨捐赠书画作品以表支持。

刘开渠评价吴传麟时说："吴传麟艺术上的现实主义精神与浪漫主义思想的结合，准确地体现出我们中华民族几千年来的艺术风尚与审美意趣。故此，他的艺术便富有强烈的人民性与民族艺术特色，这种民族艺术特色的存在，进而赢得了世界各国人们的赞赏与瞩目，因此可以说艺术只有具备了自身的民族性才更加具有它的国际性。不论吴传麟的山水、花鸟画，还是书法作品都给人以清新悦目、爽神怡怀的感染。他尊重传统更热爱生活。他对知识永无止境的探求及对品格修养的不断完善，使他的艺术总是焕发出一种勃勃生机和催人向上的力量。他总是以朴实无华、精练概括的艺术语言道出深邃的思想和人生的真谛，我想这正是大家崇尚和喜爱他艺术的原因所在。"

我以为，这应当是最中肯，也是最准确的评价。

勇于创新的先行者
——记徐希

徐希（1940—2015）

原名徐振武，浙江绍兴人。一级美术师，中国美术家协会会员，擅长中国画。1956年入浙江美术学院附属中学，1960年毕业，同年入浙江美术学院版画系。1965年毕业，任人民美术出版社编辑，1978年为人民美术出版社专职创作员。1982年作品《湖上晨曲》获第八届国际绘画展大奖；1985年作品《江南喜雨图》获日本世界博览会三等奖。1997年速写作品《林间》获瑞典第一届国际素描大赛金奖。出版有《中国近现代名家画集·徐希》《徐希自选作品集》等。

徐希在画作前留影，约 2010 年

一

徐希，原名徐振武，于 1940 年生于成都，祖籍是浙江绍兴。十一岁时，迁回杭州，在余杭县读完小学。少年的徐希喜爱自然科学，曾立志要从事自然科学研究，美术老师于之青动员他参加了美术兴趣小组。1956 年，徐希初中毕业，学校决定保送他入高中部，但徐希在于之青老师的鼓励下报考浙江美术学院附属中学，为此，徐希和父亲产生了矛盾。但徐希的理性思维为日后创作的走向产生了深刻的影响。

据他的同学史一先生回忆，刚到美院附中的时候，徐希的专业成绩在班上并不突出，但他非常善于学习。在专业课堂上，他常常到处看，站在画得好的同学背后，仔细揣摩别人怎么观察，怎么表现。班上同学梁洪涛的水彩写生十分出色。每当梁洪涛出去进行水彩写生时，徐希也背着画夹，拎着一个小水罐跟随而去。这景象被个别同学嘲笑，曾被画成漫画张贴在班里墙报上，但是徐希一笑了之，不以为意。徐希的水彩画，水平提高很快。为了更准确地把握人体结构，他曾去地方医院学习解剖学；为了训练写实能力，他常年来往于乡村田野写生，常去工厂体验生活。

1959年，全班同学在老师带领下，到江苏常州一个工厂去上创作课，实际是为该厂创作一部三百多幅的连环画。徐希非常积极，从熟悉生活，搜集素材到构图，到画正稿，参与了连环画创作的全过程。徐希后来回忆说，正是通过《火车头颂》这套连环画的创作，他认识了艺术创作的规律，摸到了从生活转化为创作的门径。

徐希画了两本连环画，被出版社采用出版。他后来回忆说："在附中打下的水彩画、素描和连环画的默写基础，以及大学时期在版画上所下的功夫，对我以后的国画创作起到了潜移默化的作用。"美院附中毕业时，徐希的专业水准已处在班级的前列。

1960年，徐希被直接保送进了浙江美术学院版画系。当年浙江美术学院的版画专业很强，徐希受教于赵延年、赵宗藻、曹剑锋等著名教师。在大学期间，徐希系统地学习和掌握了木刻、铜版画及石版画的技巧。1961年，徐希在《人民日报》发表了处女作木刻《水上民兵》，不久又被几家媒体转载，引起了社会的关注。

徐希喜爱明快、单纯的圆刀黑白版画作品。版画系走廊曾陈列罗马尼亚画家彼拉西姆的作品《震撼世界的十天》组画等，组画是用圆刀完成的。徐希看了十分激动，他认为，刀法不重要，黑白才是根本。他认为一幅好的版画作品，只要内容好，画面构成合理，黑白对比得当，刀法是作者的情感表达，可以不囿于手段。这个理念为他以后的水墨画创作打下了基础。徐希在掌握版画的同时，还潜心研习中国画和水彩画。英国和俄国的水彩画也让他深深沉醉。

徐希拜访黄胄老师，约 1983 年

徐希在中国美术馆开个人作品展，李可染亲临参观指导，1988 年

二

1965年，徐希从浙江美术学院毕业，分配到人民美术出版社做美术编辑工作。刚到出版社，他被安排到河南安阳农村去参加"四清"运动。回社不久，"文革"开始了，人民美术出版社的常规出版停滞下来。1970年前后，徐希随人民美术出版社下放到湖北咸宁文化部五七干校。

认识徐希也是那时的事，在干校，我们都是五七战士，我是小五七战士。我们所在的连队是二十五连，有三个单位，人民美术出版社、荣宝斋、版本图书馆。干校的气氛相对压抑，许多老干部到了田里，身体素质跟不上，干活不适应，但徐希和同是美院毕业的张广、张立辰风华正茂，整日笑语不断，根本不知疲倦。其中，徐希的相貌最打眼，富有活力的大眼睛，还有他的招风耳，让人过目不忘。

老干部们几乎都放下画笔，而徐希他们还在画画，我曾经看见他们在宿舍外墙上画画，内容大概是拖拉机驮着粮食等。画画也是有政治条件的，许多画家并没有资格。到了傍晚收工，一些画家驻足观看，评头品足。后来，他们发展到拿着速写本到处画画，张广画得最多的是牛，徐希画得最多的是狗，那是我们精心养的狗——"黑子""豹子""花儿"。

徐希的大方豪气给我留下的印象最深。一次，我们一群小孩去玩，在路边的瓜棚，徐希请客买了一个二十多斤的大西瓜。瓜农知道我们就地吃，特意挑了一个准备留籽的好瓜。七八个孩子，每人一牙儿，愣是吃个饱，西瓜那个甜，至今难以忘怀。

三

1972年，徐希等五七战士陆续从干校回到了北京。那时出版社的出版任务不重，徐希参加人民美术出版社组织的创作活动，在山西昔阳大寨村体验生活达七个月，又到大庆油田和油田工人共同生活三个月。此间，他画了大量速写作品，并开始尝试中国画的创作。

1978年底，人民美术出版社成立创作室，徐希调入创作室。那时王叔晖、刘继卣、任率英等早就成名的画家已经退休了，创作室里年长的有王角和我的父亲林锴等人，年轻的有徐希、张广、石虎等人。

虽然画家们有画画的时间了，但搞艺术和商业毕竟不是一回事。当时画家们的经济状况并非我们今天想象的那样富裕，恰恰相反，捉襟见肘的情况是常见的。比如，画家们大量的作品是在廉价的高丽纸和皮纸上画的，使用宣纸作画是件很奢侈的事。那时，出版社每月只发给画家五张宣纸，而高丽纸可以一刀一刀地领。

石虎曾经对我说，许多年轻有才华的画家因为生计问题，不得不放弃艺术，而他之所以能够坚持搞艺术，是因为还可以画几幅连环画生存，然后再一心一意地投入到艺术创作中。关于在创作中如何看待传统，徐希说："在转向吸收传统技法的时候，我面临着两种抉择。是淡化、舍弃自己画中的个性，代之以传统技法，抑或是在强化个性的同时加入传统？"最终，徐希选择了后者。

那时，人民美术出版社创作室经常组织画家到各地写生，新疆、西藏、重庆、桂林、大渔岛、黄山等地，画家们都曾深入生活过。徐希注意体验生活，画了大量速写和素材。

·万里长城添新关
写意山水
1972 年

    身为美术编辑的徐希，在人民美术出版社的浓厚艺术氛围中坚持自己的艺术追求。他认为，中国画的创新一定会被世界人民承认，中国画的创新不仅仅是常见到的线条和构图。由于他有版画的根基，他尝试以版画的大块色彩对比，在中国特有的宣纸上作画，利用宣纸美妙的洇晕，画出自己的特点。当时的中国画坛，虽然鼓励创新，但他的创新并不被更多的人理解，反而会被非议。这种创新和前人如李可染、黄胄、傅抱石等完全不一样。

    然而此时的徐希头脑很清醒，他曾总结自己："我有意识地追求山水画的风俗性，画自己最有感受的雨景、夜景、雪景。在表现方法上强调黑白对比强烈的版画感觉，运用泼墨时大量地吸收水彩技法并在宣纸上力求强化我对生活的感受。"

远去的背影 | 名家艺术小传

- 湖上晨曲

  写意山水
  1981 年

他选择的题材，与传统的彩墨山水画完全不同，是江南城市雨景，也有湖边的帆船，他用大刷子画结构，与传统国画的毛笔用法完全不同，却强烈地画出了自己的风格：辽阔的江面，摇动的苇叶，墨色的江帆；雨景中的红伞，正在下雨的街道，惆怅的丁香花一般的诗意。

1982年，徐希的国画作品《湖上晨曲》获得南斯拉夫举办的第八届国际绘画展大奖。这是那个年代国画在国际上获得的最高奖项。

虽然徐希有着超人的聪颖、智慧和勤奋，其实那次中国送去了今天看来仍然是中国美术界赫赫有名的十个人的作品。我以为，在世界主流艺术的标准中，徐希的脱颖而出绝非偶然。他的画既有中国的水墨，尤其是墨色的运用；又有西方现代艺术意识，版画的效果，强烈的装饰风格。应当说，徐希的画突破了中国人的欣赏情趣，走向世界，得到更多人的欣赏。他的成功引发了二十年来首次"中国水墨画走向"的大论战。他的实践说明，他是将国画推向世界的先行者之一。

与成名相伴的是富裕，在此之后的一个著名的拍卖会上，他的一幅作品以尺论价排在了第一名，甚至超过了吴冠中，以至于在第二天，全北京二十多家画廊将他的作品全部售空。

20世纪80年代，徐希连年在国际上获奖。1981年，在"奇妙的亚洲"评选中，他的作品《长城》和《布达拉宫》获第一名；1985年，徐希的国画《江南喜雨》在日本世界博览会上获三等奖；1987年，徐希创作的国画《江南喜雨图》在土耳其"国际住房年"国际绘画比赛上获成年组二等奖。

少时放暑假，我经常到人民美术出版社创作室看徐希画画，他每天画一张大画，一面墙那么大，上午板刷铺色，中午做别的事，等画面干后下

午继续画细节。一张画大约有四五十尺。徐希总是愉快地一边画画，一边和我聊天。我从未听到过他夸耀自己，他对自己的成功极其冷静，他虽然有信心会画得越来越好，但自己还不是高峰，卖出价格高并不说明自己的画就比大师们更好。与众不同的是，徐希并不把钱存进银行，而是投资艺术品，而且是他擅长的国画。20世纪80年代初，他的画价大概每平方尺是六十元，而许多大师的画价也不过如此。他一边把自己的画卖出去，一边去买大师的画，有的是求熟人去买，有的是直接到画家家中去买，他又

· 湘西古镇春雨
写意山水人物
2008 年

懂行，买的都是精品。

比如徐希买刘旦宅的画，那时的刘旦宅也是每平尺六十元，一天画一张兼工带写的画，也就两平尺。以生产量来说，徐希的一张大画够刘旦宅等著名画家画一个月的。这个时期，他如鱼得水，经营才能体现得淋漓尽致。

在画界流传着这样一段公案。一位外国画商请徐希帮助购买一批黄胄的画，那批画大约有四五十张，徐希帮助买了，而那位外国画商不知听信了谁的话，认为这批画是假的，不要了。徐希表示，他自己全部留下。这批画放在今天岂止升值一千倍，后来那位画商知道真相后，后悔不迭。

徐希人品很好。古人说，同行是冤家，但我很少听到他攻击谁，即便是评论画家和作品，也力求客观公允。

徐希精明，但他同时也大气。他的画卖出去了，接着，他又锲而不舍地把身边的画家向画商推荐，而且不带任何功利心，许多画家都得到过他无私的推荐，这在艺术界是极其难得的。

在 1985 年至 1988 年间，徐希多次出访，到二十多个国家旅行写生，并在多个国家和地区举办个人画展。这个时期他的事业到达了一个高峰。

1989 年，徐希移居美国。他到美国的目的，就是"要到世界上最重要的油画中心，看到更多的西方因素，并将之运用到水墨当中去"。他认为，"一个中国画家跟在西方人后面是没有未来的"。他去美国，就是要将国外的优秀文化吸纳进来，坚持水墨和西方色彩的结合之路。

1997 年前后，徐希回国定居。

四

20 世纪 80 年代初，中国改革开放，美术界最先在形式上创新，引起社会的广泛关注，国画又是其中变革的焦点。打开国门，外来美术带来的冲击，对继承传统的争论，各种思潮的涌起，使中国画画家们探索创新成为自觉。

徐希无疑是一位国画探索创新的先行者，徐希的努力、天资和不羁的艺术气质，使他的创作不断地引起美术界的争议。徐希抓住了前人很少探讨的雨景、雪景、夜景题材，不断地重复和创新，形成自己强烈的个人风貌。当徐希在世界绘画大赛中获得大奖后，人们才不再批评他的创新成果。

徐希是美院科班出身，速写、素描都是他所擅长的，但是，画什么题材，仍是他必须确立的。他首先确定的题材是雨景，也许雨景适合用不同于毛笔的板刷来表现，也许这样的题材过去在国画中探索得少，所以雨景这个题材一经徐希的笔下，似乎就成了他的绘画符号。由于板刷的作用，徐希的笔下雨可以是细雨绵绵，也可以是狂风骤雨。他用风帆、街景做主要的表现对象，与前人充分地拉开了距离，这是他一直想看到的结果。

吴冠中先生评价徐希："若到江南赶上春，最佳雨中游。多雨的季节，多梦的年华，徐希的作品以其湿漉漉的水乡风貌引人瞩目，沁人心脾。雨湿江南，屋顶、门窗、船只、行人都显得分外厚重，像落在宣纸上的浓墨；那水洗过的白墙、明晃晃的水面、空濛的天，正是徐希的素纸。宣纸素白，湿墨渗入后变幻的梦，这是独特的材料美。从版画入手的徐希当青睐于黑墨与素白宣纸的强烈对照。他于刻刀与木板的劳作之余，涉足水墨，落入水中作业，从此不能自拔，眷恋水乡而忘返，版画结构强劲，水墨淋漓酣畅，鱼与熊掌都舍不得。作者面临了综合与融汇之苦，园丁嫁接了自己向往的花果，徐希的画饱满、浓酣、艳丽，是徐希自己培植的花。"

雪景似乎是他雨景题材的姐妹题材，大块的留白，让宣纸的白色得到充分的展示，水墨淋漓，对水墨的运用越发纯熟。徐希出国旅行，到欧洲各国，回来后，他创作了大量以阿尔卑斯山为题材的作品，在世界风景画中独辟蹊径，获得世界各国艺术家的关注。

范迪安曾经这样评价："徐希先生生于江南，故园情深，笔下山水多为可居可游之境，但更重现代形式创新，放笔无忌，沥彩纷华，勇于超越传统格式，直取古法未及足善的雨景、夜景、雪景，全幅水色淋漓，华幛

· 林间瑞雪

写意山水
1996年

犹湿,彩墨相间,幻如交响。"

在雨、雪、夜之外,徐希继续拓宽所表现的题材范围。他在西藏之行后,完成了一批西藏题材,这又是他独特的水墨表现手段的展示。

雨、雪、夜,成为徐希最引人注目的三类题材,但他并不满足于此,他定居美国后,开始探索城市山水的表现。他到纽约之后创作了"纽约组画""美利坚组曲",在中西融合的道路上又向前走了一大步。城市山水,或者说都市山水,与传统中国画的山水有极大的不同。如何表现当下的景观和情感,是一个新的课题,但徐希勇于创新,画出许多都市山水的组画,并让西方世界的主流市场接受、欣赏,他对推动城市山水画,做出了自己的努力，他为中国画走向世界，做出了自己的贡献。

为了保持自己的个人风格，同时能够更深入地从传统中国画和西方绘画艺术中汲取养分，他在后来的绘画中，开始弱化版画的直接铺陈，而是在色彩、水墨的细腻表现中进行不懈的探索。

除了雨、雪、夜、都市山水，徐希还画了许多以花卉为题材的作品，并形成自己的风格语言。花卉是西方主流社会喜爱的题材，许多油画静物中，花瓶装花卉类作品很多，徐希正是考虑西方观众的审美取向。他是拿花卉做实验，更多地尝试水墨的表现手法，最终还是以城市山水为主要表现题材。他的花卉作品不仅得到中国人的喜爱，同样得到西方人的喜爱。他说："要继承传统，同时将西方色彩运用到中国画中来，拿花做实验，因为花是有色彩的，我很乐意做这件事情。"

五

1997年前后，徐希从美国回到了中国，住在三元桥附近。我有时去看他，时常聊起当下的艺术创作。他认为，现在国内的拍卖火热，但一些中青年画家的画价虚高，这是很危险的。他画室中常常有一些未完成的大画，我再也看不到当年他一天能画一大张的豪迈了，他花大量时间在未完成的地方精雕细刻。他的画还是那样大气磅礴，版画的色彩对比仍是他的特点，但不同的是，他对一些细部不断地进行微妙柔和的处理，将磅礴的气势和柔美的情调协调在一起，使画面更加含蓄，耐人寻味。他给我讲解作品细部中的思考和奥妙，那是外人极难琢磨和模仿的。

他的画室有个鱼缸，里面养着热带鱼，但他告诉我，里面还有几只透明的小虾，这让我不禁想起齐白石老人。但徐希并不画虾呀？原来奥秘不在这里。他说，热带鱼需要温度较高，温度低的话鱼会被冻死，而虾爱凉，一热虾就会死。每次，他买来几十只虾，可能存活不过一两只。这仅存的几只虾，是适应了水温才活下来的。由此，我想到徐希，他对待绘画中的创新实践，就像对待鱼缸中的虾一样，每天坚持不懈地在中国画的表现力上探索，失败，再探索，直至成功。

徐希的绘画将东方的水墨与西方的色彩相融合，北方的雄浑与江南的柔美相协调，形成自己独特的风格。他的中国画是民族的，也是世界的。

2013年，"徐希作品展览"在中国美术馆举办，在这次全面展示徐希艺术成就的展览中，徐希提出："关于中国水墨画，我还是认为应该要有个人的特色，同时要敢于做中西合并的尝试。"

徐希是这样说的，也是这样做的，徐希是21世纪中国画勇于创新的先行者！

画中有诗，诗中有画
——记童乃寿

童乃寿（1941—2014）

生于安徽巢县。国画家。国家一级美术师、中国美术家协会会员，安徽省文史馆特聘研究员，广州岭南书画院名誉院长。作品题材多样，特别是以黄山为题材创作的艺术作品广受社会赞赏，其作品先后在美国、德国、日本、新加坡等地展出。出版有《中国当代名家画集——童乃寿》以及《中国当代名家选粹》（人民美术出版社）、《中国近现代名家画集——童乃寿》（天津人民美术出版社）等多部个人画集和专著。

童乃寿参加全国山水画展，20 世纪 90 年代初

一

"越涧悬崖兴转豪，空山落日五峰高。青天何处来风雨，四月横飞八月涛。""翠摇为壁住人家，一夜山前听乱蛙。莫怪客衾凉似水，淙淙飞泉隔窗纱。"这两首诗是当代著名画家童乃寿先生的题画诗。

中国艺术中，诗与画常常分不开。宋代诗人苏轼在《书摩诘蓝田烟雨图》中评论王维的书画道："味摩诘之诗，诗中有画；观摩诘之画，画中有诗。"

我读童乃寿先生的画作时，常常被其中的诗意所感染，而读他的诗时，又常被其中的浓浓画意所吸引。童乃寿的画与诗天然绝妙地嵌合在一起时，不就是苏东坡先生所说的"诗中有画"和"画中有诗"吗？

二

1941 年，童乃寿生于安徽巢县柘皋镇一个贫穷的农家。父亲童兴友为人家做长工，而童乃寿则为财主家放牛。六岁时，童乃寿陪财主家少爷读书，进了私塾。童乃寿聪明伶俐，小少爷愚钝，教私塾的先生就让童乃寿做小少爷的"小先生"。小少爷不服气,让同在私塾的堂兄替他比试背书。两人背书不分上下,但童乃寿可以倒着背书,一字不差,小少爷这才服气了。村子里有位叫柳远宏的画师,常为老百姓画一些钟馗、神仙类的画。童乃寿喜欢画画,经常跟在柳远宏的后面。聪明的童乃寿一看就懂,一点就通。一次,童乃寿画了一张画,有山有水,柳远宏看后大加赞赏,认为童乃寿将来一定会成为大画家。他将自己珍藏的《芥子园画谱》借给童乃寿临摹。

一天,一个乡民来找柳远宏,请他画一张钟馗,因为他家有病人,想用来驱鬼。柳远宏出门了,乡民左等不来,右等不来,急得团团转。童乃寿跑回家,很快画了一张钟馗,将这张画交给乡民。乡民原以为是柳远宏之前画好的钟馗,当知道是童乃寿画的,惊讶得合不拢嘴,于是他逢人便说,童家的小子不得了,画得太好了。

新中国成立后,童乃寿考入巢县黄山初中,在这里,他遇到第一位美术老师舒荫黎。舒荫黎早年毕业于上海美专,是当地知名画家。舒荫黎对童乃寿爱护有加,悉心教导,童乃寿悟性好,学得扎实。谦虚的舒荫黎认为,童乃寿如果想走得更远,就要拜大师学画,于是他修书一封,介绍童乃寿去拜见他同学——有"童菊花"美名的童雪鸿。

1958年夏天,童乃寿背上行李独自来到合肥拜访童雪鸿。

童雪鸿让他当场画一张画,面对雪白的宣纸,童乃寿有些犹豫,童雪鸿说:"我就要看你敢不敢画。"

童乃寿大胆下笔,不一会儿,一幅山水画便画好了。童雪鸿看后,颇为欣赏,他提笔写道:"银屏山烟岚,童乃寿画友现场作画,布局严谨,墨色淋漓,实乃少年佳作。童雪鸿。"

童雪鸿收童乃寿为徒。童乃寿在附近租了房子,每天画画,向老师学习。

远去的背影 | 名家艺术小传

· 朝日黄山图

写意山水
1992 年

1959 年，安徽艺术学院成立，童雪鸿被任命为艺术学院国画系副主任。经过层层考试选拔，童乃寿考入安徽艺术学院的国画班。

学院里，花鸟画老师是孔小瑜，他是一代海派名家，与吴昌硕、吴湖帆、陆俨少等人过往甚密，人物、花鸟、山水，无不精到。山水画老师是张君逸，毕业于清华大学和燕京大学。张君逸的父亲张翰飞是新安江画派代表画家，与黄宾虹、汪采白并称"新安三雄"。王石岑老师是黄君璧的高徒，也是这个学校的老师。除此之外，还有一大批艺术人才给学生授课。

童乃寿师从诸位先生，学习花鸟、山水、诗词、书法、治印。

1960 年，十九岁的童乃寿从安徽艺术学院毕业，到合肥稻香村小学任教，他热爱工作，但因为他对农村吃大锅饭说了句牢骚话，被学校除名。

1962 年，童乃寿听从童雪鸿的建议，进入合肥师范学院进修，学习美术史论等美术理论。进修期满，童乃寿进入安徽省手工业干部学校学习，并留校。

有一次，他去王石岑家看老师作画。王石岑对他说："现在你所要追求的不再是笔墨技巧，而是学养、阅历、人生感悟。"童乃寿也认为，现在是走万里路的时候了。

1977 年，安徽新闻出版局组织书画家到皖南写生，请了省外著名画家方济众和应野平先生，童乃寿不放过这难得的机会，他请教二位著名画家，拜他们为师，他们答应了。有人看见应野平画了一张山水，云画得有特点，问童乃寿能不能临一张。童乃寿答应了，他认真分析应野平画的云，发现是用长羊毫画的，于是临摹了一张。第二天，两张画摆在应野平面前，应野平有些疑惑，明明画了一张，怎么是两张。应野平猜出一定是童乃寿临摹他的画，这件事，一时成为美谈。童乃寿追随大师，进步飞快。

1984年合肥书画院成立，隶属于合肥市文联。当时，许多领导都推荐童乃寿，但因他是大集体编制，所以不能调入合肥书画院。为此，安徽省委专门召开了常委会，鉴于童乃寿在画界的影响及他画黄山的成就，省委决定增加一个编制名额，将童乃寿调入合肥书画院。

童 乃 寿

・黄山烟云揽胜

写意山水
1995 年

　　从此，童乃寿进入了一个新的创作高峰，他不负众望，连续创作的《峡江烟嶂图》《黄山雪霁》入选全国职工展及"庆祝建国三十五周年安徽美术作品展"。成为继黄叶村、徐子鹤之后的著名山水画家。

远去的背影 名家艺术小传

· 峨眉烟岚

写意山水
1981 年

· 岁寒三友图

写意花卉
1986 年

三

童乃寿生长于安徽。说到安徽,不能不提徽州文化,徽州文化包括徽商、徽州历史名人、徽州教育、徽州戏曲、新安画派等。而说到美术,不能不提新安画派。新安画派,开先河者为元代的程政,明朝开始形成新安画派风格。明末清初,渐江、查士标、孙逸、汪之瑞等画家崛起,他们大胆创新,主张师法自然,寄情笔墨,有力地冲击了王时敏、王鉴、王原祁、王翚"四王"画派在中国画坛的统治地位,给当时画坛带来新鲜的气息,对后世的中国山水画创作影响巨大。安徽籍的画家很多,在全国也很有影响。前面提到的黄叶村老先生即安徽籍人士。

童乃寿在学生时代,就非常崇拜徐子鹤先生,而徐子鹤擅长画黄山,他经常看徐子鹤画黄山,这给童乃寿很大的影响。

徐子鹤二十年间曾十上黄山写生,以山为师,以山为友,天地人合一。黄山给了他丰富的创作营养、创作灵感和创作激情。

一年夏天,童乃寿随孔小瑜、徐子鹤等人在合肥饭店作画。童乃寿画了一张山水画,被孔小瑜看见,孔说:"你的云已经和徐子鹤没什么区别了。"徐子鹤在一边说:"有段时间,他天天看我染云,全都学了去。"

四

黄山,中国的名山。徐霞客曾感叹:"五岳归来不看山,黄山归来不看岳。"我有幸在20世纪80年代初曾登上黄山,2007年又去过一次,对黄山的壮美印象深刻。

李白登黄山后有一首《送温处士归黄山白鹅峰旧居》,诗云:"黄山四千仞,三十二莲峰。丹崖夹石柱,菡萏金芙蓉。伊昔升绝顶,下窥天目松。仙人炼玉处,羽化留余踪……"从晚唐到清末,描写黄山的诗词歌赋就有近三万首。

黄山不仅滋养了李白、张冠卿、魏源这样的大诗人,也滋养了许多大画家,像明末清初的石涛、渐江、梅清,近代画家黄宾虹、汪采白、刘海粟、张大千、李可染、赖少其等大家都留下了以黄山为题材的经典力作,为中国山水画宝库留下了珍贵的遗产。梅清曾说:"余游黄山之后,凡有笔墨,大半皆黄山矣。"著名山水画家黄宾虹一生九上黄山,自称"黄山山中人"。可见黄山在画家艺术创作中的位置是何等重要。

黄山是诗人的摇篮,更是中国山水画的摇篮,它对中国山水画的发展产生了极其深刻的影响。

童乃寿多少次梦见爬上黄山,终于如愿了,他第一次登黄山是在1970年,从此便与黄山结下不解之缘。

童乃寿兴趣广泛,画作题材丰富,山水花鸟书法无一不精,但他画的最多的还是黄山。他以黄山为题材的绘画,备受社会各界激赏。他的作品既有新安画派的技法和基础,又有自己的绘画语言和对中国画独到的理解。

2010年,虚岁七十岁的童乃寿第二十次登上黄山,虽然经历过病痛,但他居然健步如飞,他像以前那样,看见好的景色找到好的角度,便情不自禁地拿出纸笔写生。他说:"黄山是我师,我是黄山友。石涛是黄山知音,张大千是黄山知音,海粟老也是知音,他九十三岁高龄还步履登山,画速写无数,从师法黄山到纵情黄山,他是楷模啊。七十岁从头来,今后岁月里,我还要踏遍黄山人不老。"

中央文史馆常务副馆长、著名画家冯远这样评价童乃寿:"作为自然景色

· 桃溪之春

写意山水
1986 年

· 万山深处

写意山水
1986 年

童乃寿在黄山写生，2010 年

童乃寿在中国美术馆画展开幕现场，2013 年

的黄山风物，在童乃寿的画面上游离于自然与心灵的两极之间；而作为艺术作品的黄山画作，又游离于传统程式和近世名家的笔墨规范与画家自家心性审美的两极之间，恰恰正是这样的游离，使得童乃寿的黄山作品脱胎于自然造物与古典范畴，而成为源于心灵而又指向当代的黄山画作的代表。"

五

童乃寿擅长书法，并以书法入画。古人强调书画同源，强调书法是中国画创作的基础。童乃寿先生非常重视书法的训练和创作，他书法格调高古，中锋用笔，沉稳内敛，深得中国传统文化的精髓。他承继了黄宾虹等大画家的特点，将书法引入绘画中。自古黄山天下奇，清人赵吉士认为："黄山之奇，信在诸峰；诸峰之奇，信在松石；松石之奇，信在拙古；云雾之奇，信在铺海。"童乃寿先生承继传统，师法自然造化，通过大量的写生掌握了黄山的形态美，描绘峰海，以体现其整体的磅礴气势，以奇松、怪石、云海及丰富的瀑布组合，表现出黄山天然的完美特质。他笔下的黄山，群峰叠翠，烟云流动，千姿百态，宛如仙境。他的用笔，有时沉着厚重，力能扛鼎，如斧劈落，铿然有声；有时枯笔皴擦、简淡深远，羚羊挂角，了无痕迹。他善于用墨，通过墨色的不同变化，将黄山独特的气质表现得淋漓尽致。

童乃寿的代表作有《黄山烟云》《登黄山偶感》《黄山西海群峰烟云揽胜》《黄山晨曦图》《八百里黄山松云揽胜》等，许多作品获得大奖或被中南海等机构收藏。他笔下的黄山，更具诗意，时动时静，变幻万千，有时是日出之前晨雾之下的峰峦，有时是旭日东升的云涛，有时是春雨之中的飞瀑，有时是秋色中的烟云。流畅的气韵表现出音乐的节奏与水墨的美感。童乃寿既以藝術之陰陽是指變化露含虛實內逐與形式等各種表現技巧與策略，完美中有殘破，博大中有微小，擇中有鋼，有拖泥帶水有經緯分明当当机立断，繪画用筆用墨時而輕松飄逸時而疾風聚雨時而凝重固澀，有法無法法在變師法自然外師造化中得心源，人的思維來自大自然的認識是統一又有不同的感知繼不外乎陰陽之變矣，故創作要好的作品謹立于此。

戊辰年仲夏學画自得 乃書

• 书法画论

书法
1988 年

自我意识去表现黄山的独特峻峭和蓬勃的生命力，又以勾勒黄山美景达到忘我无我的境界。

我认为同是安徽人的著名美术史论家郭因也许最了解他。他认为："乃寿的国画山水，可以说对山水结构的建构基本要素都表现得很好，如气韵生动、笔墨精妙等。我特别喜欢他的写生作品，正是这一批作品的笔墨形式和情景的表现非常独特。道与技的关系有的人说由道到技，如齐白石等；有的是由技到道的，如吴昌硕。乃寿可以说走的齐白石的道路，由道到技。画家大体分为两种，一种职业画家，以技法取胜；一种是文人画家，以意境取胜。有的画家是兼有这些画家和学者文人画家之长，乃寿具备了这些画家之长。"

贺天健曾说："石涛得黄山之灵，梅清得黄山之影，渐江得黄山之质。"我认为，童乃寿先生得"黄山之韵"。

2011年10月5日，安徽省文联、安徽省文化厅等单位在安徽省博物院联合举办了"童乃寿先生艺术个人回顾大展"，并举行了人民美术出版社出版《中国当代名家画集——童乃寿》的发布会和"童乃寿中国画学术研讨会"，我参加了那次会议，并代表人民美术出版社做了发言。

人民美术出版社编辑出版的《中国近现代名家画集》与《中国当代名家画集》被业界称为"大红袍"，是中国美术界最高的礼遇。"大红袍"有一套评选机制，能被评选上并非易事。《中国当代名家画集——童乃寿》一书的出版，既是对童乃寿先生绘画创作的肯定，也是向童乃寿先生的艺术探索表示深深的敬意。

展览开幕式后，大家参观"童乃寿先生艺术个人回顾大展"，展品非常丰富，展厅也很大。我在"童乃寿中国画学术研讨会"上，对童乃寿先生的创作给予很高的评价，对他的创作精神致以崇高的敬意。同时也指出，展品布陈过于密集，不适于观众的欣赏。

两年后，2013年3月，在中国美术馆举办了"妙师造化——童乃寿中国画展"。展陈非常专业，疏密得当，展览效果非常好。那一次同时举办了"童乃寿先生艺术成就学术研讨会"，在北京的邵大箴、孙克、薛永年、王镛、尚辉等二十余位美术界权威学者参加，我也参加了那次研讨会。

然而，不幸的是，也许工作强度太大，也许身体状态不佳，本可以创作出更多更好作品的童乃寿先生，在2014年初因病去世，终年七十三岁。这不仅是安徽美术界的损失，也是中国美术界的损失。

同年，上海朵云轩画廊和陕西西安市美术馆相继举办了"梦回黄山——童乃寿中国画展"和"相约长安——童乃寿中国画展"，童乃寿为推动安徽黄山和新安画派艺术发展做出了重大的贡献。

童乃寿对国画艺术不懈的探索和努力，是值得我们永远学习的。

耕耘有迹，落笔无痕
——记王铁全

王铁全（1953—2011）

北京人，祖籍山西祁县。书画家。1982年毕业于内蒙古师范大学美术系。曾任荣宝斋出版社总编辑、荣宝斋常务副总经理、中国美术出版总社副总编辑、总编辑。系中国美术家协会理事、中国编辑学会理事、美术工作委员会副主任、中国书法家协会会员。享受国务院颁发的政府特殊津贴，被新闻出版署列为"出版界领军人物"。主持多项美术图书出版工程，如《荣宝斋画谱》《中国书法全集》等。责编图书《我读石涛画语录》获"新闻出版署优秀图书一等奖"。2002年被中国出版工作者协会评为"全国百佳出版工作者"。

王铁全在练习书法，20 世纪 70 年代末

一

王铁全，1953 年生于北京。父亲王建基，抗战爆发前在昆明读高中，"七七"事变后，参加中国青年远征军，编入第五军二〇〇师，参加过赴缅作战。抗战结束后，考入北京辅仁大学。新中国成立后，考入清华大学财经系，毕业后分配到中国纺织工业部工作。1958 年，响应国家号召，积极报名，携全家支援边疆到包头棉厂。

王建基喜爱美术，每逢节假日，便带着幼小的铁全及其他子女到郊外写生，小铁全也可以跟着拿起毛笔画水粉画。父亲对几个孩子要求非常严格，那时课业不多，他要求孩子在每日完成作业后，必须再练钢笔、毛笔字数张。

业余时间，父亲带着孩子们开荒种地，集肥、割草。那时生活困难，父亲甚至带他们一起捡柴火、捡煤核，这些生活小事，磨炼了铁全的品德意志。少年时代的铁全不仅聪慧，而且事事争先，完成得好，深受父母喜爱。他的故事常给大家庭带来欢乐。

铁全上的小学是包头棉纺厂小学。有一天，班主任苗老师向铁全母亲告状，说他上课注意力不集中。母亲不分青红皂白地揍了他一顿，还领着他向老师认错。苗老师似乎有些过意不去，又问问原因，原来老师讲的铁全已经都会了。于是学校让他跳了一级。

受家庭的熏陶，铁全对美术非常热爱，小学班里墙板报，几乎是他一个人的表现舞台。在包头二十二中上学期间，他曾一个人完成全校教学楼外墙、围墙的大型美术字标语，工稳漂亮的美术字受到了老师和同学的赞赏。

1969年，高中停课。王铁全响应国家号召，到农村去参加内蒙古生产建设兵团。在兵团每日训练、打草、脱土坯、种地、收割等。铁全曾对我说，兵团曾有一个挖沟任务，每天每人有挖一定土方的要求。比如，每天每人需要挖十方土，他曾挖过十几方土，在全团名列前茅，谈起这事，他还是很兴奋。看他壮实的身板，能看出他当年在兵团的艰苦锻炼。

兵团工作的艰苦，并没有消磨铁全对学习的渴望。他买来煤油马灯，下工后，晚上坚持自学文化和美术创作。有一段时间，他每天早晨在起床号吹响前画画，起床号吹响后拉一段小提琴。

正因为好学和文化知识的积累，1972年，他被推荐进入包头师范学校美术专业学习，毕业后留校任教。

1978年，王铁全考入内蒙古师范大学美术系，在大学期间，他如饥似渴地学习，先后获得过两次全国性的奖励，一次是全国大学生书法二等奖，一次是美术大奖。

王铁全在内蒙古建设兵团，20世纪60年代末70年代初

《内蒙古日报》刊登王铁全获大学生书法奖二等奖新闻，1982年

二

1982 年，王铁全大学毕业，先后担任北京科技报社美术编辑、美编室主任。

1988 年，王铁全调入荣宝斋。

《荣宝斋画谱》是荣宝斋出版社的标志性出版物，从 20 世纪 70 年代起（在荣宝斋出版社成立之前）由荣宝斋出版了三十余册。1988 年，王铁全接手时，《荣宝斋画谱》已经有了影响，他考虑的问题是如何强化品牌，形成规模，占领市场。1990 年，《荣宝斋画谱》被新闻出版署列入国家"八五重点图书出版规划"。郜宗远任荣宝斋总经理时，决定成立荣宝斋出版社。1993 年，荣宝斋出版社正式成立，王铁全任总编辑，他将《荣宝斋画谱》做了分类，突出临摹学习的实用性。比如《齐白石画谱》中，表述齐白石画虾一共画多少笔，先画头还是先画尾，虾的画法分多少步骤，非常清楚实用。再比如《龚贤画谱》，龚贤表述画树的顺序为一笔从左转上，二笔画树身右边，添小枝不算，三笔画树身左边，添小枝不算，即成全树。王铁全先后策划了"古代篇""现代篇"等系列，强化了艺术标准，许多当代画家都希望能够入选《荣宝斋画谱》。时至今日，《荣宝斋画谱》仍以高标准入选著称。

《荣宝斋画谱》得到了海内外美术家和爱好者的普遍赞誉。它以严谨的学术性、高品质的形态及易学易懂的普及性拉近了画家和美术爱好者的距离。《荣宝斋画谱》先后出版了二百余册，多则再版十余次，少则再版二三次。近年来，《荣宝斋画谱》版权输出成绩斐然。

1996 年，荣宝斋出版社出版了吴冠中的《我读石涛画语录》，这是王

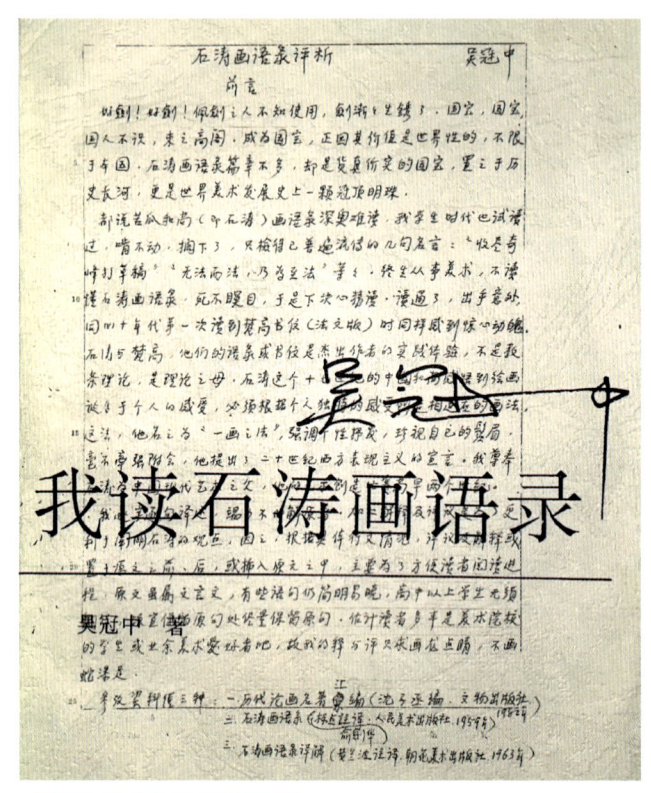

· 吴冠中著《我读石涛画语录》

王铁全责编图书
1996年

铁全编辑图书的一个范例。一日,王铁全接到吴冠中打来的电话。吴冠中在电话中谈到他在重读《石涛画语录》,又有了一些新的感悟。他认为真正读懂它涉及弘扬民族文化遗产的具体化问题,并愿将心得与青年读者交流,希望由荣宝斋出版社出版。王铁全看了几章稿子后,与吴冠中一同商议内容。两个人目的一致,这本书一定要有助于读懂《石涛画语录》。王铁全认为,这不是一部就《石涛画语录》的版本、勘校、注译以及校考石涛人生、艺术的严谨的学术专著,而实际是以译、释、评的方式完成的读书心得笔记。吴冠中作为一个现代意识极强的画家,以自己的经验透视《石涛画语录》,辨明其精微本质之处,甚至他对石涛本人有些意明语不清的要害处,也特别做了解析并有自己独到的见解。尤其是通过古今、中西的比较,刻意提出了一个对中国画有关"现代"的思考,旨在剖析传统绘画中"绘画性"的问题,功在解析、果在立意。从这本书中,能读出宛若他的"混血儿"作品的体会。《我读石涛画语录》自初校到成书,包括附录的内容,都是王铁全同吴冠中一起校订的。王铁全为《我读石涛画语录》写了一篇编辑散记,得到吴冠中的肯定。

这本书出版后,获得市场的青睐,并获得"新闻出版署优秀图书一等奖",后入选"中国文库"。

三

无论是在荣宝斋,还是在中国美术出版总社,王铁全对木版水印的发展都十分重视,木版水印毕竟也属于出版物范畴。

木版水印技术最早可追溯到隋朝,荣宝斋是继承国家级非物质文化遗产木版水印的老字号。

　　荣宝斋木版水印的标志性出版物有五代顾闳中的《韩熙载夜宴图》、唐代周昉的《簪花仕女图》、宋徽宗赵佶临唐代张萱的《虢国夫人游春图》等，这几件作品将木版水印技艺推至巅峰。比如，木版水印《韩熙载夜宴图》刻板一千六百六十七块，先后历时二十年，为了仿真效果好，使用材质、颜料与原件完全相同，成品仅有三十幅。这几幅作品的复制难度和艺术高度令人叹为观止。其中，《虢国夫人游春图》获得第一届国家图书奖提名奖。第一届国家图书奖的评审极其严格，因是第一次评奖，参评出版物的年限可以追溯到几十年前。因而即使是提名奖，含金量也相当高。

　　王铁全认为，如果家里悬挂字画的话，与其挂一张无名作者的平常之作，不如挂一张名人的木版水印，这从投资角度也是合算的。荣宝斋开发出签名的木版水印复制品，更有收藏价值。王铁全曾经将吴冠中作品的木版水印图拿给吴冠中签名。他发现，吴冠中对签名非常谨慎，仅挑出几张进行了签名。这样的故事，对荣宝斋来说，有更多的商机出现。经过市场检验，名家签名作品与不签名的价格相差可能十几倍。

四

　　王铁全上大学时长于画人物画，他的毕业创作就是人物画。而他最终选择了山水画作为主攻对象。

　　明代学者杜琼说："绘画之事，胸中造化吐露于笔端，恍惚变幻，象其物宜，足以启人之高志，发人之浩气。"中国山水画是以山川为对象，表达内心的情感,这是从古到今山水画家的追求与理想。

石涛说"寄兴于笔墨,假道于山川,不化而应化,无为而有为",他认为山水画能够体现画家的修养。而黄宾虹则说"讲书画,不能不讲品格,有了为人之道,才可以讲书画之道,直达向上,以至于至善",他认为山水画能够体现画家的高尚品德。我想,王铁全选择创作山水画一定基于此。

铁全对黄宾虹情有独钟,他不止一次和我谈起黄宾虹。记得我们专门去琉璃厂看一个黄宾虹的小展览,展览中除了一些典型的画作外,有若干幅篆书联。我们讨论了好久。

黄宾虹说:"墨色繁复,即一点之中,下笔时内含转折之势,故画之华滋,从笔中而出。"

铁全正是中锋用笔,笔笔见功力。将笔的力量、拙重化在绘画作品的点线之中。所以,他的作品格调高古、淋漓温润。

王铁全的山水画看上去平淡无奇,没有所谓的视觉冲击力,但恰恰是平淡无奇,才体现了他的审美观和创作思想。清代笪重光在《画筌》中说:"丹青竞胜,反失山水之真容;笔墨贪奇,多造林丘之恶境。怪僻之形易作,作之一览无余;寻常之景难工,工者频观不厌。"清代王昱在《东庄画论》中说:"若格外好奇,诡僻狂怪,徒取惊心炫目,辄谓自立门户,实乃邪魔外道也。"中国山水画讲平和,讲平淡,讲文气,讲修养。在平常中见个人功力,看个人风格。

王铁全在上学时,喜欢书法,天天临池不辍。我看过他的书法,是非常扎实的颜体。近些年,他观摩了许多大家的书法,将书法的真趣表现出来,自成一格。他对我说:"画画是很辛苦的事,作为画家,不能有半点懈怠。书法作为画余的赏玩,可以轻松些。"也正是这些原因,他的书法

· 山爱夕阳时

写意山水
2002 年

王 铁 全

· 数峰如画暮云间

写意山水
2006 年

· 乐山乌尤寺游记
写意山水
2004 年

王 铁 全

· 渐江题画诗

书法
2005 年

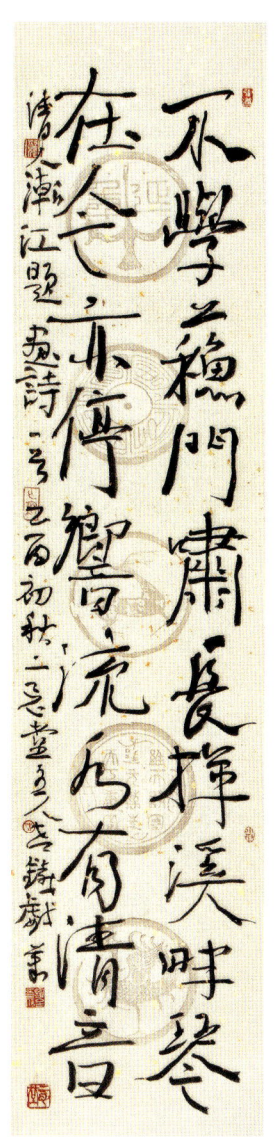

· 黄宾虹论用笔（节抄）

书法
2006 年

方圆并举，沉雄苍劲，线质稳定，朴茂萧散。他的书法追求法外之法，有深厚的修养，亦庄亦谐，结构生趣。

黄宾虹说："墨法尤以笔法为先，无墨求笔，至笔未有合法，虽墨得明暗，皆所不取。有笔兼有墨，最为美备。"正是由于深厚的书法功底，王铁全的绘画才能表现出如此浑厚华滋。

王铁全在创作时，经常用积墨的手法。这比较费时，但也正是他的特点。积墨法，指在第一遍墨干透后，再上一层墨，还可以上第三遍、第四遍墨。这样会形成不同的墨色层次。积墨法表现的效果是山川明净清新。龚贤是传统山水画积墨法创造者，黄宾虹是集大成者。

铁全在学习前人经验时，尝试建立自己的风格，多次积墨，反复晕染，浓淡干湿并用，层层叠加，浑厚华滋之意呼之欲出。

王铁全的画风，简淡高古，追求一种自然和写意，在不经意间，表露自己对艺术、人生的看法。温润冲淡，格调高古，表现的是一种诗境，一种自由的诗境。

冯远对王铁全有一段中肯的评价，他说："王铁全读懂了传统，对中国书画有所体悟，自己嚼出了一种味道。他的画有一些'笨趣'，不乖巧，不华贵；以书法意味的线形结构状物，安稳舒缓，隐含着某种复归平正的自觉追求。他以饱满的云林丘壑，为水墨的渲染和积淀创造了空间余地，构成了水墨气韵和经营秩序，朴厚温润。"

五

王铁全倡导读书，他曾对青年人讲："读书是打开窗户，可以开阔视野。书籍是海洋,一望无垠,只要肯读书,就开卷有益。欲博览群书,时间有限,谁也不能穷极。读书要经世致用,以见之所长和专业为贵。有所作为,不枉人生……青年时期,尤需刻苦读书。"

王铁全爱读书,也善于读书。我们在工作中曾遇到一个词,他第一次知道,但很仔细地问清楚并掌握。就是这样日积月累,积淀越来越厚。

1998年,人民美术出版社、中国连环画出版社、荣宝斋三家重组,中国美术出版总社成立。我和王铁全成为同事。1999年,新闻出版署举办第一届北京对外经济贸易大学工商管理研究生班,被誉为新闻出版署"黄埔一期",我和王铁全成为同学。不脱产,课程安排在平时的晚上和休息日。那段求学时的课间,我和王铁全交流得很多。我经常就社里的管理问题向他请教,铁全则直言不讳地发表自己的看法,使我受益匪浅。像营销学、管理学的名词和定义,都不是我们经常接触到的,但是他能够结合工作,将所学的知识运用到工作中。

走上管理岗位,对于一些业务干部,有时并不适应。很多美术出版社的业务干部对此感触颇深。王铁全是优秀的编辑,同时也是优秀的画家。但做管理工作,往往考验另一类的智慧。比如,起草文件、管理干部,都是工作中的必需。王铁全参与了中国美术出版总社重组的全过程,是三人小组的组长,这类工作往往不是他自己擅长的,但又必须要做。

大概在2000年,中国美术出版总社社长部宗远开始酝酿"五社一中心"的管理模式,文字起草工作就交给了王铁全。这个文件经过多次讨论修改,我看着他一遍遍修改,改了多少稿,谁也记不清了。好在刚刚学完工商管理的研究生课程,他将所学运用在文件中,得到大家的一致认可。

六

我与王铁全共同策划的唯一一本图书是《吴冠中画作诞生记》。

今天，大家对于吴冠中，正面的评价较多。但在那些年，吴冠中由于提出"笔墨等于零"的观点而备受争议。人民美术出版社的一些老编辑对他也是有看法的，他的书在人民美术出版社出版比较难。为此，我和铁全也有过沟通。铁全曾策划、编辑过吴冠中的《我读石涛画语录》，对吴冠中的思想有深刻的理解。他想为吴冠中再做一本书，他和吴冠中应该是有过交流，吴冠中想以一图一文的形式出版一部创作随想集。于是，我们相约去吴冠中家里面谈。

那天，我和铁全一起到吴冠中在方庄的家中。一套三居室，屋里极简单，几乎没有任何布置。地上是旧的地板革，小客厅里一个折叠桌。旁边一间不大的房间，靠墙支着一张书桌，铺着毡子，墙上溅了一些油彩，完全没有大画家画室的样子。吴冠中一头白发，精神矍铄。铁全向吴冠中介绍了我，告知这本书由我负责编辑。吴冠中问了我的情况，得知我父亲林锴去世的消息，沉吟片刻，简单说了几句国立杭州艺专的事。

我粗略看了吴冠中家中的各类吴冠中画集和套书，再看看他提供的稿件，心里有了数。他计划一百张图，每张图配一些文字，有的是回忆，有的是日记般的片段文字，有的是创作谈。

我提出三点：第一，这本书应当是竖二十开，这类开本不大用，因为印刷不方便，所以成本略高一些，但成品效果好。第二，我建议用纯质纸印刷，书卷气强，色彩还原也很好。而当时吴冠中的画册类图书都是铜版纸。第三，此书的最佳设计人选应是美编徐洁了。吴先生没有异议。

样书出来后，我带设计者徐洁去吴冠中家里，铁全时任中国美术出版总社总编辑，恰巧有事走不开。吴冠中先生很满意，表示他的艺术作品谁都可以无偿使用，并当场签了不要任何稿费等报酬的协议。那本书稿后来转给时任《荣宝斋》期刊主编的唐辉作责编。这本书至今已经印刷七次。每当拿起这本书，就不由自主地想起铁全来。

2011年春节期间，去广西度假，观赏三江等地民俗民风。就在回京的路上，听到王铁全去世的消息。霎时，一路的愉快瞬间散去，被悲伤笼罩，这样的感觉在一生中并不多见。

铁全曾对我说，作为美术工作者，他一生憧憬三个地方，一是中国美术馆，二是人民美术出版社，三是荣宝斋。而有幸在人民美术出版社和荣宝斋两个单位工作，这是他最知足的地方。恰恰，他都为单位发展做出了杰出的贡献。想象他在天堂的样子，应是微笑着的。

在王铁全的追悼会上，我写下一副挽联，悼挚友王铁全："缅同行，铁骨柔肠，编得春秋千卷画；思挚友，全人律己，终成天地一沙鸥。"

名家
艺术小传

远去的背影

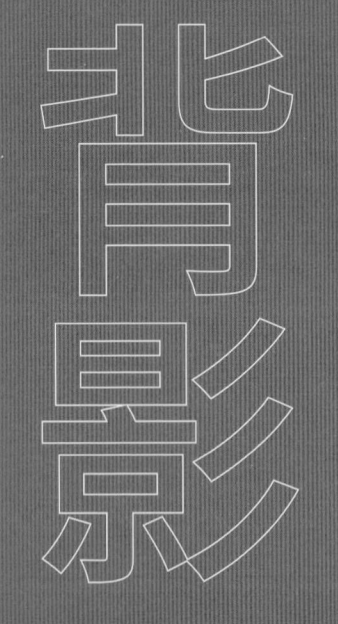

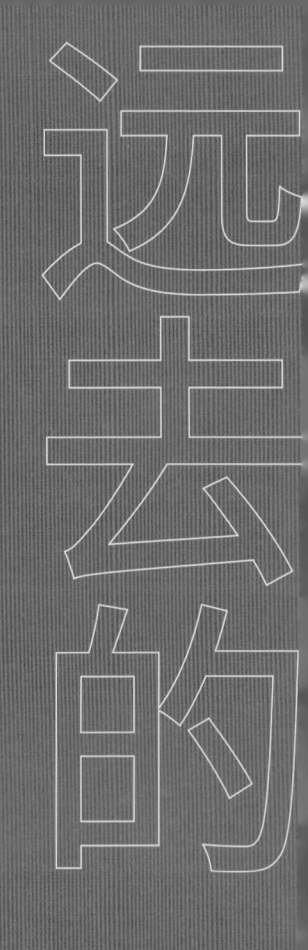